●はじめに

　当教材は小さな個人塾の塾長自らが作成しました。実際にこの教材で多くの生徒の成績を上げてきましたので，自信をもっておすすめできる教材です。

●当教材の特徴

　端的な英文法の解説と豊富なバリエーションの例文でインプットを行った後，同じ例文を用いた章末問題（主に整序問題）で2回アウトプットを行います。章末問題はAとBがありますが，AとBが全く同じ場合と，Bのほうに制約を加えて難易度を若干上げている場合があります。

　前者のAとBを全く同じ問題にしているのは，難易度を上げても負担が重くなるだけで理解力を上げることにあまり寄与しないと判断したためです。逆に後者は，難易度を若干上げることで理解力を上げることに寄与すると判断したためです。

　なお，5章おきに確認テストを設けています。これは5章分の文法事項をチェックするための復習テストになります。

●YouTube 動画の活用

　当教材で扱う基本例文はYouTubeで聞き流しができます（無料）。 英文と和訳がシンプルに流れます。章のすべての英文が流れたあと，英文だけが流れます。その英文が流れたあと英文と和訳が10秒程度で表示されます。その間に同じ英文をマネして発音したり，和訳を言ってみるなどして繰り返し練習してください。※YouTubeで「微風出版」と検索して「合同会社微風出版」のチャンネルを登録し，再生リストから目的の動画にアクセスして下さい。

●当教材の効果的な使い方

　英語ができる人とできない人の違いは実に単純です。**基本的な英文を素早く読めるか読めないか。**当然英語ができない人は基本的な英文をスラスラ音読できません。普段から当教材の英文を繰り返し音読するよう宿題を出しても，そんな練習をしてもテストでいい点を取れるわけがないと思ってやらない子は，ことごとくテストの点数が悪いです。逆にまじめに音読練習をする人は，英語が苦手という感覚がそもそもなくなり，普通以上の点数を楽々とってきます。実はここを信じられるかどうかが大きな分かれ目です。

　さて，音読練習をすると言っても英単語が読めない，意味がわからないということであれば効果は薄いです。まずは章の初めの英単語をしっかり覚え，文法の解説を読んで理解してください。文法チェックの問題があればそれもしっかり解いてください。そして英単語と文法の理解が進んだら普段の音読練習を行ってください。夜寝る前に1章分の英文を1回音読するだけでもいいです。そして初めはゆっくりでもいいです。徐々にスピードを上げてつまずかず読めるようにしてください。

●当教材を採用いただいた塾や学校の先生へ

　生徒様が当教材を購入いただいていれば，YouTube音声は許可を得ることなく授業でお使いいただいて構いません。**英文を個別に好きなタイミングで再生できる有料サービス**も用意しています。詳しくは微風出版ウェブサイトを参照ください。

●目　次●

1章 不定詞Ⅰ 6
不定詞の分類／不定詞の副詞的用法

2章 不定詞Ⅱ 14
不定詞の名詞的用法

3章 不定詞Ⅲ 22
something, anything, nothing と形容詞／不定詞の形容詞的用法

4章 動名詞 30
動名詞

5章 前置詞Ⅰ 38
前置詞Ⅰ

確認テストⅠ 52

6章 前置詞Ⅱ 56
前置詞Ⅱ

7章 比較Ⅰ 68
比較級

8章 比較Ⅱ 76
長い形容詞や副詞の比較級／同等比較表現（as…as）／比較級 and 比較級／数量＋比較級／X times ＋ 比較級

9章 比較Ⅲ 84
形容詞・副詞の最上級／最上級の使い方／the+序数＋最上級／like と比較級／like と最上級／様々な書き換え

10章 受動態 94
動詞の過去分詞／受動態／受動態の慣用表現

確認テストⅡ 106

11章 現在完了Ⅰ 110
現在完了の用法／継続用法

12章 現在完了Ⅱ 118
経験用法

13章 現在完了Ⅲ 126
完了用法

14章 動詞の応用 134
動詞＋目的語＋補語 (SVOC) ／動詞 人 to do／want を使ったカジュアルな表現／受動態への書き換え

15章 不定詞の応用 144
形式主語の it／too…to 構文／so…that 構文／従属接続詞 ＋ to do／使役と原形不定詞／知覚動詞と原形不定詞

確認テストⅢ 156

16章 分詞と動名詞 160
現在分詞の形容詞的用法／動名詞の形容詞的用法／過去分詞の形容詞的用法

17章 関係代名詞Ⅰ 168
関係代名詞（主格）／関係代名詞（所有格）／関係代名詞＋be 動詞

18章 関係代名詞Ⅱ 176

　関係代名詞（目的格）

19章 間接疑問 184

　間接疑問

20章 否定疑問と付加疑問 192

　否定疑問／付加疑問

確認テストⅣ 200

21章 方位副詞と句動詞 204

　方位副詞と句動詞／句動詞とその語順／命令文の前の just／強調の do と never

22章 感嘆文と間投詞／仮定法 216

　感嘆文／間投詞／仮定法／仮定法の婉曲表現

23章 語彙と慣用表現Ⅰ 228

　speak, talk, say, tell の違い／say, go, come を含む慣用表現

24章 語彙と慣用表現Ⅱ 238

　listen, hear の違い／go と come，take と bring の使い分け／take の様々な意味／様々なコロケーション

25章 語彙と慣用表現Ⅲ 248

　other と another／数量を表す代名詞と形容詞／様々な数え方／多さ・少なさを表す語句／強調の助動詞 do／接続詞を含む熟語／接続副詞と接続副詞句／買い物，レストラン，タクシーでの表現／dummy it

確認テストⅤ 260

●著者より

　千葉の片田舎で個人塾を開き，独自の教材を開発することで多くの中学生の英語の成績を上げてきました。そして結果が振るわず他塾から乗り換えてきた生徒の成績も上げることができています。

　長年の指導経験で，不振の原因は主に次の２つであることが分かっています。

① 中学１年で習う英文法が理解できていない
② 学習がペーパーテスト用のアウトプットに偏っており，音読とリスニングによるインプットが不足しすぎている

　まず中学１年で習う文法事項が理解できていない場合は，どれだけ勉強をしても無駄と思えるほど，どうにもなりません。したがってこの部分においては練習問題を多めにやる必要があります。

　また，これは日本の英語教育全体に言えることですが，定期テストや受験があるために，アウトプット（問題演習）に偏りがちで，インプット（音読やリスニング）の量が少なすぎるという問題があります。

　そこで私の塾では，まず中学１年の文法の小テストを多めに行います。

　さらに自宅で当教材の**例文をつまずかず，素早く読めるまで繰り返し音読**するよう指導し，塾で英文が素早く読めるかどうかをチェックします。初めは大体みんな不合格ですが，半年〜１年程度忍耐強く続けると，いつの間にか英語に対する苦手意識がなくなり，成績も安定してきます。

　本教材はこのプロセスを独学でも踏めるよう工夫しています。さらに例文は実践で役立つフレーズを多く作り，ネイティブスピーカーにチェックをしてもらっているため，中学英語を復習したい高校生や，英会話を初歩から始めたい社会人にも十分活用いただけると思います。

微風出版　代表　児保 祐介

　今日の英語教育は3段階に分かれています。

　まずは英語との出会いをする小学校の段階です。ここでは英文法は登場せず，あいさつや物の名前を覚えます。

　次に中学校の段階です。ここでは基礎的な英文法の修得が中心になり，定期試験や高校入試も英文法を問うものが出題されます。

　最後に高校の段階です。ここでは長文読解が中心となり，中学校以降の英文法の運用が問われます。

　中学校の英文法は基礎の段階であり覚えることが学習の中心となるため，**効率的に体で覚えられる**ように作りました。この本に取り組むことで小学校で楽しんだ英語が体系化され，さらには本格的に細かで実践的な運用を問われる高校での英文法や長文読解のためのしっかりとした基礎が作られるはずです。**英語は積み重ねの科目**です。この本をやりきって，ぜひその後の本格的な英語を楽しむ足掛かりとしてください。

　最後にアドバイスを1つ。
中学校の段階の英文法は，それが実戦で生きたときに不可欠のものであったと実感できるという意味で，武道の型に通じるものがあります。
　英文法の勉強でも途中で何らかの実戦を取り入れてみましょう。そうすることで「英文法を体で覚える」というこの本での訓練により一層身を入れて取り組むことができるようになると思います。

田中　洋平

1章 ‖‖ 不定詞Ⅰ

●この章で用いられる単語を覚えよう。

see ［síː / スィー］動 観光する，見る

ready ［rédi / レディー］形 用意が出来て，準備が出来て

temple ［témpl / テムポゥ］名 寺院，聖堂

musician ［mjuzíʃən / ミュズィション］名 音楽家，作曲家

again ［əgén / アゲイン］副 また，再び

dangerous ［déindʒərəs / デインジャラス］形 危険な，危険を伴う

click ［klík / クリク］動 クリックする，カチッと押す

post ［póust / ポウストゥ］動 （インターネットなどに情報を）投稿する，掲載する

comment ［kámənt / カメントゥ］名 コメント，意見

pick up ［pík ʌp / ピク アプ］受け取る，拾い上げる，〜を車で迎えに行く (pick 〜 up)

movie ［múːvi / ムーヴィー］名 映画

take a walk ［téik ə wɔ́ːk / テイク ア ウォーク］散歩する

healthy ［hélθi / ヘルスィ］形 健康な

stay healthy ［stéi hélθi / ステイ ヘルスィ］健康でいる

convert ［kənvə́ːrt / コンヴァートゥ］動 変換する

press ［prés / プレス］動 〜を押す

wallet ［wálit / ワリトゥ］名 財布，小銭入れ

be surprised ［bíː sərpráizd / ビー サプライズドゥ］驚く

be pleased ［bíː plíːzd / ビー プリーズドゥ］喜ぶ，うれしく思う

be scared ［bíː skéərd / ビー スケアドゥ］怖がる，怖く思う

speak out ［spíːk áut / スピーク アウトゥ］（正々堂々と）意見を述べる

enough ［inʌf / イナフ］副 十分に

upset ［ʌpsét / アップセトゥ］形 動揺して，気が動転して

careless ［kéərləs / ケアレス］形 不注意な，うっかりした

such ［sʌ́tʃ / サチ］形 そんな，そのような

mistake ［mistéik / ミステイク］名 間違い，ミス

handwriting ［hǽndràitiŋ / ハンドゥライティング］名 手書き，筆跡

reach ［ríːtʃ / リーチ］動 たどり着く

●左ページを隠して読みと意味を確認しよう。

☐ see	☐ convert
☐ ready	☐ press
☐ temple	☐ wallet
☐ musician	☐ be surprised
☐ again	☐ be pleased
☐ dangerous	☐ be scared
☐ click	☐ speak out
☐ post	☐ enough
☐ comment	☐ upset
☐ pick up	☐ careless
☐ movie	☐ such
☐ take a walk	☐ mistake
☐ healthy	☐ handwriting
☐ stay healthy	☐ reach

1
章

●不定詞の分類

不定詞とは「to＋原形動詞」で表され，用法は３パターンある。

(1)　副詞的用法　「～のために」「～して…」「～するには…」

(2)　名詞的用法　「～すること」　※２章で学習

(3)　形容詞的用法　「～するための」「～して…」「～すべき…」　※３章で学習

●不定詞の副詞的用法

副詞的用法は「目的」，「原因」，「形容詞の修飾」などの訳し方がある。

●目的（～するために）

不定詞が行動の目的を表している場合

例1　I visited Kyoto to see temples.
　　　私は寺院を見るために京都を訪ねました。

例2　I practice the guitar to become a musician.　（この場合 be は「なる」と訳す）
　　　私は音楽家になるために（普段）ギターを練習しています。

●感情の原因（～して…）

不定詞が感情の原因を表している場合

例3　I'm glad to hear the news.　私はその知らせを聞いてうれしい。

●形容詞の修飾（～するのは…）

不定詞が形容詞の直後に置かれ，形容詞を修飾している場合

例4　This book is difficult to understand.　この本は理解するのが難しい。

「talk to 人」は「～と話す」「～に話しかける」という意味があり，次のように不定詞にすると前置詞が残ることに注意しよう。

例5　I talked to Brian yesterday.　私はブライアンと昨日話しました。
　　　He was easy to talk to.　　　彼は話し易い人でした。

1 次の英文を訳しなさい。

(1) He went to the library to return books.

-----

(2) I'm happy to see you again.

-----

(3) This book is easy to read.

-----

(4) This river is dangerous to swim in.

🎧 次の英文の読み書きの練習，及びリスニングの練習をしなさい。

1 They visited Kyoto to see temples.　彼らは寺院を見るために京都を訪ねました。

2 I came here to meet Judy.　私はジュディーに会いにここへ来ました。

3 I'm here to study.　私は勉強するためにここに来ています。

4 I got up early to take the first train.　私は始発電車に乗るために早く起きました。

5 Click here to post a comment.　コメントを投稿するにはここをクリックしてください。

6 He went back home to pick up his wallet.　彼は自分の財布を取りに家に戻りました。

7 Why did you go there?　あなたは何故そこへ行ったのですか？
　To see a movie.　　　　　映画を見に行きました。

8 To convert to katakana, press F7.　カタカナに変換するには F7 キーを押します。

9 Which bus should I take to get to the stadium?　スタジアムに行くにはどのバスに乗ったほう
がよいですか？

10 She is looking for a dictionary to study English.　彼女は英語を勉強するために辞書を探して
います。

11 I often take a walk to stay healthy.　私は健康でいられるようによく散歩をしています。

12 The place is difficult to reach.　その場所はたどり着くのが難しいです。

13 His handwriting is so hard to read.　彼の（手書きの）字はすごく読みにくいです。

14 Jack is easy to talk to.　ジャックは話しやすい人です。

15 Are you ready to order?　ご注文はお決まりですか？（注文の準備はできていますか？）

16 I'm happy to hear that.　私はそれを聞いてうれしいです。

17 They were surprised to know the truth.　彼らは真実を知って驚きました。

18 I'm pleased to meet you.　私はあなたにお会いできてうれしいです。

19 Don't be afraid to speak out.　意見を言うことを恐れてはいけません。

20 I'm scared to open the door.　私はそのドアを開けるのが怖いです。

21 It'll be easy enough for them to use.　それは彼らにとって十分使いやすいでしょう。

22 I was glad to hear the news.　私はその知らせを聞いてうれしかったです。

23 She looked upset to hear that.　彼女はそれを聞いて動揺しているようでした。

24 I was so careless to make such a mistake.　私はそんな間違いをするなんて全く不注意でした。

25 Is it close to walk there?　そこは歩いて行けるくらい近いですか？

● ★ 章 末 問 題 Ⓐ ★ ●

日本文に合うように英単語を並べ替えなさい。ただし[　]内の語は先頭に用いること。

1 彼らは寺院を見るために京都を訪ねました。 to see they temples Kyoto visited

- -

2 私はジュディーに会いにここへ来ました。 to I came here Judy meet

- -

3 私は勉強するためにここに来ています。   to I'm study here

- -

4 私は始発電車に乗るために早く起きました。 I up to the got first take train early

- -

5 コメントを投稿するにはここをクリックしてください。 a to post click here comment

- -

6 彼は自分の財布を取りに家に戻りました。 to up his he back went pick wallet home

- -

7 あなたは何故そこへ行ったのですか？ 映画を見に行きました。
   a go to see did you why there movie

- -

8 カタカナに変換するにはＦ７キーを押します。[to] to press convert katakana F7

- -

9 スタジアムに行くにはどのバスに乗ったほうがよいですか？
   I to to the bus get take which should stadium

- -

10 彼女は英語を勉強するために辞書を探しています。
   a is for to she looking English dictionary study

- -

11 私は健康でいられるようによく散歩をしています。 a I to stay walk take often healthy

- -

12 その場所はたどり着くのが難しいです。 to the is place reach difficult

- -

1章

13 彼の（手書きの）字はすごく読みにくいです。　so to is his read hard handwriting

14 ジャックは話しやすい人です。　is to to Jack talk easy

15 ご注文はお決まりですか？（注文の準備はできていますか？）　are to order ready you

16 私はそれを聞いてうれしいです。　to I'm that hear happy

17 彼らは真実を知って驚きました。　to the truth they know were surprised

18 私はあなたにお会いできてうれしいです。　to I'm meet you pleased

19 意見を言うことを恐れてはいけません。　to be out don't speak afraid

20 私はそのドアを開けるのが怖いです。　the to door I'm open scared

21 それは彼らにとって十分使いやすいでしょう。　to be for use It'll them easy enough

22 私はその知らせを聞いてうれしかったです。　the to I was hear news glad

23 彼女はそれを聞いて動揺しているようでした。　to she upset looked that hear

24 私はそんな間違いをするなんて全く不注意でした。　I a so to was such make careless mistake

25 そこは歩いて行けるくらい近いですか？　it to is walk there close

● ★ 章 末 問 題 B ★

日本文に合うように英単語を並べ替えなさい。ただし[　]内の語は先頭に用いること。

1 彼らは寺院を見るために京都を訪ねました。　to see they temples Kyoto visited

- -

2 私はジュディーに会いにここへ来ました。　to I came here Judy meet

- -

3 私は勉強するためにここに来ています。　to I'm study here

- -

4 私は始発電車に乗るために早く起きました。　I up to the got first take train early

- -

5 コメントを投稿するにはここをクリックしてください。　a to post click here comment

- -

6 彼は自分の財布を取りに家に戻りました。　to up his he back went pick wallet home

- -

7 あなたは何故そこへ行ったのですか？　映画を見に行きました。
a go to see did you why there movie

- -

8 カタカナに変換するにはF7キーを押します。[to] to press convert katakana F7

- -

9 スタジアムに行くにはどのバスに乗ったほうがよいですか？
I to to the bus get take which should stadium

- -

10 彼女は英語を勉強するために辞書を探しています。
a is for to she looking English dictionary study

- -

11 私は健康でいられるようによく散歩をしています。　a I to stay walk take often healthy

- -

12 その場所はたどり着くのが難しいです。　to the is place reach difficult

- -

13 彼の（手書きの）字はすごく読みにくいです。　so to is his read hard handwriting

14 ジャックは話しやすい人です。　is to to Jack talk easy

15 ご注文はお決まりですか？（注文の準備はできていますか？）　are to order ready you

16 私はそれを聞いてうれしいです。　to I'm that hear happy

17 彼らは真実を知って驚きました。　to the truth they know were surprised

18 私はあなたにお会いできてうれしいです。　to I'm meet you pleased

19 意見を言うことを恐れてはいけません。　to be out don't speak afraid

20 私はそのドアを開けるのが怖いです。　the to door I'm open scared

21 それは彼らにとって十分使いやすいでしょう。　to be for use It'll them easy enough

22 私はその知らせを聞いてうれしかったです。　the to I was hear news glad

23 彼女はそれを聞いて動揺しているようでした。　to she upset looked that hear

24 私はそんな間違いをするなんて全く不注意でした。　I a so to was such make careless mistake

25 そこは歩いて行けるくらい近いですか？　it to is walk there close

2章 ‖‖ 不定詞Ⅱ

●この章で用いられる単語を覚えよう。

decide ［ disáid / ディサイドゥ ］ 動 決心する，決意する

prefer ［ prifór / プリファー ］ 動 むしろ〜の方を好む，〜の方を選ぶ

able ［ éibl / エイブル ］ 形 (人が〜することが)できる

would ［ wúd / ウドゥ ］ 助 〜したいと思う

nurse ［ nórs / ナース ］ 名 看護師

reservation ［ rèzərvéiʃən / リザ ヴェイション ］ 名 (ホテルや乗り物の)予約，指定

make a reservation ［ méik ə rèzərvéiʃən / メイク ア リザ ヴェイション ］ 予約を取る，予約する

dream ［ drí:m / ドゥリーム ］ 名 夢，理想

hospital ［ háspitəl / ハスピ トゥル ］ 名 病院

clear ［ klíər / クリア(ァ) ］ 動 (雲・霧・煙などが) 消え去ってなくなる，晴れる

lake ［ léik / レイク ］ 名 湖

mailer ［ méilər / メイラー ］ 名 メールソフト

future ［ fjú:tʃər / フューチァ(ァ) ］ 名 将来，未来

in the future ［ in ðə fjú:tʃər / イン ザ フューチァ(ァ) ］ 将来は，今後は

world ［ wə́(:r)ld / ワールドゥ ］ 名 世界，地球

grandma ［ grǽnmə / グランマ ］ 名 おばあちゃん，祖母

weight ［ wéit / ウェイトゥ ］ 名 体重

lose weight ［ lú:z wéit / ルーズ ウェイトゥ ］ 減量する，体重を減らす

rest ［ rést / レストゥ ］ 名 休憩，休息

take a little rest ［ téik ə lítl rést / テイク ア リトゥル レストゥ ］ 少し休憩する

on time ［ ɔn táim / オン タイム ］ 時間内に，間に合って

engineer ［ èndʒəníər / エンジ ニア ］ 名 エンジニア，技師

transfer ［ trænsfə́:r / トゥランスファァ ］ 動 (交通機関を)乗り換える

●左ページを隠して読みと意味を確認しよう。

- [ ] decide
- [ ] prefer
- [ ] able
- [ ] would
- [ ] nurse
- [ ] reservation
- [ ] make a reservation
- [ ] dream
- [ ] hospital
- [ ] clear
- [ ] lake
- [ ] mailer

- [ ] future
- [ ] in the future
- [ ] world
- [ ] grandma
- [ ] weight
- [ ] lose weight
- [ ] rest
- [ ] take a little rest
- [ ] on time
- [ ] engineer
- [ ] transfer

2
章

●不定詞の名詞的用法

不定詞の名詞的用法は「～すること」と訳す。

例1　I like <u>to play chess</u>.　私は<u>チェスをすること</u>が好きです。

例2　I plan <u>to study abroad</u>..　私は<u>留学すること</u>を計画しています。（留学するつもりです）

●動詞とセットで覚えるべきもの

┌─ 暗記 ──────────────────────────┐

want to ～	「～したい」（～することを望む）
hope to ～	「～したい（と思う）」（～する願望がある）
begin to ～ start to ～	「～し始める」（～することを始める）
help (to) ～	「～するのを手伝う」「～するのに役立つ」「～するのを促進させる」
get to ～	「～する機会がある（機会を得る)」「～するようになる」
need to ～	「～する必要がある」（～することが必要)
try to ～	「～しようとする（試みる）」
happen to ～	「偶然～する」「たまたま～する」
decide to ～	「～する決心をする」
plan to ～	「～する予定」「～するつもり」
prefer to ～	「～するほうがいい」「～する方を好む」
learn to ～	「～できるようになる」「～することを学ぶ」
be able to ～	「～することができる」　※can と同じ意味
would like to ～	「できれば～したい」「～したいのですが」

└──────────────────────────────┘

例1　He wants to buy it.　彼はそれを買いたがっています。

例2　I hope to see you again.　あなたにまたお会いしたいです。

例3　The weather began to clear.　天気が良くなり始めました。

例4　He started to run again.　彼は再び走り始めました。

例5　We need to go to his house.　私達は彼の家に行く必要があります。

例6　I tried to catch a taxi.　私はタクシーを拾おうとしました。

例7　We happened to see her.　私達は偶然彼女に会いました。

例8　She decided to be a nurse.　彼女は看護師になることを決心しました。

２ 次の英文を訳しなさい。

(1) I plan to go to watch soccer.

....

(2) I was able to sleep well.

....

(3) I'd like to make a reservation.

....

🎧 次の英文の読み書きの練習，及びリスニングの練習をしなさい。

1 He likes to travel to other countries.　彼は他国を旅することが好きです。

2 If you want to go to the zoo,　もし動物園に行きたいのなら，
you should take that bus.　　あなたはあのバスに乗ったほうがいいです。

3 Her dream is to be a nurse.　彼女の夢は看護師になることです。

4 I want to work in another country.　私は他の国で働いてみたいです。

5 Do I need to transfer?　私は乗り換える必要がありますか？

6 I plan to stay here for seven days.　私は7日間ここに滞在する予定です。

7 How much do I need to pay?　私はいくら払う必要がありますか？

8 She learned to ride a bicycle last year.　彼女は去年自転車に乗れるようになりました。

9 He decided to become a musician.　彼は音楽家になる決心をした。

10 I happened to see him at the hospital.　私はたまたま病院で彼に会いました。

11 I got to see the lake last week.　私は先週その湖を観る機会がありました。

12 It started to rain then.　その時雨が降り始めた。

13 Where do you want to go in the world?　あなたは世界のどこに行ってみたいですか？

14 What do you want to be in the future?　あなたは将来何になりたいですか？
I want to be an engineer.　　　　　　私はエンジニアになりたいです。

15 The child started to cry when he saw the dog.　その子は犬を見て泣きだしました。

16 I hope I can see my grandma soon.　私はすぐに祖母を訪ねたいと思っています。

17 I am trying to lose some weight.　私は減量しようとしています。

18 I prefer to take a bus.　私はバスを利用するほうがいいです。

19 How would you like to drink?　あなたは何を飲みたいですか？

20 Do I have to make a reservation?　私は予約をしなければいけませんか？

21 Where are you planning to stay?　あなたはどこに滞在する予定ですか？

22 Do you want to take a little rest?　あなたは少し休憩したいですか？

23 He helped to carry this heavy bag for me.　彼は私のためにこの重いかばんを運ぶのを
手伝ってくれました。

24 I want to be able to speak Spanish.　私はスペイン語を話せるようになりたい。

25 We won't be able to get there on time.　私達はそこに間に合いそうにありません。

26 Are you able to set up this mailer?　あなたはこのメールソフトをセットアップする
ことができますか？

● ★ 章 末 問 題 Ⓐ ★

日本文に合うように英単語を並べ替えなさい。ただし[　]内の語は先頭に置くこと。

1 彼は他国を旅することが好きです。　to to he other likes travel countries

2 もし動物園に行きたいのなら，あなたはあのバスに乗ったほうがいいです。
[if] to to go the that bus zoo you you want take should

3 彼女の夢は看護師になることです。　a be is to her dream nurse

4 私は他の国で働いてみたいです。　I in to want work country another

5 私は乗り換える必要がありますか？　I to need do transfer

6 私は7日間ここに滞在する予定です。　I for to days stay here plan seven

7 私はいくら払う必要がありますか？　to do I pay how much need

8 彼女は去年自転車に乗れるようになりました。　a to last she learned ride bicycle year

9 彼は音楽家になる決心をしました。　a to he musician become decided

10 私はたまたま病院で彼に会いました。　I at to the him see happened hospital

11 私は先週その湖を観る機会がありました。　I to the see got last lake week

12 その時雨が降り始めた。　to it then rain started

13 あなたは世界のどこに行ってみたいですか？　the in to go do you want where world

14 あなたは将来何になりたいですか？　the do to be you in what want future
　　私はエンジニアになりたいです。　an to be I want engineer

---

15 その子は犬を見て泣きだしました。　[the] the to he dog saw cry child started when

16 私はすぐに祖母を訪ねたいと思っています。　I I my see can grandma soon hope

---

17 私は減量しようとしています。　to am I lose some trying weight

---

18 私はバスを利用するほうがいいです。　a I to take prefer bus

---

19 あなたは何を飲みたいですか？　to you like how drink would

---

20 私は予約をしなければいけませんか？　a I do to have reservation make

---

21 あなたはどこに滞在する予定ですか？　to are where stay you planning

---

22 あなたは少し休憩したいですか？　a to do you little want rest take

---

23 彼は私のためにこの重いかばんを運ぶのを手伝ってくれました。
　　to for he me bag this helped carry heavy

---

24 私はスペイン語を話せるようになりたい。　I be to to speak able want Spanish

---

25 私達はそこに間に合いそうにありません。　on to be get we time able won't there

---

26 あなたはこのメールソフトをセットアップすることができますか？
　　up to able are this you set mailer

2章

★ 章 末 問 題 B ★

日本文に合うように英単語を並べ替えなさい。ただし[　]内の語は先頭に置くこと。

1 彼は他国を旅することが好きです。　to to he other likes travel countries

2 もし動物園に行きたいのなら，あなたはあのバスに乗ったほうがいいです。
[if] to to go the that bus zoo you you want take should

3 彼女の夢は看護師になることです。　a be is to her dream nurse

4 私は他の国で働いてみたいです。　I in to want work country another

5 私は乗り換える必要がありますか？　I to need do transfer

6 私は7日間ここに滞在する予定です。　I for to days stay here plan seven

7 私はいくら払う必要がありますか？　to do I pay how much need

8 彼女は去年自転車に乗れるようになりました。　a to last she learned ride bicycle year

9 彼は音楽家になる決心をしました。　a to he musician become decided

10 私はたまたま病院で彼に会いました。　I at to the him see happened hospital

11 私は先週その湖を観る機会がありました。　I to the see got last lake week

12 その時雨が降り始めた。　to it then rain started

13 あなたは世界のどこに行ってみたいですか？　the in to go do you want where world

14 あなたは将来何になりたいですか？ the do to be you in what want future

　　私はエンジニアになりたいです。 an to be I want engineer

15 その子は犬を見て泣きだしました。 [the] the to he dog saw cry child started when

16 私はすぐに祖母を訪ねたいと思っています。 I I my see can grandma soon hope

17 私は減量しようとしています。 to am I lose some trying weight

18 私はバスを利用するほうがいいです。 a I to take prefer bus

19 あなたは何を飲みたいですか？ to you like how drink would

20 私は予約をしなければいけませんか？ a I do to have reservation make

21 あなたはどこに滞在する予定ですか？ to are where stay you planning

22 あなたは少し休憩したいですか？ a to do you little want rest take

23 彼は私のためにこの重いかばんを運ぶのを手伝ってくれました。

　　to for he me bag this helped carry heavy

24 私はスペイン語を話せるようになりたい。 I be to to speak able want Spanish

25 私達はそこに間に合いそうにありません。 on to be get we time able won't there

26 あなたはこのメールソフトをセットアップすることができますか？

　　up to able are this you set mailer

3章　不定詞Ⅲ

●この章で用いられる単語を覚えよう。

thing ［θíŋ / スィング］ 名 こと，もの

something ［sʌ́mθìŋ / サムスィング］ 代 何か

anything ［éniθìŋ / エニスィング］ 代 何でも，どんなものでも

nothing ［nʌ́θiŋ / ナッスィング］ 代 何も～ない

picture ［píktʃər / ピクチャ(ァ)］ 名 写真，絵

a lot of ［ə lát əv / ア ラトゥ オブ］ たくさんの，多数の

chance ［tʃǽns / チャンス］ 名 機会，チャンス

moment ［móumənt / モーメントゥ］ 名 わずかな間，一瞬，現在

pay ［péi / ペイ］ 動 代金を支払う

enough ［inʌ́f / イナフ］ 形 十分な

paper ［péipər / ペイパァ］ 名 紙，研究論文，レポート，書類，答案用紙，新聞

apartment ［əpártmənt / アパートゥメントゥ］ 名 アパート

souvenir ［sù:vəníər / スーヴェニア］ 名 土産，記念品

deadline ［dédlàin / デッドライン］ 名 最終期限，締め切り

hand in ［hǽnd in / ハンドゥ イン］ 提出する，差し出す

money ［mʌ́ni / マニィ］ 名 金銭，通貨

change money ［tʃéindʒ mʌ́ni / チェインジ マニィ］ 両替する，換金する

app ［ǽp / アプ］ 名 アプリ

useful ［jú:sfl / ユースフル］ 形 役立つ，便利な

right now ［ráit náu / ライトゥ ナゥ］ 今すぐに，たった今

topic ［tápik / トピック］ 名 話題，主題

else ［éls / エルス］ 副 他に

correct ［kərékt / コレクトゥ］ 動 直す，訂正する

expect ［ikspékt / イクスペクトゥ］ 動 予期する，期待する

●左ページを隠して読みと意味を確認しよう。

- □ thing
- □ something
- □ anything
- □ nothing
- □ picture
- □ a lot of
- □ chance
- □ moment
- □ pay
- □ enough
- □ paper
- □ apartment

- □ souvenir
- □ deadline
- □ hand in
- □ money
- □ change money
- □ app
- □ useful
- □ right now
- □ topic
- □ else
- □ correct
- □ expect

●something, anything, nothing と形容詞

something, anything, nothing に用いる形容詞は，次のように必ず後に置く。

　　×hot something　　　○something hot（何か温かいもの）

　　×else anything　　　○anything else （他に何か）

例1 I'd like to drink something hot.　私は何か温かいものが飲みたいです。

例2 Do you want anything else?　他に何か欲しいですか？

●不定詞の形容詞的用法

不定詞が直前の名詞を修飾するとき，不定詞は「～するための」「～すべき…」などのように訳す。

work to do 「するための仕事」→「すべき仕事」

time to do 「～するための時間」→「～する時間」

places to see 「見るための場所」→「見るところ」

pictures to show you 「あなたに見せるための写真」→「あなたに見せたい写真」

things to do 「するためのこと」→「すること」「すべきこと」

something to eat 「食べるための何か」→「何か食べるもの」

something hot to drink 「飲むための温かい何か」→「何か温かい飲みもの」

don't have anything to do ＝ have nothing to do 「することが何もない」

例1 I have a lot of things to do today. 私は今日やることがたくさんある。

例2 Sorry, I have no time to talk. ごめんなさい，話す時間がありません。

例3 I'd like something to drink. 何か飲むものをいただきたいのですが。

例4 We don't have anything hot to drink. 私達は温かい飲み物を何も持っていません。

例5 He has nothing to do today. 彼は今日やることが何もありません。

●something と anything の違い

◇something…「漠然と(ぼんやりと)何か」   ◇anything…「何でもいいので何か」

① I'd like to drink something cold. 何か冷たいものが飲みたいのですが。

② I'd like to drink anything cold. （何でもいいので）何か冷たいものが飲みたいのですが。

some を使った疑問文は相手が"Yes"と答えることが前提で，any の場合はその前提がない。

③ Do you have something to eat? 何か食べる物はありますか？（ありますよね？）

④ Do you have anything to eat? （何でもいいので）何か食べる物はありますか？

③は期待感を持ったニュアンスがあり，④は特にそのような期待感はない。

●前置詞を伴う不定詞

write with a pen：ペンを使って書く　　　　write on the paper：紙に書く

write about this：これについて書く　　　　get on a bus：バスに乗る

talk about the topic：その話題について話す　　live in an apartment：アパートに住む

上記の語句に注意して次の例文を理解しよう。

例1 I have nothing to write with. 私は書くもの（筆記用具）がありません。

例2 I have nothing to write about. 私は書くこと（内容）がありません。

例3 I have nothing to write on. 私には書く紙がありません。

例4 I couldn't find a bus to get on. 私は乗るべきバスを見つけられませんでした。

例5 We had a lot of topics to talk about. 私達は話すべき話題がたくさんありました。

例6 I'm looking for an apartment to live in. 私は住む部屋を探しています。

🎧 次の英文の読み書きの練習，及びリスニングの練習をしなさい。

1 I have a lot of things to do tomorrow.　私は明日することがたくさんあります。

2 Would you like something to eat?　何か食べものはいかがですか？

3 I don't have anything to do today.　私は今日やることが何もありません。

4 I have nothing to do today.　私は今日やることが何もありません。

5 He still has a lot of work to do.　彼はまだやる仕事がたくさんあります。

6 I'd like something cold to drink.　何か冷たい飲みものをいただきたいです。

7 Do you have a moment to talk right now?　今ちょっとお話しする時間はありますか？

8 There are a lot of famous places to see in Paris.　パリにはたくさんの有名な見所があります。

9 Kyoto has many places to visit.　京都には訪れるべき場所がたくさんあります。

10 Do you have anything else to tell me?　他に何か私に言っておくことはありますか？

11 I have some pictures to show you.　私にはあなたに見せたい写真が何枚かあります。

12 It's time to go to work now.　もう仕事に行く時間です。

13 I don't have enough money to pay for it.　私はその代金を払うだけのお金を持っていません。

14 Please write with this pen.　このペンを使って書いてください。

15 Do you have something to write with?　何か書くもの（ペンなど）を持っていますか？

16 Please write on this paper.　この紙に書いてください。

17 Do you have anything to write on?　何か書くもの（紙など）はありませんか？

18 We had a lot of topics to talk about.　私達には話すべき話題がたくさんありました。

19 I'll get you something to drink.　では何か飲み物をお持ちしますね。

20 We have no chance to speak English.　私達には英語を話す機会がありません。

21 What are good souvenirs to buy?　買ったほうがいいお土産は何ですか？

22 When is the deadline to hand in the paper?　その研究論文の提出期限はいつですか？

23 Where can I find a place to change money?　両替ができる場所はどこに行けばありますか？

24 Is there anything else to correct?　他に修正すべきところはありませんか？

25 I have no one to go to the concert with.　私にはそのコンサートに一緒に行く人がいません。

26 Here is the room for you to wait in.　ここが（あなた達のための）待合室（控え室）です。

27 I didn't expect the app to be so useful.　このアプリがそんなに便利なんて思いもしませんでした。

● ★ ㊤ ㊦ ㊥ ㊤ Ⓐ ★ ●

日本文に合うように英単語を並べ替えなさい。

1 私は明日することがたくさんあります。　a I to of do lot have tomorrow things

2 何か食べものはいかがですか？　to like eat you would something

3 私は今日やることが何もありません。　to do I today have don't anything

4 私は今日やることが何もありません。　I do to have today nothing

5 彼はまだやる仕事がたくさんあります。　a lot has to do he of still work

6 何か冷たい飲みものをいただきたいです。　to I'd cold like drink something

7 今ちょっとお話しする時間はありますか？　a to do now you talk have moment right

8 パリにはたくさんの有名な見所があります。
are of to lot in a see Paris places there famous

9 京都には訪れるべき場所がたくさんあります。　to has visit places many Kyoto

10 他に何か私に言っておくことはありますか？　to do you tell me have else anything

11 私にはあなたに見せたい写真が何枚かあります。　I to show have you some pictures

12 もう仕事に行く時間です。　to go to work it's now time

13 私はその代金を払うだけのお金を持っていません。　I it for to don't pay have enough money

14 このペンを使って書いてください。　this write pen please with

15 何か書くもの（ペンなど）を持っていますか？　to do with write have you something

16 この紙に書いてください。　on please this paper write

17 何か書くもの（紙など）はありませんか？　to on do you anything write have

18 私達には話すべき話題がたくさんありました。　a to of lot we had talk topics about

19 では何か飲み物をお持ちしますね。　to get you I'll drink something

20 私達には英語を話す機会がありません。　no we to have speak chance English

21 買ったほうがいいお土産は何ですか？　to are buy good what souvenirs

22 その研究論文の提出期限はいつですか？　the the to in is paper when deadline hand

23 両替ができる場所はどこに行けばありますか？　I a can to find change place where money

24 他に修正すべきところはありませんか？　to is else there correct anything

25 私にはそのコンサートに一緒に行く人がいません。　I to to the go no one have with concert

26 ここが（あなた達のための）待合室（控え室）です。　is the for in to you room here wait

27 このアプリがそんなに便利なんて思いもしませんでした。　I be the to so app didn't useful expect

● ★ 章 末 問 題 Ｂ ★ ●

日本文に合うように英単語を並べ替えなさい。

1 私は明日することがたくさんあります。 a I to of do lot have tomorrow things

2 何か食べものはいかがですか？ to like eat you would something

3 私は今日やることが何もありません。 to do I today have don't anything

4 私は今日やることが何もありません。 I do to have today nothing

5 彼はまだやる仕事がたくさんあります。 a lot has to do he of still work

6 何か冷たい飲みものをいただきたいです。 to I'd cold like drink something

7 今ちょっとお話しする時間はありますか？ a to do now you talk have moment right

8 パリにはたくさんの有名な見所があります。
are of to lot in a see Paris places there famous

9 京都には訪れるべき場所がたくさんあります。 to has visit places many Kyoto

10 他に何か私に言っておくことはありますか？ to do you tell me have else anything

11 私にはあなたに見せたい写真が何枚かあります。 I to show have you some pictures

12 もう仕事に行く時間です。 to go to work it's now time

13 私はその代金を払うだけのお金を持っていません。 I it for to don't pay have enough money

14 このペンを使って書いてください。　this write pen please with

15 何か書くもの（ペンなど）を持っていますか？　to do with write have you something

16 この紙に書いてください。　on please this paper write

17 何か書くもの（紙など）はありませんか？　to on do you anything write have

18 私達には話すべき話題がたくさんありました。　a to of lot we had talk topics about

19 では何か飲み物をお持ちしますね。　to get you I'll drink something

20 私達には英語を話す機会がありません。　no we to have speak chance English

21 買ったほうがいいお土産は何ですか？　to are buy good what souvenirs

22 その研究論文の提出期限はいつですか？　the the to in is paper when deadline hand

23 両替ができる場所はどこに行けばありますか？　I a can to find change place where money

24 他に修正すべきところはありませんか？　to is else there correct anything

25 私にはそのコンサートに一緒に行く人がいません。　I to to the go no one have with concert

26 ここが（あなた達のための）待合室（控え室）です。　is the for in to you room here wait

27 このアプリがそんなに便利なんて思いもしませんでした。　I be the to so app didn't useful expect

4章 ||| 動名詞

●この章で用いられる単語を覚えよう。

talk to ［tɔk túː／トク トゥー］ ～に話しかける，～と話す

lock ［lák／ラク］ 動 ～に鍵をかける

heater ［híːtər／ヒータ(ァ)］ 名 ヒーター，暖房器具

travel ［trǽvl／トゥラヴル］ 動 旅行する，旅する

hallway ［hɔ́lwèi／ホールウェイ］ 名 廊下

climb ［kláim／クライム］ 動 登山をする，よじ登る

complain ［kəmpléin／コムプレイン］ 動 文句を言う，不平不満を言う

right now ［ráit náu／ライトゥ ナゥ］ 今すぐに，たった今

pastime ［pǽstàim／パスタイム］ 名 気晴らし，道楽

be out (for) shopping ［bíː áut (fər) ʃápiŋ／ビー アゥトゥ (フォ) ショピ ング］ 買い物に出かけている，買うものを探している

feel like ~ ing ［fíːl láik iŋ／フィール ライク イング］ ～したい気がする，～したい気分である

mouth ［máuθ／マウス］ 名 (人，ビン，袋などの)口

full ［fúl／フル］ 形 いっぱいの，満ちた

etiquette ［étikət／エティケトゥ］ 名 エチケット，しきたり

sightsee ［sáitsìː／サイトゥスィ］ 動 観光する，見物する

sorry for ［sɔ́ri fɔ́r／ソリィ フォァ］ ～をすまないと思う，～を気の毒に思う

be good at ~ing ［bí gúd ət iŋ／ビー グッド ゥ アットゥ イング］ ～が得意(上手)である

without ［wiðáut／ウィズ アゥトゥ］ 前 ～なしで，持たないで

without ~ ing ［wiðáut iŋ／ウィズ アゥトゥ イング］ ～しないで

Singapore ［síŋgəpɔ̀ːr／スィンガ ポ (ァ)］ 名 シンガポール

what about ［hwát əbáut／ホヮットゥ アバゥトゥ］ ～についてどう思いますか？(相手に意見や説明を求める時に使う)

how about ［háu əbáut／ハゥ アバゥトゥ］ ～についてどう思いますか？(相手に何かを提案する時に使う)

show ［ʃóu／ショウ］ 名 (テレビやビデオの)番組，映画

TV show ［tíːvíː ʃóu／ティーヴィー ショウ］ テレビ番組

water ［wɔ́tər／ウォタァ］ 動 ～に水をかける，水やりする

flower ［fláuər／フラウアァ］ 名 花

conversation ［kànvərséiʃən／カンヴァセイション］ 名 会話，話し合い

in English ［in íŋgliʃ／イン イングリシュ］ 英語で

battery ［bǽtəri／バタリィ］ 名 電池

stranger ［stréindʒər／ストゥレインジャァ］ 名 見知らぬ人，よそ者，不案内の人

quit ［kwít／クウィトゥ］ 動 やめる，中止する

as ［əz／アズ］ 前 ～の頃，～のとき

●左ページを隠して読みと意味を確認しよう。

- ☐ talk to
- ☐ lock
- ☐ heater
- ☐ travel
- ☐ hallway
- ☐ climb
- ☐ complain
- ☐ right now
- ☐ pastime
- ☐ be out (for) shopping
- ☐ feel like ~ ing
- ☐ mouth
- ☐ full
- ☐ etiquette
- ☐ sightsee
- ☐ sorry for

- ☐ be good at ~ ing
- ☐ without
- ☐ without ~ ing
- ☐ Singapore
- ☐ what about
- ☐ how about
- ☐ show
- ☐ TV show
- ☐ water
- ☐ flower
- ☐ conversation
- ☐ in English
- ☐ battery
- ☐ stranger
- ☐ quit
- ☐ as

4章

●動名詞

動詞の ing 形を名詞として扱う場合の品詞を**動名詞**といい，「～をすること」と訳される。

例1　I like playing chess.　私はチェスをすることが好きです。
　※ I like to play chess. （不定詞にしてもほぼ同じ内容になる）
例2　Skiing is difficult for me.　スキーをすることは私にとって難しい。

目的語に動名詞が使えない場合，不定詞が使えない場合，目的語が動名詞と不定詞で意味がほぼ変わらない場合，動名詞と不定詞で意味が変わる場合がある。

◇目的語：動名詞 OK／不定詞 NG

～することを楽しむ	○ enjoy doing	× enjoy to do
～することを終える	○ finish doing	× finish to do
～することをあきらめる	○ give up doing	× give up to do

例3　私はスキーをすることを楽しんだ。　× I enjoyed to ski.　○ I enjoyed skiing.
例4　私は手紙を書き終えた。　× I finished to write a letter.　○ I finished writing a letter.

◇目的語：動名詞 NG／不定詞 OK

～する希望がある	× hope doing	○ hope to do
偶然～する	× happen doing	○ happen to do
～する決心をする	× decide doing	○ decide to do

◇目的語：動名詞でも不定詞手でもそれほど意味が変わらない場合

～し始める	○ start (begin) doing	○ start (begin) to do
～することが好き	○ like doing	○ like to do
～することが大好き	○ love doing	○ love to do

◇目的語：動名詞と不定詞で意味が変わる場合

try to do	～しようと努める	try doing	試しに～してみる
forget to do	～し忘れる	forget doing	～したことを忘れている ～したことを覚えていない
remember to do	忘れずに～する	remember doing	～したことを覚えている ～した覚え（記憶）がある

例5　I tried to understand his English.　私は彼の英語を理解しようとがんばりました。
例6　Try reading this book.　試しにこの本を読んでみて。
例7　He often forgets to lock his car.　彼はよく車の鍵をかけ忘れます。
例8　I will never forget visiting Rome.　私はローマを訪れたことは決して忘れないでしょう。
例9　Remember to turn off the heater.　忘れずにヒーターを消すようにね。
例10　I remember going to the beach as a kid.　私は子供の頃そのビーチに行った記憶がある。

🎧 次の英文の読み書きの練習，及びリスニングの練習をしなさい。

1 It started raining.　　雨が降り始めました。

2 Do you like traveling?　あなたは旅行が好きですか？

3 No running in the hallways.　廊下で走ってはいけません。

4 No swimming here.　　ここは遊泳禁止。

5 English listening is difficult for me.　英語を聴き取ることは私にとって難しい。

6 I like climbing mountains.　私は登山をすることが好きです。

7 We enjoyed skiing last Sunday.　私達はこの前の日曜にスキーを楽しみました。

8 Did you finish reading the book?　あなたはその本を読み終えましたか？

9 I quit smoking a year ago.　私は1年前にタバコを止めました。

10 Stop complaining and do it right now.　文句を言ってないですぐにそれをやりなさい。

11 My favorite pastime is reading comics.　私の一番の気晴らしは漫画を読むことです。

12 My mom is out shopping.　母は買い物に出かけています。

13 I don't feel like eating today.　私は今日食べる気がしません。

14 No talking when your mouth is full.　口に食べ物を入れたまま話してはいけません。

15 My brother is good at teaching math.　私の兄は数学を教えることが得意です。

16 After walking for a few hours,　2,3時間歩いた後,
　　we had lunch on the mountain.　私達は山の上で昼食をとりました。

17 Thank you for picking me up.　迎えに来てくれてありがとう。

18 I'm sorry for being late.　遅れてすみません。

19 You must not eat without washing your hands.　手を洗わずに食べてはいけません。

20 The video is good for learning etiquette.　その動画はエチケットを学ぶのに良いです。

21 How did you like living in Singapore?　シンガポールに住んでみてどうでしたか？

22 What about coming with us?　私達と一緒に来るのはどうですか？

23 How about having dinner with me?　私と一緒に夕食を食べませんか？

24 I forgot to watch the TV show.　私はそのテレビ番組を見忘れてしまいました。

25 I forgot getting new batteries.　私は新しい電池を買っておいたのを忘れていました。

26 Remember to water the flowers.　忘れずに花に水をあげてね。

27 The map is useful for sightseeing.　この地図は観光するのに役に立ちます。

28 I tried to understand their conversation,　私は彼らの会話を理解しようとしましたが,
　　but I couldn't.　　　　　　　　できませんでした。

29 I tried talking to a stranger in English.　私は見知らぬ人に英語で話しかけてみました。

★ 章 末 問 題 Ⓐ ★

日本文に合うように英単語を並べ替えなさい。

1 雨が降り始めました。
it raining started

2 あなたは旅行が好きですか？
like you traveling do

3 廊下で走ってはいけません。
no in the hallways running

4 ここは遊泳禁止。
swimming no here

5 英語を聴き取ることは私にとって難しい。　me for is listening difficult English

6 私は登山をすることが好きです。　climbing like I mountains

7 私達はこの前の日曜にスキーを楽しみました。　we last skiing Sunday enjoyed

8 あなたはその本を読み終えましたか？　the book did finish reading you

9 私は 1 年前にタバコを止めました。　a I quit ago smoking year

10 文句を言ってないですぐにそれをやりなさい。　and do right now stop it complaining

11 私の一番の気晴らしは漫画を読むことです。　my is pastime reading comics favorite

12 母は買い物に出かけています。　is shopping out mom my

13 私は今日食べる気がしません。　eating I today don't feel like

14 口に食べ物を入れたまま話してはいけません。　is no full your when mouth talking

15 私の兄は数学を教えることが得意です。　is at my good math brother teaching

16 2,3 時間歩いた後，私達は山の上で昼食をとりました。
a the on we for after few walking lunch hours had mountain

---

17 迎えに来てくれてありがとう。　me up for you thank picking

---

18 遅れてすみません。　being sorry late for I'm

---

19 手を洗わずに食べてはいけません。　your not must eat you without hands washing

---

20 その動画はエチケットを学ぶのに良いです。　for is the good video etiquette learning

---

21 シンガポールに住んでみてどうでしたか？　in you like did how living Singapore

---

22 私達と一緒に来るのはどうですか？　with what us coming about

---

23 私と一緒に夕食を食べませんか？　me about with how dinner having

---

24 私はそのテレビ番組を見忘れてしまいました。　I the to TV show watch forgot

---

25 私は新しい電池を買っておいたのを忘れていました。　I new forgot batteries getting

---

26 忘れずに花に水をあげてね。　the to flowers water remember

---

27 この地図は観光するのに役に立ちます。　is for the map sightseeing useful

---

28 私は彼らの会話を理解しようとしましたが，できませんでした。
I I but to tried their couldn't understand conversation

---

29 私は見知らぬ人に英語で話しかけてみました。　a I in to tried stranger talking English

---

★ 章 末 問 題 Ⓑ ★

日本文に合うように英単語を並べ替えなさい。

1 雨が降り始めました。
it raining started

2 あなたは旅行が好きですか？
like you traveling do

3 廊下で走ってはいけません。
no in the hallways running

4 ここは遊泳禁止。
swimming no here

5 英語を聴き取ることは私にとって難しい。 me for is listening difficult English

6 私は登山をすることが好きです。 climbing like I mountains

7 私達はこの前の日曜にスキーを楽しみました。 we last skiing Sunday enjoyed

8 あなたはその本を読み終えましたか？ the book did finish reading you

9 私は1年前にタバコを止めました。 a I quit ago smoking year

10 文句を言ってないですぐにそれをやりなさい。 and do right now stop it complaining

11 私の一番の気晴らしは漫画を読むことです。 my is pastime reading comics favorite

12 母は買い物に出かけています。 is shopping out mom my

13 私は今日食べる気がしません。 eating I today don't feel like

14 口に食べ物を入れたまま話してはいけません。 is no full your when mouth talking

15 私の兄は数学を教えることが得意です。 is at my good math brother teaching

16 2,3 時間歩いた後，私達は山の上で昼食をとりました。
a the on we for after few walking lunch hours had mountain

---

17 迎えに来てくれてありがとう。　me up for you thank picking

---

18 遅れてすみません。　being sorry late for I'm

---

19 手を洗わずに食べてはいけません。　your not must eat you without hands washing

---

20 その動画はエチケットを学ぶのに良いです。　for is the good video etiquette learning

---

21 シンガポールに住んでみてどうでしたか？　in you like did how living Singapore

---

22 私達と一緒に来るのはどうですか？　with what us coming about

---

23 私と一緒に夕食を食べませんか？　me about with how dinner having

---

24 私はそのテレビ番組を見忘れてしまいました。　I the to TV show watch forgot

---

25 私は新しい電池を買っておいたのを忘れていました。　I new forgot batteries getting

---

26 忘れずに花に水をあげてね。　the to flowers water remember

---

27 この地図は観光するのに役に立ちます。　is for the map sightseeing useful

---

28 私は彼らの会話を理解しようとしましたが，できませんでした。
I I but to tried their couldn't understand conversation

---

29 私は見知らぬ人に英語で話しかけてみました。　a I in to tried stranger talking English

5章 ||| 前置詞 I

●この章で用いられる単語を覚えよう。

plane [pléin / プレイン] 名 飛行機, 航空機

turn [tə́rn / ターン] 動 曲がる

right [ráit / ライトゥ] 形 右の, 右側の

turn right [tə́rn ráit / ターン ライトゥ] 右に曲がる, 右を向く

traffic light [træfik láit / トゥラフィク ライト] 信号機

at what time [ət hwát táim / アットゥ ホワットゥ タイム] 何時に, 何時何分に

on business [ɔn bíznəs / オン ビズィネス] 仕事で, 商用で

different [dífərənt / ディファレントゥ] 形 違っている, 異なる

different from [dífərənt frəm / ディファレントゥ フロム] ～と違う, ～と異なる

request [rikwést / リクウェストゥ] 名 お願いごと, 依頼

holiday [hálədèi / ハラデイ] 名 休日, 祝日

summer holiday [sʌ́mər hálədèi / サマー ハラデイ] 夏休み, 夏期休暇

shirt [ʃə́rt / シャートゥ] 名 (ワイ)シャツ

take a message for [téik ə mésidʒ fɔ́r / テイク ア メッセージ フォー] ～への伝言を受ける, ～への言伝てを預かる

knob [náb / ナブ] 名 ノブ, つまみ

water [wɔ́tər / ウォタァ] 名 水

appointment [əpɔ́intmənt / アポイントゥマントゥ] 名 約束, 予約

have an appointment with [hǽv ən əpɔ́intmənt wíð / ハヴ アン アポイントゥマントゥ ウィズ] (人と) 約束をする

noon [núːn / ヌーン] 名 正午

autumn [ɔ́təm / オタム] 名 秋 (=fall)

allergy [ǽlərdʒi / アラジィ] 名 アレルギー

allergic [ələ́ːrdʒik / アラージク] 形 アレルギー (体質) の

shellfish [ʃélfiʃ / シェルフィッシュ] 名 甲殻類 (エビ, カニなど)

bloom [blúːm / ブルーム] 動 花が咲く

beat [bíːt / ビートゥ] 動 打ち負かす

be on time [bíː ɔn táim / ビー オン タイム] 時間を正確に守る

photo [fóutou / フォウトゥ] 名 写真, フォト

take a photo of [téik ə fóutou əv / テイク ア フォウトゥ オブ] ～の写真を撮る, ～を撮影する

view [vjúː / ヴュー] 名 ながめ, 景色

meaning [míːniŋ / ミーニング] 名 意味, 意義

grow [gróu / グロウ] 動 育つ, 成長する

grow up [gróu ʌp / グロウ アプ] 成長する, 大人になる

subway [sʌ́bwèi / サブウェー] 名 地下鉄

vacation [veikéiʃən / ヴェイケイション] 名 休暇

on vacation [ɔn veikéiʃən / オン ヴェイケイション] 休暇で, 休暇を取って

until when [əntíl hwén / アンティル ホウェン] いつまで

still [stíl / スティル] 副 まだ, いまだに

bound for [báund fɔ́r / バウンドゥ フォー] ～行きの, 行くところである

busy with [bízi wíð / ビズィー ウィズ] ～で忙しい

part-time job [pɑ́rt táim dʒab / パートゥ タイム ジョブ] アルバイト

think of [θínk əv / スィンク オヴ] ～について考える, ～しようかと考える, ～を思いつく,

agree with [əgríː wíð / アグリー ウィズ] ～と同意する, ～と意見が一致する

pass [pǽs / パス] 動 ～を通り越す, ～に合格する

far from [fɑ́r frəm / ファーフラム] ～から遠い

matter [mǽtər / マタ(ァ)] 名 事(柄), 件, 問題

in trouble [in trʌ́bl / イン トゥラボゥ] 困っている

first of all [fə́ːrst əv ɔl / ファーストゥ オブ オル] まず初めに, 第一に

formula [fɔ́rmjələ / フォーミュラ] 名 公式, 数式, 決まり文句, 式辞

learn ～ by heart [lə́rn bái hɑ́rt / ラーン バイ ハートゥ] ～を暗記する

ocean [óuʃən / オウシャン] 名 大洋

●左ページを隠して読みと意味を確認しよう。

☐ plane	☐ be on time
☐ turn	☐ photo
☐ right	☐ take a photo of
☐ turn right	☐ view
☐ traffic light	☐ meaning
☐ at what time	☐ grow
☐ on business	☐ grow up
☐ different	☐ subway
☐ different from	☐ vacation
☐ request	☐ on vacation
☐ holiday	☐ until when
☐ summer holiday	☐ still
☐ shirt	☐ bound for
☐ take a message for	☐ busy with
☐ knob	☐ part-time job
☐ water	☐ think of
☐ appointment	☐ agree with
☐ have an appointment with	☐ pass
☐ noon	☐ far from
☐ autumn	☐ matter
☐ allergy	☐ in trouble
☐ allergic	☐ first of all
☐ shellfish	☐ formula
☐ bloom	☐ learn ~ by heart
☐ beat	☐ ocean

●前置詞Ⅰ

前置詞は名詞や代名詞，動名詞，疑問詞などの前に置く語で，前置詞とその後の語で作られる語句は，**副詞のはたらきをする副詞句**や**形容詞のはたらきをする形容詞句**になる。

イン in [in]	内部・状態 道具・材料	in the box　箱の中に　　　in Tokyo　東京で in the morning　午前中に in two days　2日後に speak in English　英語で話す　　pay in cash　現金で払う
アットゥ at [ət]	一点・時点・地点 及びその周囲	look at 〜　〜を見る（一点に注目する） at seven　7時に　　　　at school　学校で at the station　駅で
オン on [ɔn]	接触・継続 特定の日	on the desk　机の上に　　　on the wall　壁に（接触して） put on 〜　〜を身につける（着る，履く） on Friday　金曜に　　　on August 3　8月3日に on time　時間通りに　　　on the way　途中で go on 〜　〜し続ける　　　on sale　発売中
フロム from [frəm]	始点・起点・区別	from Japan　日本から，日本出身 from ten o'clock　（ちょうど）10時から different from 〜　〜と異なっている
トゥー to [túː]	終点・到着点 範囲・程度	go to the library　図書館まで行く speak to 〜に話しかける，〜と話す to me　私にとっては，私としては，私だったら the way to the station　駅までの道
フォー for [fɔ́r]	方向・期間 理由・効果	leave for London　ロンドンへ向けて出発する a present for you　あなたへのプレゼント look for　（〜を求めて）探す for two hours　2時間（ずっと） for him　彼にとっては，彼のために good for health　健康に良い
ウィズ with [wíð]	つながり 同伴・道具	with him　彼と一緒に a woman with long hair　長い髪の毛の女性 with a knife　ナイフで（を使って）
オブ of [əv]	部分・帰属・範囲 同格・原因	a picture of my family　私の家族の写真 a cup of coffee　コーヒー1杯 in front of the door　ドアの前に take care of 〜　〜を世話する，〜を大事にする because of 〜　〜が原因で，〜のために

バイ **by** [bái]	目前：～のそば 手段：～で 終了時刻：～までに 動作主：～によって 数量の違い：～だけ	by the window　窓のそば（窓の目の前） by himself　彼独りで 　（注）手段を表す場合は a や the をつけない by bus→バスで（バスに乗って）　by a bus→バスのそばで by ten　10 時までに　　by her　彼女によって（～される） by two points　2 点差で
ニ　ア **near** [níər]	感覚として 「近い」	near the station　駅の近く 　（話し手の感覚で近いと感じる範囲。目の前とは限らない）
ビサイドゥ **beside** [bisáid]	脇，傍ら	beside the door　ドアの脇に
ティル **till** [til] アンティル **until** [əntíl]	までずっと	till noon　正午までずっと until eight o'clock　8 時までずっと 　（till と until は同じ意味）
ドゥアリング **during** [djúriŋ]	期間の一部	I played golf during the summer vacation. 私は夏休みの間ゴルフをしました。 　（夏休みの期間ずっとやっていたわけではない）

◇形容詞句は後に並べて説明

名詞の後に前置詞を含む形容詞句を並べることで，その名詞を説明（修飾）することができる。

> 例　the book　on the table　　テーブルの上の本（テーブルの上にある本）
> 　　名詞　　　形容詞句
> 　　└─説明─┘

例1　We stayed at a hotel in Shinjuku.　私達は新宿にあるホテルに泊まりました。
　　　　　　　　　新宿にあるホテル

例2　He visited his uncle in Nagano.　彼は長野にいるおじを訪ねました。
　　　　　　　　　長野にいる彼のおじ

例3　I saw a girl with long hair.　私は長い髪の女の子を見ました。
　　　　　　　長い髪の女の子

例4　Whose eraser is that on the desk?　机の上のそれは誰の消しゴムですか？
　　　　　　　　　　机の上のそれ

例5　Do you know the way to the station?　駅までの道を知っていますか？
　　　　　　　　　　駅までの道

例6　I got on a train for Tokyo.　私は東京方面の電車に乗りました。
　　　　　　　東京方面の電車

例7　I got on a plane to Fukuoka.　私は福岡行の飛行機に乗りました。
　　　　　　　福岡行の飛行機

例8　The bag in front of the door is mine.　ドアの前にあるかばんが私のものです。
　　　　ドアの前にあるかばん

🎧 次の英文の読み書きの練習，及びリスニングの練習をしなさい。

日本文に合うように英単語を並べ替えなさい。

1 What do you do in your spare time?　あなたは暇なときに何をしていますか？

2 Do you know the boy in blue shirt?　その青いシャツを着た男の子を知っていますか？

3 I'll leave in 30 minutes.　では私は 30 分後に出かけます。

4 Turn right at the next traffic light.　次の信号を右に曲がってください。

5 We arrived at the airport at seven.　私達は 7 時に空港に到着しました。

6 At what time will it start?　それは何時に始まりますか？

7 I'm here on business.　私は仕事でここに来ています。

8 Please be on time.　時間を守ってください。

9 Whose smartphone is that on the desk?　机の上のそれは誰のスマートフォンですか？

10 What do you do on weekends?　あなたは週末は何をしていますか？

11 You need to get on a train for Tokyo.　あなたは東京方面の電車に乗る必要があります。

12 When is the next show?　　　　　　次のショーはいつになりますか？
　It will be on next Tuesday at 7 pm.　次の火曜の午後 7 時の予定です。

13 What's your opinion on this?　これについてあなたの意見は何ですか？

14 I have no reply from him.　私は彼から返事がありません。

15 Do you have any food allergies?　あなたは何か食べ物のアレルギーはありますか？
　I'm allergic to shellfish.　　私は甲殻類のアレルギーがあります。

16 Could you tell me the way to the library?　図書館までの道を教えていただけませんか？

17 Is this the right train to Chicago?　これはシカゴ行きの電車で合っていますか？

18 I had no time for lunch today.　私は今日昼食をとる時間がありませんでした。

19 I have a request for all of you.　私は君達にお願いしたいことがあります。

20 I bought a souvenir for you.　私はあなたにお土産を買ってきました。

21 What's your plan for the summer holiday?　夏休みのあなたの計画は何ですか？

22 I came here for sightseeing.　私は観光でここに来ました。

23 I'm looking for a shirt.　　私はシャツを探しています。
　Do you have this in red?　これの赤いものはありますか？

24 I have a reservation for three.　私は 3 名で予約をしています。

25 When did she leave Japan for Australia?　彼女はいつオーストラリアに向けて日本を出発
　　　　　　　　　　　　　　　　　　　　　　　　しましたか？

26 He is not in. May I take a message for him?　彼は不在です。彼宛てに伝言をお預かり
　　　　　　　　　　　　　　　　　　　　　　　　しましょうか？

27 Turn this knob to the right for hot water.　熱いお湯を出すにはノブを右にひねってください。

28 The girl with long hair is Alice.　その髪の長い女の子がアリスです。

29 Do you have some money with you?　あなたはいくらかお金を持ち合わせていますか？

30 I have an appointment with my teacher.　私は先生と会う約束をとっています。

31 You can enjoy a good view of the sea.　あなたは海のよい眺めを楽しむことができます。

32 What's the meaning of this sentence?　この文はどういう意味ですか？

33 The restaurant is by the beach.　そのレストランはビーチの目の前にあります。

34 I'd like to go there by subway.　私は地下鉄でそこへ行きたいのですが。

35 She will be here by five.　彼女は5時までには必ずここに来ます。

36 I will pay by credit card.　では私はクレジットカードで払います。

37 I grew up near the ocean.　私は海のそばで育ちました。

38 I'm on vacation until next Monday.　私は次の月曜まで休暇をとっています。

39 I must work till 10.　私は10時まで働かなければいけません。

40 Until when are you staying here?　いつまでここに滞在する予定ですか？

41 I enjoyed skiing during the winter vacation.　私は冬休みにスキーを楽しみました。

42 Are you still sick in bed?　あなたは病気でまだ寝ていますか？

43 This train is bound for Paris.　この電車はパリ行きです。

44 He is always busy with his part-time job.　彼はいつもアルバイトで忙しいです。

45 We beat them by two goals.　私達は2ゴール差で彼らに勝ちました。

46 I can't think of anything.　私は何も思いつきません。

47 I'm thinking of buying a new computer.　私は新しいパソコンを買おうかと考えています。

48 I did not agree with him at all.　私は彼とは全く意見が合いませんでした。

49 Pass the second traffic light, and you will find the store on your left.　2番目の信号を過ぎるとその店が左に見えます。

50 It's too far from here.　それはここから遠すぎます。

51 What's the matter with you?　どうかしましたか？

52 Please press the button beside the door to get off the train.　電車から降りるにはドアの脇のボタンを押してください。

53 I'm really in trouble now.　私は今本当に困っています。

54 First of all, remember the formula by heart.　最初にこの公式を暗記して。

55 The flower blooms in autumn.　その花は秋に咲きます。

●　★ 章 末 問 題 Ⓐ ★

日本文に合うように英単語を並べ替えなさい。

1 あなたは暇なときに何をしていますか？ do do in what you your time spare

---

2 その青いシャツを着た男の子を知っていますか？ the in do boy you know shirt blue

---

3 では私は 30 分後に出かけます。   in leave minutes I'll 30

---

4 次の信号を右に曲がってください。   the at turn right light traffic next

---

5 私達は 7 時に空港に到着しました。   at at the airport we seven arrived

---

6 それは何時に始まりますか？ at it will time start what

---

7 私は仕事でここに来ています。   here I'm business on

---

8 時間を守ってください。   on be please time

---

9 机の上のそれは誰のスマートフォンですか？ on is the desk that whose smartphone

---

10 あなたは週末は何をしていますか？ on do do you what weekends

---

11 あなたは東京方面の電車に乗る必要があります。   a for on to get train Tokyo you need

---

12 次のショーはいつになりますか？ the is next show when
次の火曜の午後 7 時の予定です。   at on it be will next 7 pm Tuesday

---

13 これについてあなたの意見は何ですか？ on this your what's opinion

---

14 私は彼から返事がありません。　no I him have from reply

---

15 あなたは何か食べ物のアレルギーはありますか？　food you do any have allergies
　　私は甲殻類のアレルギーがあります。　　to I'm shellfish allergic

---

16 図書館までの道を教えていただけませんか？　the the me to you could library way tell

---

17 これはシカゴ行きの電車で合っていますか？　is to the this right train Chicago

---

18 私は今日昼食をとる時間がありませんでした。　I no for had today time lunch

---

19 私は君達にお願いしたいことがあります。　a I of all for you have request

---

20 私はあなたにお土産を買ってきました。　a I you for souvenir bought

---

21 夏休みのあなたの計画は何ですか？　the for plan your summer holiday what's

---

22 私は観光でここに来ました。　for here came I sightseeing

---

23 私はシャツを探しています。これの赤いものはありますか？
for a in do you I'm looking have red shirt this

---

24 私は3名で予約をしています。　a for I reservation three have

---

25 彼女はいつオーストラリアに向けて日本を出発しましたか？
did for when leave she Japan Australia

---

26 彼は不在です。彼宛てに伝言をお預かりしましょうか？
a I for him he in is take not may message

27 熱いお湯を出すにはノブを右にひねってください。　to for the this hot right turn knob water

28 その髪の長い女の子がアリスです。　is with the hair girl long Alice

29 あなたはいくらかお金を持ち合わせていますか？　you you some do with have money

30 私は先生と会う約束をとっています。　I an my with teacher appointment have

31 あなたは海のよい眺めを楽しむことができます。　of a the can you view enjoy sea good

32 この文はどういう意味ですか？　of the this meaning what's sentence

33 そのレストランはビーチの目の前にあります。is by the the beach restaurant

34 私は地下鉄でそこへ行きたいのですが。　by to like go I'd subway there

35 彼女は5時までには必ずここに来ます。　be by she here five will

36 では私はクレジットカードで払います。　by will I pay card credit

37 私は海のそばで育ちました。　I up the near grew ocean

38 私は次の月曜まで休暇をとっています。　until on I'm next vacation Monday

39 私は10時まで働かなければいけません。　work I till must 10

40 いつまでここに滞在する予定ですか？　here you when are until staying

41 私は冬休みにスキーを楽しみました。　I the vacation enjoyed during skiing winter

42 あなたは病気でまだ寝ていますか？ in still sick are bed you

43 この電車はパリ行きです。 for is this train Paris bound

44 彼はいつもアルバイトで忙しいです。 with is job his he busy always part-time

45 私達は2ゴール差で彼らに勝ちました。 by we two beat them goals

46 私は何も思いつきません。 of I think can't anything

47 私は新しいパソコンを買おうかと考えています。 of a new I'm computer buying thinking

5章

48 私は彼とは全く意見が合いませんでした。 at with not all I did him agree

49 2番目の信号を過ぎると the light pass and second traffic
その店が左に見えます。 on the you your will left find store

50 それはここから遠すぎます。 it's far here too from

51 どうかしましたか？ the with what's you matter

52 電車から降りるにはドアの脇のボタンを押してください。
the the the to off get press please button beside door train

53 私は今本当に困っています。 in now I'm trouble really

54 最初にこの公式を暗記して。 of by the all first heart remember formula

55 その花は秋に咲きます。 in the blooms flower autumn

● ★ 章 末 問 題 Ⓑ ★ ●

日本文に合うように英単語を並べ替えなさい。

1 あなたは暇なときに何をしていますか？ do do in what you your time spare

2 その青いシャツを着た男の子を知っていますか？ the in do boy you know shirt blue

3 では私は30分後に出かけます。　in leave minutes I'll 30

4 次の信号を右に曲がってください。 the at turn right light traffic next

5 私達は7時に空港に到着しました。 at at the airport we seven arrived

6 それは何時に始まりますか？ at it will time start what

7 私は仕事でここに来ています。　here I'm business on

8 時間を守ってください。　on be please time

9 机の上のそれは誰のスマートフォンですか？ on is the desk that whose smartphone

10 あなたは週末は何をしていますか？ on do do you what weekends

11 あなたは東京方面の電車に乗る必要があります。 a for on to get train Tokyo you need

12 次のショーはいつになりますか？ the is next show when
　　　次の火曜の午後7時の予定です。 at on it be will next 7 pm Tuesday

13 これについてあなたの意見は何ですか？ on this your what's opinion

14 私は彼から返事がありません。　no I him have from reply

---

15 あなたは何か食べ物のアレルギーはありますか？　food you do any have allergies
　　私は甲殻類のアレルギーがあります。　to I'm shellfish allergic

---

16 図書館までの道を教えていただけませんか？　the the me to you could library way tell

---

17 これはシカゴ行きの電車で合っていますか？　is to the this right train Chicago

---

18 私は今日昼食をとる時間がありませんでした。　I no for had today time lunch

---

19 私は君達にお願いしたいことがあります。　a I of all for you have request

---

20 私はあなたにお土産を買ってきました。　a I you for souvenir bought

---

21 夏休みのあなたの計画は何ですか？　the for plan your summer holiday what's

---

22 私は観光でここに来ました。　for here came I sightseeing

---

23 私はシャツを探しています。これの赤いものはありますか？
　　for a in do you I'm looking have red shirt this

---

24 私は3名で予約をしています。　a for I reservation three have

---

25 彼女はいつオーストラリアに向けて日本を出発しましたか？
　　did for when leave she Japan Australia

---

26 彼は不在です。彼宛てに伝言をお預かりしましょうか？
　　a I for him he in is take not may message

---

27 熱いお湯を出すにはノブを右にひねってください。 to for the this hot right turn knob water

28 その髪の長い女の子がアリスです。 is with the hair girl long Alice

29 あなたはいくらかお金を持ち合わせていますか？ you you some do with have money

30 私は先生と会う約束をとっています。 I an my with teacher appointment have

31 あなたは海のよい眺めを楽しむことができます。 of a the can you view enjoy sea good

32 この文はどういう意味ですか？ of the this meaning what's sentence

33 そのレストランはビーチの目の前にあります。 is by the the beach restaurant

34 私は地下鉄でそこへ行きたいのですが。 by to like go I'd subway there

35 彼女は5時までには必ずここに来ます。 be by she here five will

36 では私はクレジットカードで払います。 by will I pay card credit

37 私は海のそばで育ちました。 I up the near grew ocean

38 私は次の月曜まで休暇をとっています。 until on I'm next vacation Monday

39 私は10時まで働かなければいけません。 work I till must 10

40 いつまでここに滞在する予定ですか？ here you when are until staying

41 私は冬休みにスキーを楽しみました。 I the vacation enjoyed during skiing winter

42 あなたは病気でまだ寝ていますか？　in still sick are bed you

---

43 この電車はパリ行きです。　for is this train Paris bound

---

44 彼はいつもアルバイトで忙しいです。　with is job his he busy always part-time

---

45 私達は2ゴール差で彼らに勝ちました。　by we two beat them goals

---

46 私は何も思いつきません。　of I think can't anything

---

47 私は新しいパソコンを買おうかと考えています。　of a new I'm computer buying thinking

---

48 私は彼とは全く意見が合いませんでした。　at with not all I did him agree

---

49 2番目の信号を過ぎると　the light pass and second traffic
その店が左に見えます。　on the you your will left find store

---

50 それはここから遠すぎます。　it's far here too from

---

51 どうかしましたか？　the with what's you matter

---

52 電車から降りるにはドアの脇のボタンを押してください。
the the the to off get press please button beside door train

---

53 私は今本当に困っています。　in now I'm trouble really

---

54 最初にこの公式を暗記して。　of by the all first heart remember formula

---

55 その花は秋に咲きます。　in the blooms flower autumn

確認テスト I

ヨ 次の英文を日本語に訳しなさい。

(1) I'm happy to hear that.

---

(2) I had no time for breakfast this morning.

---

(3) English listening is difficult for me.

---

(4) I don't feel like cooking today.

---

(5) Did you get to see the Niagara Falls in Canada?   ※Niagara Falls：ナイアガラの滝

---

(6) There are many places to visit in Singapore.

---

(7) Is it close to walk there?

---

(8) This map is good for sightseeing.

---

(9) My mom came to pick me up.

---

(10) How did you like about living in Paris?

---

(11) That river is dangerous to swim in.

---

(12) Did you remember to turn off the air conditioner?   ※air conditioner：エアコン

---

4 英文が日本文と合うように（　）内の語を選択しなさい。

(1) 教えてくれてありがとう。

Thank you for (teach, teaching) me.

(2) 私の叔母はその学校の近くに住んでいます。

My aunt lives (at, near) the school.

(3) 私はその箱を開けるのが怖いです。

I'm scared of (open, opening) the box.

(4) 時間通りにここに戻って来てください。

Please be back here (at, on) time.

(5) 私はやることが何もありません。

I have (nothing, anything) to do.

(6) では私は現金で払います。

I will pay (in, on, at) cash.

(7) 私はオートバイを買いたいです。

I want (buy, buying, to buy) a motorcycle.

(8) 私は何か飲むものがほしい。

I want (something, anything) to drink.

(9) 私達は7時に空港に到着しました。

We arrived (on, at) the airport (in, at, by) seven.

(10) 私と一緒にテニスをしませんか？

How about (play, playing, to play) tennis with me?

(11) 私達はそのテストをやり終えました。

We finished (to do, doing) the test.

(12) 彼はよく窓のカギをかけ忘れます。

He often forgets (to lock, locking) the window.

(13) 手紙を忘れずにポストに投函してください。

Remember (posting, to post) the letter.

(14) 私はあの赤いシャツを着た女の子と知合いです。

I know that girl (with, in) red shirt.

(15) 私は金曜日に図書館に行くつもりです。

I'm going to the library (on, in, by) Friday.

(16) 私はローマを訪れたことは決して忘れません。

I will never forget (to visit, visiting) Rome.

5 英文が日本文と合うように空欄の中に適切な単語を埋めなさい。

(1) 私は福岡方面の電車に乗りました。

I got on a train (   ) Fukuoka.

(2) 私は東京行の飛行機に乗りました。

I got on a plane (   ) Tokyo.

(3) 私は仕事でここに来ています。

I'm here (   ) business.

(4) 私は1時間後に出かけます。

I'll leave (   ) an hour.

(5) 私は電車を利用するほうがいいです。

I prefer (   ) take a train.

(6) 遅れてすみません。

I'm sorry for (   ) late.

(7) 彼の夢はエンジニアになることです。

His dream is (   ) (   ) an engineer.

(8) 2, 3時間歩いた後, 私達は山の上で昼食を取りました。

After (   ) for a few hours, we had lunch (   ) the mountain.

(9) 私には書く紙がありません。

I have nothing to write (   ).

(10) ご注文はお決まりですか? (注文の準備は出来ていますか?)

Are you ready (   ) (   )?

(11) 彼女はスペイン語を話すのが得意です。

She is (   ) at (   ) Spanish.

(12) 彼は次の火曜日までずっと休みです。

He is (   ) vacation (   ) next Tuesday.

(13) 手を洗わずに食べてはいけません。

You must not eat (   ) washing your hands.

(14) 市役所までの道を教えて頂けませんか?

Could you tell me the way (   ) the city hall?

(15) 私はシャツを探しています。これの青いものはありますか?

I'm looking (   ) a shirt. Do you have this (   ) blue?

6 与えられた英単語を用いて日本文を英文に書き換えなさい。ただし与えられた単語は必要に応じて適切な形に直して用いること。

(1) 私はあなたにお会いできて嬉しいです。　pleased / meet / you

(2) 予約をしたいのですが。　make / reservation / would like

(3) その子は犬を見て泣き出しました。　he / the child / the dog / when / cry / saw / started

(4) あなたは世界のどこに行ってみたいですか？　where / want / go / in the world

(5) この文はどういう意味ですか？　what / sentence / the meaning of

(6) 彼女は音楽家になるためにピアノを（普段）練習しています。　become / musician / practice

(7) 私は偶然アリスに空港で会いました。　see / happened / at the airport / Alice

(8) それはここから遠すぎます。　it / here / too far

(9) 私は 20 分後に出発するつもりです。　in / to / leave / minutes / going

(10) アンディがそれをすることができるかもしれません。　Andy / able / might / to / do that

(11) あなたは東京駅で乗り換える必要があります。　transfer / to / at Tokyo Station / need

6章 ‖ 前置詞Ⅱ

●この章で用いられる単語を覚えよう。

plan [plǽn / プラン] 名 計画，企画，予定

arrive [əráiv / アライヴ] 動 到着する，着く

village [vílidʒ / ヴィレジ] 名 村

ready [rédi / レディー] 形 用意が出来て，準備が出来て

noon [núːn / ヌーン] 名 正午

manner [mǽnər / マナ(ァ)] 名 礼儀，礼節，マナー

magazine [mæ̀:gəzíːn / マガズィーン] 名 雑誌

sightseeing [sáitsìːiŋ / サイトゥスィーイング] 名 観光，見物，遊覧

sentence [séntəns / センテンス] 名 文

town [táun / タウン] 名 町，市，街，都会

restaurant [réstərɑːnt / レスタラーントゥ] 名 レストラン，飲食店

department store [dipártmənt stɔr / デパートゥメントゥストァ] 名 デパート

engineer [èndʒəníər / エンジニア] 名 技師，技術者

problem [práblem / プラブラム] 名 問題，課題

taste [téist / テイストゥ] 動 ～の味がする，味見をする

score [skɔ́r / スコァ] 名 得点，成績，点数

bridge [brídʒ / ブリジ] 名 橋，桟橋

average [ǽvəridʒ / アヴェリジ] 名 平均(値)

shampoo [ʃæmpúː / シャンプー] 名 シャンプー

temperature [témpərtʃùər / テムペラチャ(ァ)] 名 温度，気温，体温

freezing point [fríːziŋ pɔ́int / フリーズィング ポイントゥ] 氷点，凍る温度

distance [dístəns / ディスタンス] 名 距離

usual [júʒəwəl / ユジャワル] 名 普段，通常

climb [kláim / クライム] 動 (よじ)登る，上る

after school [ǽftər skúːl / アフタ(ァ)スクール] 放課後

tap [tǽp / タプ] 名 蛇口，栓，飲み口

mountain [máuntn / マウンテン] 名 山，山岳

view [vju / ヴュ] 名 眺め，景色，光景

sea [síː / スィー] 名 海，海辺，海岸，波

opinion [əpínjən / オピニオン] 名 意見，見解，考え方

stair [stéər / ステア] 名 段，(複数形で)階段

platform [plǽtfɔrm / プラットゥフォーム] 名 プラットフォーム

cost [kɔ́st / コストゥ] 動 (費用が)かかる

pool [púːl / プール] 名 プール

tax [tǽks / タクス] 名 税金，税

over there [óuvər ðər / オウヴァ ゼア] あそこに，向こうに

get off [gét ɔf / ゲトゥ オフ] ～から降りる(降ろす)

get to [gét túː / ゲトゥ トゥー] ～に達する，～に着く

get into [gét / ゲトゥ] ～の中に乗り込む，～に到着する

run out of [rʌ́n áut əv / ラン アウトゥ オブ] ～を使い果たす

on the way to [ɑn ðə wéi túː / オン ザ ウェイ トゥー] ～に向かう途中

put A into B [pút A intə B / プットゥ A イントゥー B] AをBに訳す

the day after tomorrow [ðə déi ǽftər təmárou / ザ デイ アフター トゥマロウ] 明後日(あさって)

the day before yesterday [ðə déi bifɔ́r jéstərdei / ザ デイ ビフォア イエスタデイ] 一昨日(おととい)

right [ráit / ライトゥ] 副 ちょうど

●左ページを隠して読みと意味を確認しよう。

☐ plan	☐ climb
☐ arrive	☐ after school
☐ village	☐ tap
☐ ready	☐ mountain
☐ noon	☐ view
☐ manner	☐ sea
☐ magazine	☐ opinion
☐ sightseeing	☐ stair
☐ sentence	☐ platform
☐ town	☐ cost
☐ restaurant	☐ pool
☐ department store	☐ tax
☐ engineer	☐ over there
☐ problem	☐ get off
☐ taste	☐ get to
☐ score	☐ get into
☐ bridge	☐ run out of
☐ average	☐ on the way to
☐ shampoo	☐ put A into B
☐ temperature	☐ the day after tomorrow
☐ freezing point	☐ the day before yesterday
☐ distance	☐ right
☐ usual	

6
章

●前置詞Ⅱ

単語	図	意味	例文
after アフター [ǽftər]		順序，時間的に後 〜の後に	after school　放課後 the day after tomorrow　あさって
before ビフォア [bifɔ́r]		順序，時間的に前 〜の前に	before dinner　夕食前に the day before yesterday　おととい
about アバウトゥ [əbáut]		〜について およそ〜，約〜	about animals　動物について about four o'clock　4時ごろ
over オウヴァー [óuvər]		〜の上に	over the mountain　山の上に
under アンダー [ʌ́ndər]		〜の下に	under the table　テーブルの下に
into イントゥ [ìntə]		(外から) 中へ	into the room　部屋の中へ
out of アウトゥ オブ [áut əv]		(中から) 外へ	out of the room　部屋から外へ
through スルー [θru]		〜を通して 〜を通って	through the window 窓越しに，窓の向こうに
across アクロス [əkrɔ́s]		〜を横切って 〜を渡って	across the street　通りを横切って across the river　川を渡って
along アロング [əlɔ́ŋ]		〜に沿って	along the street 通りに沿って
between ビトゥウィーン [bitwíːn]		(具体的な対象) の間で	between Tokyo and Nagoya 東京と名古屋の間で
among アマング [əmʌ́ŋ]		(抽象的な集合) の間で	among the people　人々の間で ※通常複数名詞を伴う
around アラウンドゥ [əráund]		〜の周りに およそ〜，約〜	around the sun　太陽の周り
without ウィズアウトゥ [wiðáut]		非同伴 〜なしで	without her help　彼女の助けなしで
within ウィズイン [wiðín]		範囲内，圏内 〜以内に，〜内で	within one hour　1時間以内で

like ライク [láik]		類似 〜のように，〜に似て	like a river　川のように like his father　彼の父親に似ている
as アズ [əz]		選択肢の中の1つ 〜として，〜と同様に	as an artist　芸術家として as usual　いつも通り
off オフ [ɔf]		分離 〜から離れて	get off the bus　バスから降りる
beyond ビヨンドゥ [biánd]		枠を超えた彼方 〜を超えて	beyond the bridge 橋を越えたずっと先
above アバヴ [əbáv]		基準より上	above average　平均より上
below ビロゥ [bilóu]		基準より下	below the freezing point　氷点下
against アゲンストゥ [əgénst]		対抗・逆行 〜に逆らって	against that opinion その意見に反対している
up アップ [áp]		〜の上方に	up the stairs　階段を上がって
down ダウン [dáun]		〜の下方に	down the stairs　階段を下って
behind ビハインドゥ [biháind]		背後 〜の裏に	behind the house　家の裏に
per パァ [pər]		〜につき，〜毎に	per hour　1時間毎に
including インクルーディング [inklú:diŋ]		〜を含めて	including tax　税込みで
excluding エクスクルーディング [iksklú:diŋ]		〜を除いて	excluding me　私を除いて

🎧 次の英文の読み書きの練習，及びリスニングの練習をしなさい。

1 They will be ready by the day after tomorrow.　それらは明後日までには準備できます。

2 Do you have plans after school?　放課後の予定はありますか？

3 We arrived in the village the day before yesterday.　私達はおとといその村に到着しました。

4 We are going to get there before noon.　私達は正午前にそこに着く予定です。

5 Many people around the world watch this video　世界中の多くの人々は日本のマナーを
to learn about Japanese manners.　　　　　　　　　　学ぶためにこの動画を見ています。

6 What is the magazine about?　それは何についての雑誌ですか？
Sightseeing in Kyoto.　　　　京都観光についてです。

7 When shall we go?　　　　　　いつ行きましょうか？
How about on the 3rd of next month?　来月の3日はどうですか？

8 It's about time.　もうそろそろですよ。／そろそろ時間だ。

9 What is he doing over there?　彼は向こうで何をやっているのですか？

10 There is a cat under the bed.　ベッドの下に猫が一匹います。

11 Get into the car.　車に乗って。

12 Can you put this sentence into Japanese?　この文を日本語に訳すことができますか？

13 Look out of the window.　窓の外を見て。

14 I ran out of shampoo.　私はシャンプーを切らしてしまいました。

15 We went through the town on the way to his house.　私達は彼の家に行く途中，その町を
通りました。

16 The store is across the street.　その店は道の向かい側にあります。

17 The city hall is across from a restaurant.　その市役所は道を挟んでレストランの向かいに
あります。

18 The bank is between a station and　その銀行は駅とデパートの間にあります。
a department store.

19 It's right along this street.　それはちょうどこの道沿いにあります。

20 It is between a park and a library.　それは公園と図書館の間にあります。

21 What's the difference between these three?　これら3つの違いは何ですか？

22 This shop is very popular among young women.　このお店は若い女性に大変人気が
あります。

23 Did you get there without any problem?　あなたは問題なくそこにたどり着きましたか？

24 You just look like your dad when he was young.　あなたは若い頃のお父さんとそっくり
ですね。

25 What does it taste like?　それはどんな味なのですか？
Like chicken.　　　　　　鶏肉のような味です。

26 He works as a computer engineer.　彼はコンピューター技師として働いています。

27 He is wearing not as usual.　彼の服装はいつもと違います。（いつもと違う服を着ている）

28 He lives beyond the bridge.　彼は橋を越えたずっと先に住んでいます。

29 My score was a little above average.　私の点数は平均より少し上でした。

30 The temperature is going to be below　明日の朝は気温が氷点下になるでしょう。
the freezing point tomorrow morning.

31 I live within walking distance of the station.　私は駅から歩いて行ける距離に住んでいます。

32 I am against that opinion, but she is for it.　私はその意見には反対だが彼女は賛成して
います。

33 If you climb up the mountain, you can　その山に登れば海のいい景色が見られます。
get a good view of the sea.

34 Go down the stairs to get to the platform.　プラットフォームに行くには階段を下りて
ください。

35 Turn off the tap.　その蛇口を閉めて。

36 Where should I get off the bus?　私はどこでバスを降りたほうがいいですか？

37 It costs 300 yen per hour.　それは 1 時間に 300 円かかります。

38 There is a pool behind the house.　家の裏にはプールがあります。

39 How much is it including tax?　それは税込みでいくらですか？

40 The dinner costed 30 dollars per person,　夕食は飲み物を除いて一人 30 ドルかかりました。
excluding drinks.

● ★ 章 末 問 題 A ★ ●

日本文に合うように英単語を並べ替えなさい。

1 それらは明後日までには準備できます。　the be by will after day they ready tomorrow

2 放課後の予定はありますか？　school have you do after plans

3 私達はおとといその村に到着しました。　the the we in day arrived before yesterday village

4 私達は正午前にそこに着く予定です。　to are get we noon going there before

5 世界中の多くの人々は日本のマナーを学ぶためにこの動画を見ています。
the to this about around many watch manners world video learn Japanese people

6 それは何についての雑誌ですか？　the is about what magazine
京都観光についてです。　in Kyoto sightseeing

7 いつ行きましょうか？　来月の３日はどうですか？
the of on go we next when shall how 3rd month about

8 もうそろそろですよ。／そろそろ時間だ。　time it's about

9 彼は向こうで何をやっているのですか？　is he over there doing what

10 ベッドの下に猫が一匹います。　a is bed the cat there under

11 車に乗って。　the car into get

12 この文を日本語に訳すことができますか？　this you into can put sentence Japanese

13 窓の外を見て。　the of out look window

14 私はシャンプーを切らしてしまいました。　I of out ran shampoo

---

15 私達は彼の家に行く途中，その町を通りました。
the the to way on his we through house town went

---

16 その店は道の向かい側にあります。　the the is across street store

---

17 その市役所は道を挟んでレストランの向かいにあります。
the a is hall from city across restaurant

---

18 その銀行は駅とデパートの間にあります。
a a the is and station department bank store between

---

19 それはちょうどこの道沿いにあります。　it's this street along right

---

20 それは公園と図書館の間にあります。　a a is it and park library between

---

21 これら3つの違いは何ですか？　the three difference what's between these

---

22 このお店は若い女性に大変人気があります。　is very shop this women popular among young

---

23 あなたは問題なくそこにたどり着きましたか？　did any get you there problem without

---

24 あなたは若い頃のお父さんとそっくりですね。was dad just he you your young look when like

---

25 それはどんな味なのですか？　鶏肉のような味です。　like like it what chicken does taste

---

26 彼はコンピューター技師として働いています。　a as he works engineer computer

---

27 彼の服装はいつもと違います。（いつもと違う服を着ている）　as is not he usual wearing

28 彼は橋を越えたずっと先に住んでいます。　the he lives bridge beyond

29 私の点数は平均より少し上でした。a my was above score little average

30 明日の朝は気温が氷点下になるでしょう。
the the to be is going freezing below point morning temperature tomorrow

31 私は駅から歩いて行ける距離に住んでいます。I of the live within station distance walking

32 私はその意見には反対だが彼女は賛成しています。
it is am for that I she opinion against but

33 その山に登れば海のいい景色が見られます。※（　）内の語で始めること
(if) a of the the up you you get can view climb mountain good sea

34 プラットフォームに行くには階段を下りてください。
the the to to go get down stairs platform

35 その蛇口を閉めて。　the off tap turn

36 私はどこでバスを降りたほうがいいですか？　I off the get bus should where

37 それは1時間に300円かかります。　300 it per yen hour costs

38 家の裏にはプールがあります。　a the is house pool there behind

39 それは税込みでいくらですか？　it is much tax how including

40 夕食は飲み物を除いて一人30ドルかかりました。
the per costed dinner person dollars excluding drinks 30

● ★ 章 末 問 題 Ｂ ★ ●

日本文に合うように英単語を並べ替えなさい。

1 それらは明後日までには準備できます。　the be by will after day they ready tomorrow

2 放課後の予定はありますか？　school have you do after plans

3 私達はおとといその村に到着しました。　the the we in day arrived before yesterday village

4 私達は正午前にそこに着く予定です。　to are get we noon going there before

5 世界中の多くの人々は日本のマナーを学ぶためにこの動画を見ています。
the to this about around many watch manners world video learn Japanese people

6 それは何についての雑誌ですか？　the is about what magazine
京都観光についてです。　in Kyoto sightseeing

7 いつ行きましょうか？　来月の３日はどうですか？
the of on go we next when shall how 3rd month about

8 もうそろそろですよ。／そろそろ時間だ。　time it's about

9 彼は向こうで何をやっているのですか？　is he over there doing what

10 ベッドの下に猫が一匹います。　a is bed the cat there under

11 車に乗って。　the car into get

12 この文を日本語に訳すことができますか？　this you into can put sentence Japanese

13 窓の外を見て。　the of out look window

14 私はシャンプーを切らしてしまいました。　I of out ran shampoo

---

15 私達は彼の家に行く途中，その町を通りました。
the the to way on his we through house town went

---

16 その店は道の向かい側にあります。　the the is across street store

---

17 その市役所は道を挟んでレストランの向かいにあります。
the a is hall from city across restaurant

---

18 その銀行は駅とデパートの間にあります。
a a the is and station department bank store between

---

19 それはちょうどこの道沿いにあります。　it's this street along right

---

20 それは公園と図書館の間にあります。　a a is it and park library between

---

21 これら3つの違いは何ですか？　the three difference what's between these

---

22 このお店は若い女性に大変人気があります。　is very shop this women popular among young

---

23 あなたは問題なくそこにたどり着きましたか？　did any get you there problem without

---

24 あなたは若い頃のお父さんとそっくりですね。was dad just he you your young look when like

---

25 それはどんな味なのですか？　鶏肉のような味です。　like like it what chicken does taste

---

26 彼はコンピューター技師として働いています。　a as he works engineer computer

---

27 彼の服装はいつもと違います。（いつもと違う服を着ている）　as is not he usual wearing

---

28 彼は橋を越えたずっと先に住んでいます。　the he lives bridge beyond

29 私の点数は平均より少し上でした。a my was above score little average

30 明日の朝は気温が氷点下になるでしょう。
the the to be is going freezing below point morning temperature tomorrow

31 私は駅から歩いて行ける距離に住んでいます。I of the live within station distance walking

32 私はその意見には反対だが彼女は賛成しています。
it is am for that I she opinion against but

33 その山に登れば海のいい景色が見られます。※（　）内の語で始めること
(if) a of the the up you you get can view climb mountain good sea

34 プラットフォームに行くには階段を下りてください。
the the to to go get down stairs platform

35 その蛇口を閉めて。　the off tap turn

36 私はどこでバスを降りたほうがいいですか？　I off the get bus should where

37 それは1時間に300円かかります。　300 it per yen hour costs

38 家の裏にはプールがあります。　a the is house pool there behind

39 それは税込みでいくらですか？　it is much tax how including

40 夕食は飲み物を除いて一人30ドルかかりました。
the per costed dinner person dollars excluding drinks 30

7章 比較 I

●この章で用いられる単語を覚えよう。

than ［ ðən / ザン ］ 接 前 〜よりも

blow ［ blóu / ブ ロゥ ］ 動 (風が)吹く

should ［ ʃúd / シュドゥ ］ 助 〜したほうがいい

soon ［ súːn / スーン ］ 副 もうすぐ，間もなく，程なく

parent ［ péərənt / ペ アラントゥ ］ 名 親

than before ［ ðən bifɔ́r / ザン ビ フォア ］ 以前よりも

nobody ［ nóubədi / ノウバ ディ ］ 代 誰も〜ない，一人も〜ない

slim ［ slím / スリム ］ ほっそりした，痩せた

elder ［ éldər / エルダァ ］ 形 年上の ※old の比較級の１つ

a little bit ［ ə lítl bít / ア リトゥル ビットゥ ］ 少しの，ちょっとの

one more ［ wʌ́n mɔr / ワン モァ ］ もう一つの，もう一度の

not ~ any more ［ nɑt éni mɔ́r / ナトゥ エニィ モァ ］ それ以上〜ない

usual ［ júʒəwəl / ユジャワル ］ 名 普段，通常

get A B ［ gét A B / ゲトゥ A B ］A に B をとってあげる

loud ［ láud / ラウドゥ ］ 形 音量が大きい，うるさい

weigh ［ wei / ウェイ ］ 動 〜の重さがある

pain ［ péin / ペ イン ］ 名 痛み

size ［ sáiz / サイズ ］ 名 大きさ，寸法，体積

stand ［ stǽnd / スタンドゥ ］ 動 〜を我慢する，〜に耐える

Can you please ［ kæn júː plíːz / キャン ユー プ リーズ ］ どうか〜してくれませんか

●左ページを隠して読みと意味を確認しよう。

- [ ] than
- [ ] blow
- [ ] should
- [ ] soon
- [ ] parent
- [ ] than before
- [ ] nobody
- [ ] sorry for
- [ ] slim
- [ ] elder
- [ ] a little bit

- [ ] one more
- [ ] not ~ any more
- [ ] usual
- [ ] get A B
- [ ] loud
- [ ] weigh
- [ ] pain
- [ ] size
- [ ] stand
- [ ] Can you please

7章

●比較級

形容詞・副詞を「(…の方が) より〜」と変化させた形を**比較級**という。

比較級は接続詞または前置詞の than [ðən] (〜よりも) と共に用いられることが多い。

◇一般に比較級は語尾に「er」をつける

原級	比較級	原級	比較級
long	longer [láːŋəɹ] (より長い)	short	shorter [ʃɔrtəɹ] (より短い／背が低い)
new	newer [núːəɹ] (より新しい)	old	older [óuldəɹ] (より古い／年配の)
young	younger [jʌ́ŋəɹ] (より若い)	tall	taller [tɔləɹ] (より背が高い／丈が長い)
fast	faster [fǽstəɹ] (より速い／速く)	slow	slower [slóuəɹ] (より遅い／ゆっくりな)
high	higher [háiəɹ] (より高い)	low	lower [lóuəɹ] (より低い)
soon	sooner [súːnəɹ] (よりすぐに)	small	smaller [smɔləɹ] (より小さい)
quick	quicker [kwíkəɹ] (より迅速な)	hard	harder [hárdəɹ] (より激しく／熱心に)

例1　He is older than me.　彼は私よりも年上です。(He is older than I am でも可)

例2　Ken runs faster than they do.　ケンは彼らより速く走ります。(do は通常省略。
than them でも可)

◇語尾が短母音＋子音で終わるものは最後の文字を重ねて「er」をつける

big	bigger [bígəɹ] (より大きい)	hot	hotter [hátəɹ] (より暑い／熱い)
thin	thinner [θínəɹ] (より細い／薄い)	fat	fatter [fǽtəɹ] (より太った)

◇語尾が子音＋y のときは y を i に変えて「er」をつける

early	earlier [ə́rliəɹ] (より早く)	heavy	heavier [héviəɹ] (より重い／激しく)
easy	easier [íːziəɹ] (より易しい)	busy	busier [bíziəɹ] (より忙しい)

◇語尾が e のときは「r」をつける

large	larger [lárdʒəɹ] (より大きい)	wide	wider [waidəɹ] (より幅が広い)

●much＋比較級／a little＋比較級

比較級の前に much を置くと「ずっと…」と比較級を強めることができる。

例3　This computer is much faster than that one.
このパソコンはあのパソコンよりずっと (処理速度が) 速い。

※one はすでに話に出た単数名詞の代わりに用いられる代名詞で，この文では computer を指す。

比較級の前に a little をおくと「少しだけ…」という意味になる。

例4　Which is larger, America or Canada?　アメリカとカナダでどちらが大きいですか？
Canada is a little larger. カナダのほうが少しだけ大きいです。

●比較級を用いた兄弟姉妹の表し方

兄：older(elder) brother　弟：younger brother　姉：older(elder) sister　妹：younger sister

◇不規則に変化するもの

原級	比較級	原級	比較級
good／well	better [bétər] （より良い・上手に・よく）	bad／ill	worse [wə́rs] （より悪い・不幸な・病気で）
many／much	more [mɔr]　（より多い）	little	less [lés]　（より少ない）

🎧　次の英文の読み書きの練習，及びリスニングの練習をしなさい。

1 This is my elder brother, Ken.　こちらが私の兄のケンです。

2 She is Bob's younger sister, Ann.　彼女はボブの妹のアンです。

3 The wind started to blow harder.　風が強まり始めました。

4 You should eat more.　あなたはもっと食べたほうがいいです。

5 Is your room larger than this one?　あなたの部屋はここより広いですか？

6 You look a little slimmer.　あなたは前より少し痩せて見えますね。

7 I want to eat steak more than sushi.　私は寿司よりもステーキが食べたいです。

8 Today is going to be much hotter than yesterday.　今日は昨日よりもずっと暑くなるでしょう。

9 She speaks English much better than her parents.　彼女は彼女の両親よりもずっとうまく英語を話します。

10 She is a little taller than me.　彼女は私より少しだけ背が高いです。

11 Could you say that one more time?　それをもう一度言っていただけませんか？

12 Could you speak a little bit slower for me, please?　私にはもうちょっとゆっくり話してもらってもいいですか？

13 Which is quicker, taxi or subway?　タクシーと地下鉄ではどちらが速いですか？

14 Nobody runs faster than him in this school.　この学校で彼より速く走る人はいません。

15 Your Japanese got better than before.　あなたの日本語は以前よりもよくなりましたね。

16 Would you give me one more chance?　私にもう一度チャンスをくれませんか？

17 I can't stand it any more.　私はこれ以上それに耐えられません。

18 Can you please get me this in a smaller size?　これのもっと小さいサイズを持ってきていただけませんか？

19 I couldn't hear you.　あなたの声が聞こえませんでした。
　Can you talk louder?　もっと大きい声で話してもらえますか？

20 I weigh more than she does.　私は彼女より体重があります。

21 She weighs less than I do.　彼女は私よりも体重がありません。

22 We have less snow than usual.　（私達の地域では）普段より雪が少ないです。

23 I think the bigger one is better.　私は大きい方がいいと思います。

24 We got here earlier than I thought.　（私の）思った以上に早く私達はここに到着しました。

25 The pain in my back is getting worse.　私の背中の痛みはひどくなってきています。

7章

● ★ 章 末 問 題 A ★ ●

日本文に合うように英単語を並べ替えなさい。

1 こちらが私の兄のケンです。 is my elder this Ken brother

2 彼女はボブの妹のアンです。 is sister she younger Ann Bob's

3 風が強まり始めました。 to the blow wind harder started

4 あなたはもっと食べたほうがいいです。 eat should more you

5 あなたの部屋はここより広いですか？ is one this room your than larger

6 あなたは前より少し痩せて見えますね。 a you little look slimmer

7 私は寿司よりもステーキが食べたいです。 to I want than steak sushi more eat

8 今日は昨日よりもずっと暑くなるでしょう。 is be to today going than hotter much yesterday

9 彼女は彼女の両親よりもずっとうまく英語を話します。
she her much English than speaks better parents

10 彼女は私より少しだけ背が高いです。 me she a is than taller little

11 それをもう一度言っていただけませんか？ could you say that one more time?

12 私にはもうちょっとゆっくり話してもらってもいいですか？
a for bit little me you speak could please slower

13 タクシーと地下鉄ではどちらが速いですか？ or is taxi quicker subway which

14 この学校で彼より速く走る人はいません。 in this him runs than nobody faster school

15 あなたの日本語は以前よりもよくなりましたね。 better got your before than Japanese

16 私にもう一度チャンスをくれませんか？ one more would you me give chance

17 私はこれ以上それに耐えられません。 I it stand can't more any

18 これのもっと小さいサイズを持ってきていただけませんか？
in a me this size can you get please smaller

19 あなたの声が聞こえませんでした。 you I hear couldn't
もっと大きい声で話してもらえますか？ you can louder talk

20 私は彼女より体重があります。 I does more she weigh than

21 彼女は私よりも体重がありません。 I she do less weighs than

22 （私達の地域では）普段より雪が少ないです。 have snow we usual less than

23 私は大きい方がいいと思います。 I is the one think better bigger

24 （私の）思った以上に早く私達はここに到着しました。 we I got than here earlier thought

25 私の背中の痛みはひどくなってきています。 in is the my back getting worse pain

● ★ ㊗ ㊗ ㊗ ㊗ B ★ ●

日本文に合うように英単語を並べ替えなさい。

1 こちらが私の兄のケンです。　is my elder this Ken brother

---

2 彼女はボブの妹のアンです。　is sister she younger Ann Bob's

---

3 風が強まり始めました。to the blow wind harder started

---

4 あなたはもっと食べたほうがいいです。　eat should more you

---

5 あなたの部屋はここより広いですか？　is one this room your than larger

---

6 あなたは前より少し痩せて見えますね。　a you little look slimmer

---

7 私は寿司よりもステーキが食べたいです。　to I want than steak sushi more eat

---

8 今日は昨日よりもずっと暑くなるでしょう。is be to today going than hotter much yesterday

---

9 彼女は彼女の両親よりもずっとうまく英語を話します。
she her much English than speaks better parents

---

10 彼女は私より少しだけ背が高いです。　me she a is than taller little

---

11 それをもう一度言っていただけませんか？　could you say that one more time?

---

12 私にはもうちょっとゆっくり話してもらってもいいですか？
a for bit little me you speak could please slower

---

13 タクシーと地下鉄ではどちらが速いですか？　or is taxi quicker subway which

14 この学校で彼より速く走る人はいません。　in this him runs than nobody faster school

15 あなたの日本語は以前よりもよくなりましたね。　better got your before than Japanese

16 私にもう一度チャンスをくれませんか？　one more would you me give chance

17 私はこれ以上それに耐えられません。　I it stand can't more any

18 これのもっと小さいサイズを持ってきていただけませんか？
in a me this size can you get please smaller

19 あなたの声が聞こえませんでした。　you I hear couldn't
もっと大きい声で話してもらえますか？　you can louder talk

20 私は彼女より体重があります。　I does more she weigh than

21 彼女は私よりも体重がありません。I she do less weighs than

22 （私達の地域では）普段より雪が少ないです。　have snow we usual less than

23 私は大きい方がいいと思います。　I is the one think better bigger

24 （私の）思った以上に早く私達はここに到着しました。　we I got than here earlier thought

25 私の背中の痛みはひどくなってきています。　in is the my back getting worse pain

8章 ｜｜｜ 比較Ⅱ

●この章で用いられる単語を覚えよう。

X times ［X táimz / X タイムズ］ X倍，X回

twice ［twáis / トゥワイス］ 副 2倍，2回

dictionary ［díkʃənèri / ディクショネリィ］ 名 辞書

warm ［wɔ́rm / ウォァム］ 形 温かい，暖かい

weigh ［wéi / ウェイ］ 動 〜の重さがある

Australia ［ɔstréiljə / オストゥレイリャ］ 名 オーストラリア

camera ［kǽmərə / キャメラ］ 名 カメラ

everyone ［évriwʌn / エヴリワン］ 代 あらゆる人，全ての人

nothing ［nʌ́θiŋ / ナッスィング］ 代 何も〜ない

bus ride ［bʌ́s ráid / バス ライドゥ］ バス乗車，バスに乗った場合

train ride ［tréin ráid / トゥレイン ライドゥ］ 列車に乗ること，列車に乗った場合

kindly ［káindli / カインドゥリィ］ 副 どうか〜

reply ［riplái / リプライ］ 動 返事する

round-trip ticket ［ráund tríp tíkət / ラウンドゥ トゥリプ ティケトゥ］ 往復切符

one-way ticket ［wʌ́n wéi tíkət / ワン ウェイ ティケトゥ］ 片道切符

if ［íf / イフ］ 接 たとえ〜でも

tasty ［téisti / テイスティ］ 形 うまい，食欲をそそる，味の良い

cheap ［tʃíp / チプ］ 形 安価な，安っぽい，けちな

cost ［kɔ́st / コストゥ］ 動 (費用が)かかる

pay ［péi / ペイ］ 動 支払う

dollar ［dálər / ダラァ］ 名 ドル

yen ［jén / イェン］ 名 (通貨単位の)円

possible ［pásəbəl / パスィブル］ 形 あり得る，可能性がある

600 ［síks hʌ́ndrəd / スィクス ハンドゥレドゥ］

5,000 ［fáiv θáuzn(d) / ファイヴ サゥザントゥ］

●左ページを隠して読みと意味を確認しよう。

- ☐ X times
- ☐ twice
- ☐ dictionary
- ☐ warm
- ☐ weigh
- ☐ Australia
- ☐ camera
- ☐ everyone
- ☐ nothing
- ☐ bus ride
- ☐ train ride
- ☐ kindly
- ☐ reply

- ☐ round-trip ticket
- ☐ one-way ticket
- ☐ if
- ☐ tasty
- ☐ cheap
- ☐ cost
- ☐ pay
- ☐ dollar
- ☐ yen
- ☐ possible
- ☐ 600
- ☐ 5,000

8章

●長い形容詞や副詞の比較級

◇比較的スペルの長い形容詞，副詞の比較級はmore [mɔr]をつけて表す。これらの形容詞，副詞は
　1つひとつ覚えるしかない。

原級	意味	比較級
beautiful [bjúːtəfl] (ビューティフル)	美しい	more beautiful
popular [pápjələr] (ポピュラー)	人気がある	more popular
interesting [íntərəstiŋ] (インタレスティング)	おもしろい	more interesting
difficult [dífikʌlt] (ディフィカルトゥ)	難しい	more difficult
famous [féiməs] (フェイマス)	有名な	more famous
important [impɔ́rtənt] (インポータントゥ)	重要な	more important
exciting [iksáitiŋ] (エキサイティング)	わくわくするような	more exciting
slowly [slóuli] (スロウリィ)	ゆっくりと	more slowly
quickly [kwíkli] (クイックリィ)	すばやく	more quickly
useful [júːsfl] (ユースフル)	役に立つ	more useful
expensive [ikspénsiv] (イクスペンシィブ)	高価な	more expensive

!注意 more の代わりに less が使われると逆の意味になる。　例 less expensive：より安価な

●同等比較表現（as…as）

●as ～ as …：…と同じくらい～

例1　I'm as tall as him.　私は彼と同じくらいの身長です。

●not as ～ as …：…ほど～ない

例2　I cannot swim as fast as they can.　私は彼ら（彼女ら）ほど速く泳げません。

例3　He is not as young as he looks.　彼は見かけほど若くはありません。

●X times as～as… ：…よりも X 倍～

数字の後に times をつけると「～倍」という意味になる。

two times：2倍 (=twice)　　　three times：3倍　　　four times：4倍

例4　The country is 4 times as large as Japan.　その国は日本の4倍の広さです。

●as～as possible／as～as A can：できるだけ～，可能な限り

例5　Will you come as soon as possible? ≒ Will you come as soon as you can?
　　できるだけ早く来てくれる？

●比較級 and 比較級

比較級 and 比較級：だんだん～，ますます～

例　The weather is getting worse and worse.　天気はますます悪くなっています。

●数量＋比較級

数量＋比較級：（数量）の分だけより…

例1　I'm five years younger than him.　私は彼よりも5歳若い。

例2　It will take five more minutes.　それはもう5分かかります。

!注意　語尾は five minutes more でも可

●X times ＋ 比較級

例1　Mt. Fuji is two times higher than that mountain.　　!注意　twice は比較級と
　　≒ Mt. Fuji is twice as high as that mountain.　　　　　一緒に用いない

　　富士山はその山よりも2倍高い。

例2　Taxi costs three times more than train.　タクシーだと電車よりも3倍費用がかかります。
　　≒Taxi costs three times as much as train.

!注意　上記の taxi や train のように名詞を無冠詞（a や the をつけない）で用いる場合は，その
　　ものの**機能**を表す。

🎧 次の英文の読み書きの練習，及びリスニングの練習をしなさい。

1 This dictionary is more useful.　この辞書はもっと便利です。

2 She became more famous for that movie.　彼女はその映画でいっそう有名になった。

3 That book was more interesting than I thought.　その本は思ったより面白かったです。

4 Nothing is more important than time.　時間ほど大切なものはありません。

5 It is getting warmer and warmer these days.　最近ますます暖かくなってきています。

6 The game got more and more exciting.　その試合はますます面白くなりました。

7 I am as tall as Brian.　私はブライアンと同じくらいの身長です。

8 This book is not as difficult as yours.　この本はあなたのものほど難しくありません。

9 This racket weighs as much as that one.　このラケットはそちらと同じくらいの重さです。

10 Kindly reply as soon as possible.　どうかできるだけ早く私に返信してください。

11 I'll do as much as I can.　私はできる限りのことをします。

12 Australia is twenty times as large as Japan.　オーストラリアは日本の 20 倍の大きさです。

13 His camera is three times as expensive as mine.　彼のカメラは私のより 3 倍高いです。

14 He eats twice as much as I.　彼は私の 2 倍食べます。

15 That was not as tasty as everyone says.　それはみんなが言うほどおいしくありません
でした。

16 The bus ride takes three times　バスに乗った場合は電車よりも 3 倍時間がかかります。
as long as the train.

17 The round-trip ticket doesn't cost twice　往復切符なら片道切符の価格の 2 倍もしません。
as much as the one-way ticket.

18 She is four years older than you.　彼女はあなたより 4 歳年上です。

19 He is two years younger than me.　彼は私より 2 歳年下です。

20 Is it Okay if you pay 600 yen more?　あなたはさらに 600 円払う必要がありますが
よろしいですか？

21 This is 5,000 yen more expensive than that one.　こちらはあちらよりも 5000 円高いです。

22 You can get that 15 dollars cheaper online.　それはネットなら 15 ドル安く手に入ります。

23 Planes can take you three times　飛行機なら電車より 3 倍速く行くことができます。
faster than trains.

24 Taxis cost ten times more than trains.　タクシーだと電車より 10 倍費用がかかります。

25 Do you have a less expensive one?　もっと安価なものはありますか？

●────★ ㊟ ㊝ ㊙ ㊞ Ⓐ ★────●

日本文に合うように英単語を並べ替えなさい。

1 この辞書はもっと便利です。 is more this useful dictionary

---

2 彼女はその映画でいっそう有名になった。 for that more she became movie famous

---

3 その本は思ったより面白かったです。 I that was book more than thought interesting

---

4 時間ほど大切なものはありません。 is than more time important nothing

---

5 最近ますます暖かくなってきています。 is it and getting days these warmer warmer

---

6 その試合はますます面白くなりました。 the got more more game and exciting

---

7 私はブライアンと同じくらいの身長です。 am as as I tall Brian

---

8 この本はあなたのものほど難しくありません。 as as is not this book yours difficult

---

9 このラケットはそちらと同じくらいの重さです。 as as one that this racket weighs much

---

10 どうかできるだけ早く私に返信してください。 as as kindly soon reply possible

---

11 私はできる限りのことをします。 as as I I'll do can much

---

12 オーストラリアは日本の20倍の大きさです。 is as as times large twenty Australia Japan

---

13 彼のカメラは私のより3倍高いです。 as as is his three mine times camera expensive

---

14 彼は私の2倍食べます。　as as he I eats twice much

15 それはみんなが言うほどおいしくありませんでした。　as as not was that says tasty everyone

16 バスに乗った場合は電車よりも3倍時間がかかります。
as as the the ride takes times long bus train three

17 往復切符なら片道切符の価格の2倍もしません。
as as the the cost round-trip twice one-way doesn't much ticket ticket

18 彼女はあなたより4歳年上です。　is she you than years four older

19 彼は私より2歳年下です。　is me he two than years younger

20 あなたはさらに600円払う必要がありますがよろしいですか？
if is it yen you pay more Okay 600

21 こちらはあちらよりも5000円高いです。　is more this that one than yen expensive 5,000

22 それはネットなら15ドル安く手に入ります。15 cheaper you get dollars that online can

23 飛行機なら電車より3倍速く行くことができます。
planes trains you can than times take faster three

24 タクシーだと電車より10倍費用がかかります。　ten cost more taxis times trains than

25 もっと安価なものはありますか？　a do less one you have expensive

● ★ 章 末 問 題 B ★ ●

日本文に合うように英単語を並べ替えなさい。

1 この辞書はもっと便利です。　is more this useful dictionary

2 彼女はその映画でいっそう有名になった。　for that more she became movie famous

3 その本は思ったより面白かったです。　I that was book more than thought interesting

4 時間ほど大切なものはありません。　is than more time important nothing

5 最近ますます暖かくなってきています。　is it and getting days these warmer warmer

6 その試合はますます面白くなりました。　the got more more game and exciting

7 私はブライアンと同じくらいの身長です。　am as as I tall Brian

8 この本はあなたのものほど難しくありません。　as as is not this book yours difficult

9 このラケットはそちらと同じくらいの重さです。　as as one that this racket weighs much

10 どうかできるだけ早く私に返信してください。　as as kindly soon reply possible

11 私はできる限りのことをします。　as as I I'll do can much

12 オーストラリアは日本の20倍の大きさです。　is as as times large twenty Australia Japan

13 彼のカメラは私のより3倍高いです。　as as is his three mine times camera expensive

14 彼は私の2倍食べます。 as as he I eats twice much

15 それはみんなが言うほどおいしくありませんでした。 as as not was that says tasty everyone

16 バスに乗った場合は電車よりも3倍時間がかかります。
as as the the ride takes times long bus train three

17 往復切符なら片道切符の価格の2倍もしません。
as as the the cost round-trip twice one-way doesn't much ticket ticket

18 彼女はあなたより4歳年上です。 is she you than years four older

19 彼は私より2歳年下です。 is me he two than years younger

20 あなたはさらに600円払う必要がありますがよろしいですか?
if is it yen you pay more Okay 600

21 こちらはあちらよりも5000円高いです。 is more this that one than yen expensive 5,000

22 それはネットなら15ドル安く手に入ります。15 cheaper you get dollars that online can

23 飛行機なら電車より3倍速く行くことができます。
planes trains you can than times take faster three

24 タクシーだと電車より10倍費用がかかります。 ten cost more taxis times trains than

25 もっと安価なものはありますか? a do less one you have expensive

9章 ‖‖‖ 比較Ⅲ

●この章で用いられる単語を覚えよう。

of us all ［əv ʌs ɔ́l／オヴ　アス　オル］ 私達すべ
ての中で

subject ［sʌ́bdʒikt／サブ　ジェクトゥ］ 名 教
科，科目

animal ［ǽnəməl／エネモゥ］ 名 動物

Mt. ［máunt／マウントゥ］ 名 〜山

famous ［féiməs／フェイマス］ 形 有名な，名高
い

one of ［wʌ́n əv／ワン　オブ］ 〜の1つ

Los Angeles ［lɔ:sǽndʒələs／ロサンジャラス］
名 ロサンゼルス

city ［síti／スィティ］ 名 都市，市

United States ［junáitəd stéits／ユナイティドゥ　ス
テイツ］ アメリカ合衆国

nobody ［nóubədi／ノウバディ］ 代 誰も〜
ない，一人も〜ない

P.E. ［pi: i:／ピィ　イー］ 名 体育

principal ［prínsəpəl／ピリンサパゥ］ 代 校
長，学長，社長，主任

ill ［íl／イル］ 形 病気で，気分が悪い

kind ［káind／カインドゥ］ 名 種類

way ［wéi／ウェイ］ 名 道，方法，方向

stadium ［stéidiəm／ステイディアム］ 名 競技
場，スタジアム

look up ［lúk ʌ́p／ルク　アプ］ 調べる，見上げ
る

information ［ìnfərméiʃən／インファメイション］
名 情報，知識

on the Internet ［ɔn ði íntərnèt／オン　ズィ　イ
ンターネットゥ］ インターネットで

convenient ［kənví:niənt／コンヴィーニァントゥ］
形 便利な，使い勝手が良い，重宝な

crowded ［kráudid／クラウディドゥ］ 形 混
雑した

prefer A to B ［prifə́r A tú: B／プリファ　A　トゥー
B］ BよりもむしろAの方を好む

other ［ʌ́ðər／アザ (ァ)］ 形 他の，その他の

be bad at ［bi bǽd ət／ビィ　バドゥ　アトゥ］ 〜
が苦手，〜が下手

former ［fɔ́rmər／フォァマァ］ 形 前者の，前
の

latter ［lǽtər／ラタ (ァ)］ 形 後者の，後の

●左ページを隠して読みと意味を確認しよう。

☐ of us all	☐ kind
☐ subject	☐ way
☐ animal	☐ stadium
☐ Mt.	☐ look up
☐ famous	☐ information
☐ one of	☐ on the Internet
☐ Los Angeles	☐ convenient
☐ city	☐ crowded
☐ United States	☐ prefer A to B
☐ nobody	☐ other
☐ P.E.	☐ be bad at
☐ principal	☐ former
☐ ill	☐ latter

●形容詞・副詞の最上級

形容詞・副詞を「一番〜」と変化させた形を**最上級**という。

◇最上級の語尾には一般に「est」をつける

原級	比較級	最上級
long	longer	longest [láːŋest]（一番長い）
new	newer	newest [núːest]（一番新しい）
young	younger	youngest [jʌ́ŋest]（一番若い）
old	older	oldest [óuldest]（一番古い）
tall	taller	tallest [tɔlest]（一番背が高い）
high	higher	highest [háiest]（一番高い）
low	lower	lowest [lóuest]（一番低い）
fast	faster	fastest [fǽstest]（一番速い・速く）
slow	slower	slowest [slóuest]（一番遅い・ゆっくりな）
short	shorter	shortest [ʃɔrtest]（一番短い・低い）
small	smaller	smallest [smɔlest]（一番小さい）
warm	warmer	warmest [wɔrmest]（一番温かい）
hard	harder	hardest [hárdest]（一番激しく・熱心に）

◇語尾が短母音＋子音で終わるものは最後の文字を重ねて「est」をつける

big	bigger	biggest [bígest]（一番大きい）
hot	hotter	hottest [hátest]（一番熱い）
thin	thinner	thinnest [θínest]（一番痩せている・細い）
fat	fatter	fattest [fǽtest]（一番太っている）

◇語尾が子音＋y のときは y を i に変えて「est」をつける

busy	busier	busiest [bíziest]（一番忙しい）
easy	easier	easiest [ɔ́rliest]（一番易しい）
heavy	heavier	heaviest [héviest]（一番重い）
early	earlier	earliest [ɔ́rliest]（一番早く）

◇語尾が e のときは「st」をつける

large	larger	largest [lárdʒest]（一番大きい）
wide	wider	widest [wáidest]（一番幅が広い）

9章

◇不規則に変化するもの

原級	比較級	最上級
good（よい） well（上手に・よく）	better [bétər] より良い・上手に・よく	best [bést] 一番良い・上手に・よく
many（数が多い） much（量が多い）	more [mɔr] より多い	most [móust] 一番多く・ほとんどの
bad（悪い） ill（不幸な・病気で）	worse [wə́rs] より悪い・不幸な・病気で	worst [wə́rst] 一番悪い・一番不幸な・病気で
little（少ない）	less [lés] より少ない	least [líːst] 一番少ない
late（遅い）	later [léitər] （時間が）より遅い・遅く latter [lǽtər] ↔ former [fɔ́rmər] （順序が）後の，最近の	latest [léitist] （時間が）一番遅い・遅く，最新の last [lǽst] ↔first （順序が）一番後の・最後の

◇比較的スペルの長い形容詞，副詞の最上級は most [móust] をつけて表す。これらの形容詞，副詞は１つひとつ覚えるしかない。

原級	意味	比較級	最上級
beautiful	美しい	more beautiful	most beautiful
popular	人気がある	more popular	most popular
interesting	おもしろい	more interesting	most interesting
difficult	難しい	more difficult	most difficult
famous	有名な	more famous	most famous
important	重要な	more important	most important
exciting	わくわくするような	more exciting	most exciting
slowly	ゆっくりと	more slowly	most slowly
quickly	すばやく	more quickly	most quickly
useful	役に立つ	more useful	most useful
expensive	高価な	more expensive	most expensive

9章

●最上級の使い方

最上級の前には the をつける。ただし，副詞が最上級になる場合は the が省略されることもある。
「～の中で」を表す場合，複数名詞の前には of または out of，単数名詞の前には in をつける。

of（out of）を用いる場合	in を用いる場合
・of the three　3 人(3 つ)の中で	・in my family　私の家族の中で
・of all　すべての中で	・in your class　あなたのクラスの中で
・out of them　彼ら（それら）の中で	・in Japan　日本で

例1 This is the largest orange of the five.　これは 5 つの中で一番大きいオレンジです。

例2 He is the most famous actor in the country.　彼はその国で最も有名な俳優です。

●the+序数＋最上級

the second…，the third…，the fourth…と最上級の前に序数をつけると「2 番目に…」「3 番目に…」「4 番目に…」という意味になる。

例1 This is the second longest river in Japan.　これは日本で 2 番目に長い川です。

例2 He is the third tallest in the class.　彼はクラスで 3 番目に背が高いです。

●like と比較級／like と最上級

◇[like／love] A [better／more] than B：B よりも A が好き

例1 I like English better than math.　私は数学より英語が好きです。

◇[like／love] A the [best, most]：A が一番好き

例2 I like the song (the) best of all.　私はすべての中でその歌が一番好きです。

例3 I love this cake (the) most.　私はこのケーキが一番好きです。

●様々な書き換え

例1 Mt. Fuji is the highest mountain in Japan.　富士山は日本で一番高い山です。

　　≒ Mt. Fuji is higher than any other mountains in Japan.
　　富士山は日本の他のどんな山よりも高いです。

　　≒ No other mountains in Japan are higher than Mt. Fuji.　!注意　other は省略可

　　≒ No mountain in Japan is as high as Mt. Fuji.
　　日本の山で富士山より高い山は(他に)ありません。

例2 He swims the fastest in my class.　彼は私のクラスの中で一番速く泳ぎます。

　　≒He swims faster than any other students in my class.
　　彼は私のクラスのどの生徒よりも速く泳ぎます。

　　≒ He is the fastest swimmer in my class.　彼はクラスで一番速い泳ぎ手です。

　　≒ No one in my class swims faster than he.　クラスで彼より速く泳ぐ人はいません。

　　≒ No one in my class swims as fast as he.　クラスで彼ほど速く泳ぐ人はいません。

　　!注意 no one の代わりに nobody も用いられる

次の英文の読み書きの練習，及びリスニングの練習をしなさい。

1 I like green apples more than red ones.　私は赤いりんごより青りんごの方が好きです。

2 I like fall better than spring.　私は春よりも秋が好きです。

3 I like math the most out of all the subjects.　私はすべての教科の中で数学が一番好きです。

4 I love cats the best of all animals.　私はすべての動物の中で猫が一番好きです。

5 Bill is the youngest of us all.　私達全員の中でビルが一番若いです。

6 Who is the oldest of you all?　あなた達全員の中で一番年上は誰ですか？

7 Out of all of them, I think this one is the best.　それらのすべての中で，私はこれが一番いいと思います。

8 She is the tallest out of the three.　彼女は3人の中で一番背が高いです。

9 He plays the guitar the best in my class.　彼は私のクラスの中でギターを一番うまく弾きます。

10 Mt. Fuji is the highest mountain in Japan.　富士山は日本で一番高い山です。

11 This is one of the most famous art galleries in the world.　これは世界で最も有名なアートギャラリーの1つです。

12 I am the worst at P.E.　私は体育が一番苦手です。

13 Los Angeles is the second largest city in the United States.　ロサンゼルスはアメリカで2番目に大きい都市です。

14 What kind of food do you like the most?　あなたはどういった食べ物が一番好きですか？

15 What subject do you like the best?　あなたは何の科目が一番好きですか？

16 What's the best way to get to the stadium?　スタジアムに行くために一番良い手段は何ですか？

17 To get there, train costs you the least.　そこに行くには電車に乗るのが一番安く済みます。

18 Where do you want to go the most?　あなたはどこに一番行ってみたいですか？

19 You should look up the latest information on the Internet.　あなたはインターネットで最新情報を調べたほうがいい。

20 Which month is the busiest for you?　あなたは何月が一番忙しいですか？

21 When is the most convenient time for you?　あなたにとって何時が最も都合がよいですか？

22 When is the most crowded?　いつが一番混んでいますか？

23 How can I get to the nearest station?　一番近い駅にはどう行けばいいですか？

24 She is a former principal of our school.　彼女は私達の学校の前校長です。

25 No other mountains in Japan are higher than Mt. Fuji.　日本で富士山より高い山はありません。

9章

★ 章 末 問 題 Ⓐ ★

日本文に合うように英単語を並べ替えなさい。ただし（　）内の語は文頭に用いること。

1 私は赤いりんごより青りんごの方が好きです。　I ones apples like green more than red

2 私は春よりも秋が好きです。　I spring better fall like than

3 私はすべての教科の中で数学が一番好きです。　I the the out of all subjects like most math

4 私はすべての動物の中で猫が一番好きです。　I the of all love best cats animals

5 私達全員の中でビルが一番若いです。　is the all of us youngest Bill

6 あなた達全員の中で一番年上は誰ですか？　the of is all you who oldest

7 それらのすべての中で，私はこれが一番いいと思います。
(out) I is of of one the this them best all think

8 彼女は３人の中で一番背が高いです。　of out is the the she tallest three

9 彼は私のクラスの中でギターを一番うまく弾きます。the the in he my plays best class guitar

10 富士山は日本で一番高い山です。　the in is mountain highest Japan Mt. Fuji

11 これは世界で最も有名なアートギャラリーの１つです。
is of in the the this one art most famous world galleries

12 私は体育が一番苦手です。　I the P.E. worst am at

13 ロサンゼルスはアメリカで2番目に大きい都市です。
in is the the city largest second United States Los Angeles

---

14 あなたはどういった食べ物が一番好きですか？　do you of the like kind what food most

---

15 あなたは何の科目が一番好きですか？　do you the like what best subject

---

16 スタジアムに行くために一番良い手段は何ですか？　the the to to get best way what's stadium

---

17　そこに行くには電車に乗るのが一番安く済みます。※[　]内の語句はそのまま用いること
(to) [the least] you get costs train there

---

18 あなたはどこに一番行ってみたいですか？　the do to go want most you where

---

19 あなたはインターネットで最新情報を調べたほうがいい。
the the up on you should latest look information Internet

---

20 あなたは何月が一番忙しいですか？　is for the you which month busiest

---

21 あなたにとって何時が最も都合がよいですか？　the is for you time most when convenient

---

22 いつが一番混んでいますか？　the when is crowded most

---

23 一番近い駅にはどう行けばいいですか？　the I can to get how nearest station

---

24 彼女は私達の学校の前校長です。　a of is she our principal school former

---

25 日本で富士山より高い山はありません。
(no) in are than other Japan higher mountains Mt. Fuji

● ★ 章 末 問 題 Ⓑ ★

日本文に合うように英単語を並べ替えなさい。ただし（　）内の語は文頭に用いること。

1 私は赤いりんごより青りんごの方が好きです。　I ones apples like green more than red

2 私は春よりも秋が好きです。　I spring better fall like than

3 私はすべての教科の中で数学が一番好きです。　I the the out of all subjects like most math

4 私はすべての動物の中で猫が一番好きです。　I the of all love best cats animals

5 私達全員の中でビルが一番若いです。　is the all of us youngest Bill

6 あなた達全員の中で一番年上は誰ですか？　the of is all you who oldest

7 それらのすべての中で，私はこれが一番いいと思います。
(out) I is of of one the this them best all think

8 彼女は3人の中で一番背が高いです。　of out is the the she tallest three

9 彼は私のクラスの中でギターを一番うまく弾きます。the the in he my plays best class guitar

10 富士山は日本で一番高い山です。　the in is mountain highest Japan Mt. Fuji

11 これは世界で最も有名なアートギャラリーの1つです。
is of in the the this one art most famous world galleries

12 私は体育が一番苦手です。　I the P.E. worst am at

13 ロサンゼルスはアメリカで2番目に大きい都市です。
in is the the city largest second United States Los Angeles

14 あなたはどういった食べ物が一番好きですか？　do you of the like kind what food most

15 あなたは何の科目が一番好きですか？　do you the like what best subject

16 スタジアムに行くために一番良い手段は何ですか？　the the to to get best way what's stadium

17　そこに行くには電車に乗るのが一番安く済みます。※[　]内の語句はそのまま用いること
(to) [the least] you get costs train there

18 あなたはどこに一番行ってみたいですか？　the do to go want most you where

19 あなたはインターネットで最新情報を調べたほうがいい。
the the up on you should latest look information Internet

20 あなたは何月が一番忙しいですか？　is for the you which month busiest

21 あなたにとって何時が最も都合がよいですか？　the is for you time most when convenient

22 いつが一番混んでいますか？　the when is crowded most

23 一番近い駅にはどう行けばいいですか？　the I can to get how nearest station

24 彼女は私達の学校の前校長です。　a of is she our principal school former

25 日本で富士山より高い山はありません。
(no) in are than other Japan higher mountains Mt. Fuji

10章 ||| 受動態

●この章で用いられる単語を覚えよう。

law ［lɔ́ː / ロー］ 名 法律

temple ［témpl / テムプル］ 名 寺院, 聖堂, 礼拝所

seventh century ［sévn θ séntʃəri / セヴンス センチュリィ］ 7世紀

invite ［inváit / インヴァイトゥ］ 動 招待する, 誘う

allow ［əláu / アラゥ］ 動 許す, 許可する

photo ［fóutou / フォウトゥ］ 名 写真

museum ［mjuːzíəm / ミューズィアム］ 名 博物館, 美術館, 記念館

iron ［áiərn / アイアン］ 名 鉄

country ［kʌ́ntri / カントゥリィ］ 名 国, 国家

French ［fréntʃ / フレンチ］ 名 フランス語, フランス人

kill ［kíl / キル］ 動 殺す

war ［wɔ́r / ウォー］ 名 戦争

home cooking ［hóum kúkiŋ / ホウム クッキング］ 家庭料理

make sure (that) ［méik ʃúər / メイク シュア］ 確かめる, 確認する

require ［rikwáiər / リクワイア］ 動 義務付ける, 要求する

wonderful ［wʌ́ndərfl / ワンダフォゥ］ 形 すてきな, 不思議な, 素晴らしい, 見事な

wine ［wáin / ワイン］ 名 ワイン

island ［áilənd / アイランドゥ］ 名 島

delay ［diléi / ディレイ］ 動 遅れる, 先延ばしになる

flight ［fláit / フライトゥ］ 名 (飛行機の)運行, 便

wash ~ in water ［wɔ́ʃ in wátər / ウァシュ イン ワタァ］ 水洗いする

almost ［ɔ́lmòust / オルモウストゥ］ 副 ほとんど

assignment ［əsáinmənt / アサインメントゥ］ 名 課題, 宿題, 割り当て, 任務

cover ［kʌ́vər / カヴァ(ァ)］ 動 覆う

interest ［íntərəst / インタレストゥ］ 動 ～に興味を持たせる

surprise ［sərpráiz / サプライズ］ 動 ～を驚かす

please ［plíːz / プリーズ］ 動 (人を)満足させる, 楽しませる, 喜ばせる

injure ［índʒər / インジャ(ァ)］ 動 ～を傷つける, 痛める, 苦しめる, 悲しませる

area ［ɛ́əriə / エアリア］ 地域, (特定の) 場所

●左ページを隠して読みと意味を確認しよう。

- ☐ law
- ☐ temple
- ☐ seventh century
- ☐ invite
- ☐ allow
- ☐ photo
- ☐ museum
- ☐ iron
- ☐ country
- ☐ French
- ☐ kill
- ☐ war
- ☐ home cooking
- ☐ make sure (that)
- ☐ require

- ☐ wonderful
- ☐ wine
- ☐ island
- ☐ delay
- ☐ flight
- ☐ wash ~ in water
- ☐ almost
- ☐ assignment
- ☐ cover
- ☐ interest
- ☐ surprise
- ☐ please
- ☐ injure
- ☐ area

10
章

●動詞の過去分詞

　動詞の活用の1つに「**過去分詞**」があり，本章で学習する「受動態」や次章で学習する「現在完了」などで用いられる。規則動詞の場合の過去分詞形は過去形と同じであり，不規則動詞の場合はすべて個別に覚える必要がある。

●規則動詞

原形	過去形	過去分詞形	意味
play	played	played	する，演奏する
study	studied	studied	勉強する
clean	cleaned	cleaned	掃除する
live	lived	lived	住んでいる
stay	stayed	stayed	滞在する，いる
visit	visited	visited	訪問する，訪ねる
call	called	called	呼ぶ，電話する
finish	finished	finished	終える
invite	invited	invited	招待する
decide	decided	decided	決心する，決める

●不規則動詞（ABB型）

原形	過去形	過去分詞形	意味
ハヴ have [həv] ハズ has [həz]	ハッドゥ had [hæd]	ハッドゥ had [hæd]	持っている 食べる・飲む
メイク make [méik]	メイドゥ made [méid]	メイドゥ made [méid]	作る
ゲットゥ get [gét]	ガットゥ got [gát]	ガットゥ got [gát] ガトゥン gotten [gátən]	得る，達する
セイ say [séi]	セッドゥ said [séd]	セッドゥ said [séd]	声に出して言う
セル sell [sél]	ソウルドゥ sold [sóuld]	ソウルドゥ sold [sóuld]	売る
テル tell [tél]	トウルドゥ told [tóuld]	トウルドゥ told [tóuld]	言う，伝える
ミートゥ meet [mí:t]	メットゥ met [mét]	メットゥ met [mét]	会う，会合する
フィール feel [fí:l]	フェルトゥ felt [félt]	フェルトゥ felt [félt]	感じる
リーヴ leave [lí:v]	レフトゥ left [léft]	レフトゥ left [léft]	離れる，残す
センドゥ send [sénd]	セントゥ sent [sént]	セントゥ sent [sént]	送る
レンドゥ lend [lénd]	レントゥ lent [lént]	レントゥ lent [lént]	貸す
ビルドゥ build [bíld]	ビルトゥ built [bílt]	ビルトゥ built [bílt]	建てる
ルーズ lose [luz]	ロストゥ lost [lɔst]	ロストゥ lost [lɔst]	失う，迷う，負ける
スタンドゥ stand [stǽnd]	ストゥッドゥ stood [stúd]	ストゥッドゥ stood [stúd]	立つ，建っている
アンダースタンドゥ understand [ʌndərstǽnd]	アンダーストゥッドゥ understood [ʌndərstúd]	アンダーストゥッドゥ understood [ʌndərstúd]	理解している
ファインドゥ find [fáind]	ファウンドゥ found [fáund]	ファウンドゥ found [fáund]	見つける
ティーチ teach [tí:tʃ]	トートゥ taught [tɔ:t]	トートゥ taught [tɔ:t]	教える，指導する
バイ buy [bái]	ボートゥ bought [bɔ:t]	ボートゥ bought [bɔ:t]	買う
スィットゥ sit [sít]	サットゥ sat [sæt]	サットゥ sat [sæt]	座る

10章

●不規則動詞（ABC 型）

原形	過去形	過去分詞形	意味
イズ アム is [iz] am [əm]	ワズ was [wəz]	ビン been [bín]	〜である，いる，ある
are [ɑːr]	ワー were [wər]		
ベ ア bear [béər]	ボ ア bore [bɔr]	ボーン born [bɔ́rn]	※be born（生まれる）の場合
		ボーン borne [bɔ́rn]	生む，耐える，運ぶ，帯びている
ビギン begin [bigín]	ビガン began [bigǽn]	ビガン begun [bigʌ́n]	始まる，始める
ドゥ do [du]	ディッドゥ d i d [díd]	ダン done [dʌ́n]	する
ドゥリンク drink [dríŋk]	ドゥレンク drank [drǽŋk]	ドゥランク drunk [drʌ́ŋk]	飲む
ドゥライヴ drive [draiv]	ドゥロウヴ drove [dróuv]	ドゥリヴン driven [drívn]	運転する
イートゥ e a t [íːt]	エイトゥ ate [eit]	イートゥン eaten [íːtn]	食べる
ギヴ give [gív]	ゲイヴ gave [géiv]	ギヴン given [gívn]	与える，手渡す，行う
ゴウ go [góu]	ウェントゥ went [wént]	ゴーン gone [gɔn]	行く，前進する
ノウ know [nóu]	ヌー knew [núː]	ノウン known [nóun]	知っている，知り合いである
ライドゥ ride [ráid]	ロウドゥ rode [róud]	リドゥン ridden [rídn]	乗る
スィー see [síː]	ソー saw [sɔ]	スィーン seen [síːn]	見る，会う
スィング sing [siŋ]	センダ sang [sǽŋ]	サング sung [sʌ́ŋ]	歌う
スピーク speak [spik]	スポウク spoke [spóuk]	スポウクン spoken [spóukn]	話す
スティール steal [stíːl]	ストウル stole [stóul]	ストウルン stolen [stóulən]	盗む
スウィム swim [swim]	スウェム swam [swǽm]	スワム swum [swʌ́m]	泳ぐ
テイク take [téik]	トゥック took [túk]	テイクン taken [téikn]	とる，持っていく
ライトゥ write [ráit]	ロウトゥ wrote [róut]	リトゥン written [rítn]	書く

●不規則動詞（AAA 型）

原形	過去形	過去分詞形	意味
コストゥ cost [kɔst]	cost [kɔst] / costed	cost [kɔst] / costed	費用がかかる
カットゥ c u t [kʌ́t]	cut [kʌ́t]	cut [kʌ́t]	切る
ヒットゥ h i t [hít]	hit [hít]	hit [hít]	打つ
プットゥ put [pút]	put [pút]	put [pút]	置く
リードゥ read [ríːd]	レッドゥ read [red]	レッドゥ read [red]	読む
セットゥ s e t [sét]	set [sét]	set [sét]	設定する

●不規則動詞（ABA 型）

原形	過去形	過去分詞形	意味
ビカム become [bikʌ́m]	ビケイム became [bikéim]	ビカム become [bikʌ́m]	なる
カム come [kʌ́m]	ケイム came [kéim]	カム come [kʌ́m]	来る
ラン run [rʌ́n]	レン ran [rǽn]	ラン run [rʌ́n]	走る

10
章

7 次の動詞の過去形，過去分詞形を答えなさい。

原形	過去形	過去分詞形	原形	過去形	過去分詞形
is, am			clean		
are			get		
do			eat		
have			go		
make			come		
speak			cut		
know			run		
teach			meet		
read			sing		
see			give		
take			say		
build			finish		
sell			begin		
find			write		
bear			cost		
steal			decide		

●上を隠して再テストしてみよう。

原形	過去形	過去分詞形	原形	過去形	過去分詞形
is, am			clean		
are			get		
do			eat		
have			go		
make			come		
speak			cut		
know			run		
teach			meet		
read			sing		
see			give		
take			say		
build			finish		
sell			begin		
find			write		
bear			cost		
steal			decide		

10章

●受動態

「～される」という受け身の表現を**受動態**といい，「～する」という表現を**能動態**という。
受動態は次の形で用いられる。

> **受動態：be 動詞＋動詞の過去分詞**

be 動詞は，現在，過去，主語の単数，複数に応じて適切なものを使う。疑問文は主語と be 動詞の
順序を入れかえ，否定文は be 動詞の直後に not をつければよい。

　　肯定文：English is spoken in this country.　この国では英語が話されています。

　　疑問文：Is English spoken in this country?　英語はこの国で話されていますか？
　　　　　　Yes, it is.　はい，話されています。／　No, it isn't. いいえ，話されていません。

　　否定文：English isn't spoken in this country.　英語はこの国で話されません。

例1 Some fruit are sold in that store.　いくつかの果物があの店で売られています。

例2 No fruit isn't sold in that store.　果物はあの店では全く売られていません。

例3 I was invited to Lucy's party.　私はルーシーのパーティーに招待されました。

例4 Were you invited to the party, too?　あなたもそのパーティーに招待されましたか？
　　　　Yes, I was.　はい，されました。／No, I wasn't.　いいえ，されませんでした。

例5 At where was your cat found?　あなたの猫はどこで見つかったのですか？

◇「～によって…される」と行為者が入る場合は文末に **by＋行為者**をつける

　　能動態(1)：He uses this bike.　彼はこの自転車を使います。

　　受動態(1)：This bike is used <u>by him</u>.　この自転車は彼によって使われます。

　　能動態(2)：She introduced me to everyone.　彼女は私をみんなに紹介しました。

　　受動態(2)：I was introduced to everyone <u>by her</u>.　私は<u>彼女によって</u>みんなに紹介されました。

例6　Who were you asked by?　あなたは誰に頼まれたのですか？

目 英文が日本文に合うように空欄を埋めなさい。

(1) この国ではスペイン語が話されています。

　　Spanish (　　　　　　　) (　　　　　　　　) in this country.

(2) この国では英語とフランス語が話されています。

　　English and French (　　　　　　) (　　　　　　　) in this country.

(3) 彼の小説は世界中の人々に読まれています。

　　His novels (　　　　　　) (　　　　　　) (　　　　　　　) people all over the world.

(4) あの店では食べ物は売られていませんでした。

　　Food (　　　　　　) (　　　　　　　) at that store.

(5) あなたの教室は毎日掃除されていますか？　はい，されています。

　　(　　　　　　　) your class room (　　　　　　) every day?

　　Yes, (　　　　　　) (　　　　　　).

●受動態の慣用表現

◇be made of〜　:「〜で作られる」「〜でできている」

◇be made from〜　:「〜で作られる」「〜でできている」

！注意 何で作られているか見た目で判断しやすい場合 of,しにくい場合は from を用いる。

例1 This chair is made of wood.　このいすは木で作られている。（このいすは木製です）

例2 Wine is made from grapes.　ワインは葡萄から作られます。

◇be born in〜　:「〜で生まれる」

◇be known to〜／be known by〜　:「〜に知られている」　※to と by どちらも使われる

◇be known for〜　:「〜で知られている」「〜で有名である」

◇be killed in〜　:「〜で死ぬ」「〜で亡くなる」

◇be finished with〜　:「〜については終わっている」

◇be covered with〜　:「〜で覆われている」

◆「〜させる」という意味の動詞が受動態になると「〜する」という能動態の意味になる

◇be interested in〜　:「〜に興味がある」　※interest は「興味を持たせる」

◇be surprised at〜　:「〜に驚く」　※surprise:「驚かす」

◇be pleased with〜:「〜に喜ぶ」「〜を気に入っている」　※please は「喜ばす」

◇be injured　:「けがをする」※injure は「傷つける」「けがをさせる」

✎ 次の英文を訳しなさい。

(1) This basket is made from bamboo.　※bamboo [bæmbú / バンブー]：竹

(2) I'm interested in science.

(3) What are you interested in?

(4) The peak was still covered with snow.　※peak [píːk / ピーク]：山頂

(5) He was injured in a traffic accident.

(6) I was surprised to see her.

(7) I am not finished with moving.　※moving：引っ越し

(8) Are you pleased with your new job?

🎧 次の英文の読み書きの練習，及びリスニングの練習をしなさい。

1 She is loved by everyone.　彼女はみんなに愛されています。

2 This magazine is read by young people.　この雑誌は若者に読まれています。

3 It is required by law.　それは法律で決められています。

4 French isn't taught at our school.　私達の学校ではフランス語は教えられていません。

5 This temple was built in the seventh century.　この寺は7世紀に建立されました。

6 Is this car made in Japan?　No, it isn't.　この車は日本製ですか？　いいえ，違います。

7 Were you invited to the party?　あなたはパーティーに招待されましたか？
Yes, I was.　　　　　　　　　　　　はい，されました。

8 Am I allowed to take photos in the museum?　美術館の中で写真を撮ってもいいですか？

9 What is this made of?　It is made of iron.　これは何でできていますか？　鉄でできています。

10 What language is spoken in this country?　この国ではどんな言語が話されていますか？

11 English and French are spoken in the country.　その国では英語とフランス語が話されます。

12 They were killed in the war.　彼らはその戦争で亡くなりました。

13 I am interested in Indian home cooking.　私はインドの家庭料理に興味があります。

14 My wallet was stolen last night.　私の財布が昨夜盗まれました。

15 Can you go and make sure　ドアの鍵がかかっているか行って確かめてくれませんか？
the door is locked?

16 His name is known by many people.　彼の名前は多くの人に知られています。

17 This area is known for its wonderful wines.　この地域は素晴らしいワインで有名です。

18 What kind of food is this area known for?　この地域ではどういった食べ物が有名ですか？

19 Alice was born on the island.　アリスはその島で生まれました。

20 Where was this picture taken?　この写真はどこで撮られましたか？

21 Is this seat taken?　この席は誰か座っていますか？

22 The flight will be delayed for three hours.　フライト（飛行便）は3時間遅れる見込みです。

23 Mt. Fuji can be seen from here.　富士山がここから見えます。

24 That cannot be washed in water.　それは水洗いできません。

25 The homework must be done by tomorrow.　宿題は明日までに終わらせなければいけません。

26 I was very surprised by the news.　私はその知らせにとても驚きました。

27 I am almost finished with the assignment.　私はその課題のほとんどは終わっています。

10章

★ 章 末 問 題 Ⓐ ★

日本文に合うように英単語を並べ替えなさい。

1 彼女はみんなに愛されています。　by she is everyone loved

2 この雑誌は若者に読まれています。　by read this is young magazine people

3 それは法律で決められています。　is it by law required

4 私達の学校ではフランス語は教えられていません。　isn't at our taught school French

5 この寺は7世紀に建立されました。　in the this was temple century built seventh

6 この車は日本製ですか？　いいえ，違います。　is isn't no in it made car this Japan

7 あなたはパーティーに招待されましたか？　はい，されました。
yes to I you was the were party invited

8 美術館の中で写真を撮ってもいいですか？　the to in am I take photos allowed museum

9 これは何でできていますか？　鉄でできています。　of of is is it made made what this iron

10 この国ではどんな言語が話されていますか？　is in what this spoken language country

11 その国では英語とフランス語が話されます。　in the are and spoken country English French

12 彼らはその戦争で亡くなりました。　war in the were they killed

13 私はインドの家庭料理に興味があります。　I in am home cooking Indian interested

14 私の財布が昨夜盗まれました。　was night my last stolen wallet

15 ドアの鍵がかかっているか行って確かめてくれませんか？
can and is the go you door sure make locked

16 彼の名前は多くの人に知られています。　is by his many name people known

17 この地域は素晴らしいワインで有名です。　its is area for this known wines wonderful

18 この地域ではどういった食べ物が有名ですか？　for of is this area what kind known food

19 アリスはその島で生まれました。　on was the island born Alice

20 この写真はどこで撮られましたか？　was picture this where taken

21 この席は誰か座っていますか？　is seat taken this

22 フライト（飛行便）は３時間遅れる見込みです。be the for three will hours delayed flight

23 富士山がここから見えます。　here be seen can from Mt. Fuji

24 それは水洗いできません。　in that be cannot washed water

25 宿題は明日までに終わらせなければいけません。　by be the done must tomorrow homework

26 私はその知らせにとても驚きました。　I by the was very news surprised

27 私はその課題のほとんどは終わっています。　I the with am assignment almost finished

● ★ 章 末 問 題 Ⓑ ★

日本文に合うように英単語を並べ替えなさい。ただし必要に応じて be 動詞と not を補い，一般動詞は適切な形に直して用いること。

1 彼女はみんなに愛されています。 by she everyone love

---

2 この雑誌は若者に読まれています。 by read this young magazine people

---

3 それは法律で決められています。 it by law required

---

4 私達の学校ではフランス語は教えられていません。 at our teach school French

---

5 この寺は 7 世紀に建立されました。 in the this temple century build seventh

---

6 この車は日本製ですか？ いいえ，違います。 no in it make car this Japan

---

7 あなたはパーティーに招待されましたか？ はい，されました。
yes to I you was the party invite

---

8 美術館の中で写真を撮ってもいいですか？ the to in I take photos allow museum

---

9 これは何でできていますか？ 鉄でできています。 of of it made make what this iron

---

10 この国ではどんな言語が話されていますか？ in what this speak language country

---

11 その国では英語とフランス語が話されます。 in the and speak country English French

---

12 彼らはその戦争で亡くなりました。 war in the they kill

---

13 私はインドの家庭料理に興味があります。 I in home cooking Indian interest

---

14 私の財布が昨夜盗まれました。　night my last steal wallet

15 ドアの鍵がかかっているか行って確かめてくれませんか？
can and the go you door sure make lock

16 彼の名前は多くの人に知られています。　by his many name people know

17 この地域は素晴らしいワインで有名です。　its area for this know wines wonderful

18 この地域ではどういった食べ物が有名ですか？　for of this area what kind know food

19 アリスはその島で生まれました。　on the island bear Alice

20 この写真はどこで撮られましたか？　picture this where take

21 この席は誰か座っていますか？　seat taken this

22 フライト（飛行便）は3時間遅れる見込みです。　the for three will hours delay flight

23 富士山がここから見えます。　here see can from Mt. Fuji

24 それは水洗いできません。　in that cannot wash water

25 宿題は明日までに終わらせなければいけません。　by the done must tomorrow homework

26 私はその知らせにとても驚きました。　I by the very news surprise

27 私はその課題のほとんどは終わっています。　I the with assignment almost finish

確認テストⅡ

1 英文が日本文に合うように（　）に入る単語を枠内から選択しなさい。

across, for, before, along, into, off, through, after, around, within, against, among, about, including

(1) 私はどこでバスを降りればいいですか？

Where should I get（　　　　　　）the bus?

(2) 車に乗って。

Get（　　　　　　）the car.

(3) これは税込みでいくらですか？

How much is this（　　　　　）tax?

(4) 月は地球の周りを回っています。

The moon moves（　　　　　）the earth.

(5) 私たちは明後日東京に行く予定です。

We are going to Tokyo the day（　　　　　　）tomorrow.

(6) 彼はおととい大阪に着きました。

He arrived in Osaka the day（　　　　　）yesterday.

(7) 私は駅から徒歩10分圏内に住んでいます。

I live（　　　　　　）ten-minute walk of the station.

(8) その星は望遠鏡を通してでないと見れません。　※telescope [téləskòup] 望遠鏡

The star can only be seen（　　　　　）a telescope.

(9) 私達は次の歴史の授業で京都について勉強します。

We are going to study（　　　　　　）Kyoto in the next history class.

(10) 私の学校は郵便局の向かいにあります。

My school is（　　　　　）from a post office.

(11) それはちょうどこの道路沿いにあります。　※right [ráit] ちょうど

It's right（　　　　　）this street.

(12) この歌は若者の間で大変人気があります。

This song is very popular（　　　　　　）young people.

(13) 彼女はジャックの意見に反対していますが，私は賛成しています。

She is（　　　　　）Jack's opinion, but I am（　　　　　　）it.

11 英文が日本文と合うように( )内に入る英単語を答えなさい。ただし□には１つのアルファベットが入るものとする。

(1) 私はケーキよりフルーツが食べたいです。 ( ) ( )

I want to eat fruits (m□□□) (t□□□) cakes.

(2) 私は数学よりも科学が好きです。 ( ) ( )

I like science (b□□□□□) (t□□□) math.

(3) 私はすべての科目の中で歴史が一番好きです。 ( ) ( ) ( )

I like history the (b□□□) out (□□) all the subjects.

(4) これはあちらよりずっと高い。 ( ) ( )

This is much (m□□□) expensive (t□□□) that one.

(5) 私は思ったより早くここに着きました。 ( ) ( )

I got here (e□□□□□□) (t□□□) I thought.

(6) もっとゆっくり話してくれませんか？ ( ) ( )

Can you speak (m□□□) (s□□□□□) ,please?

(7) （私達の地域では）普段より雨が少ないです。 ( )

We have (l□□□) rain than usual.

(8) そのビデオカメラは私のものより２倍費用がかかります。 ( )

That video camera costs (t□□□□) as much as mine.

12 英文が日本語と合うように ( ) に適切な英単語を埋めなさい。

(1) ① 彼はクラスの中で一番うまくピアノを弾きます。

He plays the piano ( ) ( ) in my class.

② 彼はクラスのどの生徒よりもうまくピアノを弾きます。

He plays the piano ( ) ( ) ( ) other students in my class.

③ クラスで彼より上手にピアノを弾く人はいません。

( ) one in my class plays the piano ( ) well ( ) he does.

(2) ① 彼女がこの本を書きました。

She ( ) this book.

② この本は彼女によって書かれました。

This book ( ) ( ) ( ) ( ).

13 英文が日本文と合うように空欄を埋めなさい。

(1) 彼女はアンのお姉さんのサラです。

She is Ann's (　　　　　　) sister, Sarah.

(2) 彼は私のクラスの中で一番早く走ります。

He runs (　　　　　) (　　　　　　) in my class.

(3) 私は私の父と同じくらいの身長です。

I am (　　　　) (　　　　　) (　　　　　) my father.

(4) このTシャツでもっと小さいサイズはありますか？

Do you have this T-shirt in a (　　　　) size?

(5) サムは私より少しだけ背が高いです。

Sam is a (　　　　) (　　　　　) than me.

(6) 私は全ての動物の中で犬が一番好きです。

I like dogs (　　　　) (　　　　　) of all the animals.

(7) 一番人気のある料理はどれですか？

Which is (　　　　) (　　　　) (　　　　　) dish?

(8) この歌は多くの言語で歌われています。

This song (　　　　　) (　　　　　) in many languages.

(9) それは校則で定められています。

It (　　　　　) required (　　　　　) the school rules.

(10) このセーターは手洗いしなければいけません。　※hand-wash：手洗いする

This sweater must (　　　　　) hand-washed.

(11) トムはカナダで生まれました。

Tom (　　　　) (　　　　　) in Canada.

(12) この国では英語と中国語が話されています。

English and Chinese (　　　　　) (　　　　　) in this country.

(13) 彼はきっとこの映画で多くの人々に知られることになるでしょう。

He (　　　　) (　　　　　) (　　　　　) to many people by this movie.

14 次の英文を訳しなさい。

(1) This dictionary is not as useful as yours.

(2) Will you take him to the hospital as soon as possible?

(3) He is one year younger than me.

(4) This math question is not as difficult as it looks.

(5) She may be ten more minutes late.

(6) This cat is the smallest of the three.

(7) Canada is the second largest country in the world.

(8) My younger sister works as a nurse at a hospital.

(9) I'm finished with the assignment.

(10) Is this seat taken by someone?

(11) Am I allowed to take photos in the museum?

(12) What is this made of?　It is made of wood.

(13) Are you interested in Japanese comics?

11章 ‖ 現在完了Ⅰ

●この章で用いられる単語を覚えよう。

minute ［mínət / ミニトゥ］ 名 (時間の)分

an hour ［ən áuər / アン アウア］ 1時間

month ［mʌ́nθ / マンス］ 名 (暦の)月

year ［jíər / イア(ァ)］ 名 (暦の)年

busy ［bízi / ビズィ］ 形 忙しい

each other ［íːtʃ ʌ́ðər / イーチ アザ(ァ)］ お互いに

since ［síns / スィンス］ 前 〜以来ずっと

childhood ［tʃáildhùd / チャイルドゥフドゥ］ 名 子供の頃，幼少期

company ［kʌ́mpəni / カムパニ］ 名 会社，企業

Spanish ［spǽniʃ / スパニシュ］ 名 スペイン語，スペイン人

many years ［méni jíərz / メニ イア(ァ)ズ］ 長年，何年も

on the phone ［ɔn ðə fóun / オン ザ フォウン］ 電話中で

practice ［prǽktis / プラクティス］ 動 練習する

job ［dʒáb / ジャブ］ 名 仕事，職，任務

be interested in ［bí: íntərəstəd in / ビィ インタレスティドゥ イン］ 〜に興味がある

Australia ［ɔstréiljə / オストゥレイリャ］ 名 オーストラリア

college ［kálidʒ / カリジ］ 名 大学

since when ［síns hwén / スィンス ホウェン］ いつから

pain ［péin / ペイン］ 名 痛み

dead ［déd / デドゥ］ 形 死んでいる，枯れた

be married ［bí: mǽrid / ビィ マリイドゥ］ 結婚している

lately ［léitli / レイトリィ］ 副 最近，この頃

do great ［dú: gréit / ドゥー グレイトゥ］ いい調子である，活躍する

look for ［lúk fɔ́r / ルク フォァ］ 〜を探す

●左ページを隠して読みと意味を確認しよう。

- ☐ minute
- ☐ an hour
- ☐ month
- ☐ year
- ☐ busy
- ☐ each other
- ☐ since
- ☐ childhood
- ☐ company
- ☐ Spanish
- ☐ many years
- ☐ on the phone

- ☐ practice
- ☐ job
- ☐ be interested in
- ☐ Australia
- ☐ college
- ☐ since when
- ☐ pain
- ☐ dead
- ☐ be married
- ☐ lately
- ☐ do great
- ☐ look for

11
章

●現在完了の用法

　現在完了は，助動詞の have(has)と動詞の過去分詞を組み合わせる表現で，継続，経験，完了の用法がある。主語が3人称単数のときは have ではなく has が用いられ，主語がそれ以外の場合は have が用いられる。

■現在完了 ■
have(has) ＋ 過去分詞
●継続用法（この章で学習）
●経験用法（12章で学習）
●完了用法（13章で学習）
※過去分詞は巻末ページを
　参照して覚えること

●肯定文，否定文，疑問文の作り方

　　肯定文：主語 ＋ have ＋ 過去分詞
　　否定文：主語 ＋ haven't ＋ 過去分詞
　　疑問文：have ＋ 主語 ＋ 過去分詞　　答え方：Yes, 主語 have／No, 主語 haven't

●短縮形

　　have not = haven't [hǽvnt]　　has not = hasn't [hǽznt]
　　I have = I've [àiv]　　　we have = we've [wiv]　　　they have = they've [ðéiv]
　　he has = he's [hi:z]　　she has = she's [ʃi:z]

!注意 I have not の短縮形は I've not／I haven't のどちらも使われる

●継続用法

　継続用法は「ある期間に状態，習慣，動作が継続していて，今もなお継続している」という表現で，「ずっと～している」と訳される。この用法では特に for（～の間），since（～以来）の副詞句を伴うことが多い。また，動作や習慣が今もなお進行していることを強調したい場合は，現在完了進行形（have＋been＋～ing）で表される。

例1　We have known each other since childhood.　私達は子供のころからの知り合いです。

例2　I have lived here for three years.　私は3年間ずっとここに住んでいます。

例3　He has worked at this company since last year.
　　　彼は去年からずっとこの会社で働いています。

例4　She has been playing the piano since she was four years old.
　　　彼女は4歳の頃からずっとピアノを弾いています。

　基本的に状態動詞が現在完了形になる場合は継続用法となり，be, know, like, love, think, want, believe などの状態動詞は通常現在完了進行形にしない。ただし live や work など習慣を表す動詞は現在完了形，現在完了進行形のどちらも用いられる。

　動作動詞は現在完了形，現在完了進行形のどちらにも用いられ，意味自体はあまり変わらなかったり，状況によって使い分けられたりすることがある。

　① I have been learning Spanish for two years.

　② I have learned Spanish for two years.

　①は継続用法にしかならず，「私は2年間スペイン語を習ってきました。（今も習っている）」という意味になる。

　②は継続用法としても，後で学習する完了用法としても用いられ，継続用法の場合は①と同じ意味になるが，完了用法の場合は完了した結果が目の前にあることに焦点が当てられ，「私は2年間スペイン語を習ってきました。（習うことが完了して今は習っていない）」という意味になる。

11章

したがって，はっきりと今も動作や習慣が継続している場合は①のように現在完了進行形で表現するほうがよい。

🎧 次の英文の読み書きの練習，及びリスニングの練習をしなさい。

1 I have lived in London for two years.　私はロンドンに2年間住んでいます。

2 We haven't seen him for many years.　私達は彼に何年も会っていません。

3 We have been waiting for an hour.　私達は1時間ずっと待っています。

4 I'm sorry, I'm late. Have you been waiting　ごめんなさい，遅れてしまって。結構待ちましたか？
for long?　No, I haven't.　　　　　　いいえ，そうでもないです。

5 We've been busy since last week.　私達は先週からずっと忙しいです。

6 She has practiced judo since she　彼女は6歳の頃から柔道を練習しています。
was six years old.

7 Jack hasn't come to school since last week.　ジャックは先週から学校に来ていません。

8 I've wanted to meet you for a long time.　私は長い間ずっとあなたにお会いしたいと思って
いました。

9 I've been interested in the job　私は小さいころからずっとその仕事に興味があります。
since I was small.

10 I've known her for twenty years.　私は彼女とは20年来の知合いです。

11 He's been in Australia since he was five.　彼は5歳の時からずっとオーストラリアにいます。

12 I have been going to college since April.　私は4月から大学に通っています。

13 She has been talking on the phone for 30 minutes.　彼女は30分ずっと電話で話しています。

14 Ann has been working there for eight years.　アンはそこで8年間働いています。

15 I've been looking for a book with this title,　私はずっとこのタイトルの本を探している
but I can't find it.　　　　　　　　　　のですが，見つかりません。

16 Has it been snowing since yesterday?　昨日からずっと雪が降っているのですか？
Yes, it has.　　　　　　　　　　　　はい，そうです。

17 How long have you been staying there?　あなたはそこにどれくらい滞在しているのですか？
For five days.　　　　　　　　　　　5日間です。

18 Since when has he lived here?　彼はいつからここに住んでいるのですか？
Since last month.　　　　　　　先月からです。

19 How long have you been learning　あなたはどれくらいの期間英語を習っていますか？
English?　For five years.　　　　5年間です。

20 Since when have you had that pain?　あなたはいつからその痛みがありますか？
Since this Thursday.　　　　　　　　今週の木曜日からです。

21 He has been dead for three years.　彼が亡くなって3年になります。

22 They have been married for two months.　彼らは結婚して2カ月になります。

23 How have you been lately?　最近あなたはどうしていましたか？
I have been doing great.　　　私は元気にしていますよ。

★ 章 末 問 題 Ⓐ ★

日本文に合うように英単語を並べ替えなさい。

1 私はロンドンに 2 年間住んでいます。　in for I lived years have two London

---

2 私達は彼に何年も会っていません。　for him we haven't seen years many

---

3 私達は 1 時間ずっと待っています。　an have for we been hour waiting

---

4 ごめんなさい，遅れてしまって。結構待ちましたか？　いいえ，そうでもないです。
I'm I'm I you for no sorry late have haven't been long waiting

---

5 私達は先週からずっと忙しいです。　week we've busy been last since

---

6 彼女は 6 歳の頃から柔道を練習しています。
was six she she has years since judo old practiced

---

7 ジャックは先週から学校に来ていません。　to hasn't Jack since week last school come

---

8 私は長い間ずっとあなたにお会いしたいと思っていました。
a to for you I've long time meet wanted

---

9 私は小さいころからずっとその仕事に興味があります。
I I've been the in was job interested small since

---

10 私は彼女とは 20 年来の知合いです。　for her I've known years twenty

---

11 彼は 5 歳の時からずっとオーストラリアにいます。　was in he's he been five since Australia

---

12 私は 4 月から大学に通っています。　to I been have college going since April

---

13 彼女は 30 分ずっと電話で話しています。 been has on for the she 30 phone minutes talking

---

14 アンはそこで 8 年間働いています。　for has Ann working been there years eight

---

15 私はずっとこのタイトルの本を探しているのですが，見つかりません。
a it I I've for but find been can't this book with title looking

---

16 昨日からずっと雪が降っているのですか？　はい，そうです。
it it has has since yes been yesterday snowing

---

17 あなたはそこにどれくらい滞在しているのですか？　5 日間です。
for how five you have long been there days. staying

---

18 彼はいつからここに住んでいるのですか？　先月からです。
he since since last has month lived here when

---

19 あなたはどれくらいの期間英語を習っていますか？　5 年間です。
for how five been long you have English years learning

---

20 あなたはいつからその痛みがありますか？　今週の木曜日からです。
since since had have you when pain this that Thursday

---

21 彼が亡くなって 3 年になります。　for has he dead years been three

---

22 彼らは結婚して 2 カ月になります。　two for have they been months married

---

23 最近あなたはどうしていましたか？　been have how lately you
私は元気にしていますよ。　I doing been great have

● ★ 章 末 問 題 B ★ ●

日本文に合うように英単語を並べ替えなさい。

1 私はロンドンに 2 年間住んでいます。　in for I lived years have two London

2 私達は彼に何年も会っていません。　for him we haven't seen years many

3 私達は 1 時間ずっと待っています。　an have for we been hour waiting

4 ごめんなさい，遅れてしまって。結構待ちましたか？　いいえ，そうでもないです。
I'm I'm I you for no sorry late have haven't been long waiting

5 私達は先週からずっと忙しいです。　week we've busy been last since

6 彼女は 6 歳の頃から柔道を練習しています。
was six she she has years since judo old practiced

7 ジャックは先週から学校に来ていません。　to hasn't Jack since week last school come

8 私は長い間ずっとあなたにお会いしたいと思っていました。
a to for you I've long time meet wanted

9 私は小さいころからずっとその仕事に興味があります。
I I've been the in was job interested small since

10 私は彼女とは 20 年来の知合いです。　for her I've known years twenty

11 彼は 5 歳の時からずっとオーストラリアにいます。　was in he's he been five since Australia

12 私は 4 月から大学に通っています。　to I been have college going since April

11章

13 彼女は 30 分ずっと電話で話しています。been has on for the she 30 phone minutes talking

14 アンはそこで 8 年間働いています。　for has Ann working been there years eight

15 私はずっとこのタイトルの本を探しているのですが，見つかりません。
a it I I've for but find been can't this book with title looking

16 昨日からずっと雪が降っているのですか？　はい，そうです。
it it has has since yes been yesterday snowing

17 あなたはそこにどれくらい滞在しているのですか？　5 日間です。
for how five you have long been there days. staying

18 彼はいつからここに住んでいるのですか？　先月からです。
he since since last has month lived here when

19 あなたはどれくらいの期間英語を習っていますか？　5 年間です。
for how five been long you have English years learning

20 あなたはいつからその痛みがありますか？　今週の木曜日からです。
since since had have you when pain this that Thursday

21 彼が亡くなって 3 年になります。　for has he dead years been three

22 彼らは結婚して 2 カ月になります。　two for have they been months married

23 最近あなたはどうしていましたか？　been have how lately you
私は元気にしていますよ。　I doing been great have

12章 | 現在完了Ⅱ

●この章で用いられる単語を覚えよう。

once ［wʌ́ns / ワンス］ 副 1度, 一旦

twice ［twáis / トゥワイス］ 副 2回, 2度

X times ［X táimz / X タイムズ］ X回

ever ［évər / エヴァ(ァ)］ 副 1度でも

never ［névər / ネヴァ(ァ)］ 副 決して～ない

bungee jumping ［bʌ́ndʒi dʒʌ́mpiŋ / ヴァンジージャンピング］ バンジージャンプ

ride ［ráid / ライドゥ］ 動 乗りこなす, 走らせる, 乗客として乗る

truck ［trʌ́k / トゥラク］ 名 貨物自動車, トラック, 運搬車

a few times ［ə fjú: táimz / ア フュー タイムズ］ 数回

have been to ［həv bín tú: / ハヴ ビン トゥー］ ～に行ったことがある

art ［árt / アートゥ］ 名 芸術, 美術

before ［bifɔ́r / ビフォァ］ 副 以前に

horse ［hɔ́rs / ホース］ 名 馬

sea ［sí: / スィー］ 名 海, 海辺, 海岸

place ［pléis / プレイス］ 名 場所, 地域, 土地, 立場

Italy ［ítəli / イタリィ］ 名 イタリア

how many times ［háu méni táimz / ハウ メニィ タイムズ］ 何回, 何度

how often ［háu ɔ́fən / ハウ オファン］ どれくらいの頻度で

what kind of ［hwʌ́t káind əv / ホワトゥ カインドゥ オヴ］ どういった, どういう

flight ［fláit / フライトゥ］ 名 飛行, 航空便

take a flight ［téik ə fláit / テイク ア フライトゥ］ 航空便を利用する

●左ページを隠して読みと意味を確認しよう。

- [ ] once
- [ ] twice
- [ ] X times
- [ ] ever
- [ ] never
- [ ] bungee jumping
- [ ] ride
- [ ] truck
- [ ] a few times
- [ ] have been to
- [ ] art

- [ ] before
- [ ] horse
- [ ] sea
- [ ] place
- [ ] Italy
- [ ] how many times
- [ ] how often
- [ ] what kind of
- [ ] flight
- [ ] take a flight

●経験用法

　経験用法は「**ある経験を現在持っている**」という現在に焦点が当てられる表現で，「〜したことがある」と訳される。この用法では ever（1度でも），never（1度も〜ない），before（以前に，今までに），once（1度），twice／two times（2度），three times（3度）などの副詞を伴うことが多い。ever, never は動詞の直前に置き，それ以外は文末に置くのが普通。

●ever は強調語

　現在完了で使われる ever は「1度でも」という意味の強調語であり，特に訳さなくても問題ない。また現在完了では疑問文で使うのが普通であり，肯定文では使われない。否定文の not〜ever は never と同じ意味であり，never を使うほうが普通である。

例1　I have taken a flight twice.　私は飛行機に2回乗ったことがあります。

例2　She has never taken a flight.　彼女は一度も飛行機に乗ったことがありません。

例3　Has Jack ever taken a flight?　ジャックは今までに飛行機に乗ったことがありますか？
　　　Yes, he has. はい，あります。／　No, he hasn't.　いいえ，ありません。

例4　I have met her before.　私は以前に彼女と会ったことがあります。

例5　Mike has never met her.　マイクは一度も彼女に会ったことがありません。

例6　Have you ever met her?　彼女と会ったことはありますか？
　　　Yes, I have.　はい，あります。／　No, I haven't.　いいえ，ありません。

●have been to 〜「〜に行ったことがある」

例7　Lucy has been to Tokyo once.　ルーシーは1度東京に行ったことがあります。

!注意　here や there は副詞であるので to は不要

例8　Have you ever <u>been there</u> before?　あなたは以前にそこに行ったことがありますか？

●How many times〜「何回〜」

例9　How many times have you taken a flight?
　　　あなたは何回飛行機に乗ったことがありますか？

🎧 次の英文の読み書きの練習，及びリスニングの練習をしなさい。

1 I have tried bungee jumping once.　私は1度バンジージャンプに挑戦したことがあります。

2 We have climbed Mt. Fuji before.　私達は以前に富士山に登ったことがあります。

3 She has ridden a horse many times.　彼女は何度も馬に乗ったことがあります。

4 Have you ever had Sushi in Japan?　あなたは日本で寿司を食べたことがありますか？
　　No, I haven't.　　　　　　　　　　いいえ，ありません。

5 Have they ever tried okonomiyaki?　彼らはお好み焼きは食べたことがありますか？
　　Yes, they have.　　　　　　　　　はい，あります。

6 Have we met before?　以前にお会いしたことがありますでしょうか？

7 Have you heard of takoyaki?　たこ焼きって聞いたことがありますか？

8 Have you ever sung this song?　あなた達はこの歌を歌ったことがありますか？
　　No, we haven't.　　　　　　　　　いいえ，ありません。

9 I have never driven a truck.　私はトラックを運転したことが1度もありません。

10 I have met the man twice.　私はその男の人に2回会ったことがあります。

11 He has been to Kyoto a few times.　彼は数回京都に行ったことがあります。

12 I have never taken a flight.　私は飛行機に乗ったことが1度もありません。

13 I have drunk that once before.　私は以前にそれを1度だけ飲んだことがあります。

14 Have you ever been to Australia?　あなたは今までにオーストラリアに行ったことがありますか？
　　No, I haven't.　　　　　　　　　　いいえ，ありません。

15 Have you ever played golf?　あなたは1度でもゴルフをしたことがありますか？
　　Yes, I often play it.　　　　　　はい，私はよくゴルフをしています。

16 She has never swum in the sea.　彼女は1度も海で泳いだことがありません。

17 Has Brian ever visited the place?　ブライアンはその場所を訪ねたことはありますか？
　　Yes, he has.　　　　　　　　　　はい，あります。

18 We have eaten that many times.　私達はそれを何度も食べたことがあります。

19 I've seen it on TV before.　私は以前にそれをテレビで見たことがあります。

20 My sister has been to Italy to study art.　私の姉はアートを学ぶためイタリアに行った
　　　　　　　　　　　　　　　　　　　　　　　　　　　　ことがあります。

21 How many times have you visited Japan?　日本には何回来たことがありますか？

22 I've been there three times.　3回そこに行ったことがあります。

23 What kind of job have you ever had?　あなたは今までにどんな仕事に就いたことが
　　　　　　　　　　　　　　　　　　　　　　　　　　　　　ありますか？

24 What kind of Japanese food　あなたはどんな日本食を食べたことがありますか？
　　have you eaten?

12
章

● ★ 章 末 問 題 Ⓐ ★ ●

日本文に合うように英単語を並べ替えなさい。

1 私は1度バンジージャンプに挑戦したことがあります。　tried I bungee jumping have once

2 私達は以前に富士山に登ったことがあります。　climbed have before we Mt. Fuji

3 彼女は何度も馬に乗ったことがあります。　a has she horse times ridden many

4 あなたは日本で寿司を食べたことがありますか？　いいえ，ありません。
you I ever no in have had haven't Sushi Japan

5 彼らはお好み焼きは食べたことがありますか？　はい，あります。
yes they they have have ever tried okonomiyaki

6 以前にお会いしたことがありますでしょうか？　met have before we

7 たこ焼きって聞いたことがありますか？　of you heard have takoyaki

8 あなた達はこの歌を歌ったことがありますか？　いいえ，ありません。
this we you no sung song have haven't ever

9 私はトラックを運転したことが1度もありません。　a I driven never have truck

10 私はその男の人に2回会ったことがあります。　the I met have twice man

11 彼は数回京都に行ったことがあります。　to a few times has he been Kyoto

12 私は飛行機に乗ったことが1度もありません。　a I flight taken have never

13 私は以前にそれを1度だけ飲んだことがあります。　I that drunk have before once

14 あなたは今までにオーストラリアに行ったことがありますか？　いいえ，ありません。
I you to no have haven't been ever Australia

15 あなたは1度でもゴルフをしたことがありますか？　you ever have golf played
はい，私はよくゴルフをしています。　I it play often yes

16 彼女は1度も海で泳いだことがありません。　the in sea swum she never has

17 ブライアンはその場所を訪ねたことはありますか？　はい，あります。
yes the he has has place ever Brian visited

18 私達はそれを何度も食べたことがあります。　that have times we many eaten

19 私は以前にそれをテレビで見たことがあります。　on it TV I've before seen

20 私の姉はアートを学ぶためイタリアに行ったことがあります。
to to has my art sister study been Italy

21 日本には何回来たことがありますか？　you times have how visited many Japan

22 私は3回そこに行ったことがあります。　been there times I've three

23 あなたは今までにどんな仕事に就いたことがありますか？
of have had job what you kind ever

24 あなたは今までにどんな日本食を食べたことがありますか？
eaten have you of what ever kind food Japanese

● ★ 章 末 問 題 Ⓑ ★

日本文に合うように英単語を並べ替えなさい。ただし動詞は必要に応じて適切な形に直すこと。

1 私は１度バンジージャンプに挑戦したことがあります。　try I bungee jumping have once

2 私達は以前に富士山に登ったことがあります。　climb have before we Mt. Fuji

3 彼女は何度も馬に乗ったことがあります。　a has she horse times ride many

4 あなたは日本で寿司を食べたことがありますか？　いいえ，ありません。
you I ever no in have have haven't Sushi Japan

5 彼らはお好み焼きは食べたことがありますか？　はい，あります。
yes they they have have ever try okonomiyaki

6 以前にお会いしたことがありますでしょうか？　meet have before we

7 たこ焼きって聞いたことがありますか？　of you hear have takoyaki

8 あなた達はこの歌を歌ったことがありますか？　いいえ，ありません。
this we you no sing song have haven't ever

9 私はトラックを運転したことが１度もありません。　a I drive never have truck

10 私はその男の人に２回会ったことがあります。　the I meet have twice man

11 彼は数回京都に行ったことがあります。　to a few times has he be Kyoto

12 私は飛行機に乗ったことが１度もありません。　a I flight take have never

13 私は以前にそれを1度だけ飲んだことがあります。 I that drink have before once

14 あなたは今までにオーストラリアに行ったことがありますか？ いいえ，ありません。
I you to no have haven't be ever Australia

15 あなたは1度でもゴルフをしたことがありますか？ you ever have golf play
はい，私はよくゴルフをしています。 I it play often yes

16 彼女は1度も海で泳いだことがありません。 the in sea swim she never has

17 ブライアンはその場所を訪ねたことはありますか？ はい，あります。
yes the he has has place ever Brian visit

18 私達はそれを何度も食べたことがあります。 that have times we many eat

19 私は以前にそれをテレビで見たことがあります。 on it TV I've before see

20 私の姉はアートを学ぶためイタリアに行ったことがあります。
to to has my art sister study be Italy

21 日本には何回来たことがありますか？ you times have how visit many Japan

22 私は3回そこに行ったことがあります。 be there times I've three

23 あなたは今までにどんな仕事に就いたことがありますか？
of have have job what you kind ever

24 あなたは今までにどんな日本食を食べたことがありますか？
eat have you of what ever kind food Japanese

13章 ‖‖ 現在完了Ⅲ

●この章で用いられる単語を覚えよう。

just ［ dʒʌ́st / ジャストゥ ］ 副 ちょうど，〜だけ

already ［ ɔlrédi / オルレディ ］ 副 すでに

yet ［ jét / イェトゥ ］ 副 まだ〜ない，すでに

arrive ［ əráiv / アライヴ ］ 動 到着する，着く，届く，着信する

come back from ［ kʌ́m bǽk frəm / カム バク フラム ］ 〜から戻る

Hawaii ［ həwáii / ハワイ ］ 名 ハワイ

feed ［ fíːd / フィードゥ ］ 動 〜に食物を与える

fed ［ féd / フェドゥ ］ 動 feed の過去・過去分詞形

get over ［ gét óuvər / ゲトゥ オウヴァ(ァ) ］ 克服する，治る，乗り越える

cold ［ kəuld / カウルドゥ ］ 名 風邪

forget ［ fərgét / フォ(-)ゲトゥ ］ 動 〜を忘れる，〜を思い出せない

cherry blossom ［ tʃéri blásəm / チェリィ ブラサム ］ 桜の花

earthquake ［ ə́r θ kwèik / アースクウェイク ］ 名 地震

dish ［ díʃ / ディシュ ］ 名 皿，食器，(皿に盛られた)料理

recommend ［ rèkəménd / レコメンドゥ ］ 動 薦める

credit card ［ krédit kárd / クレディトゥ カードゥ ］ クレジットカード

movie ［ múːvi / ムーヴィー ］ 副 映画

head out ［ héd áut / ヘッドゥ アウトゥ ］ 出発する

bloom ［ blúːm / ブルーム ］ 動 咲く，開花する

hungry ［ hʌ́ŋgri / ハングリィ ］ 形 空腹な

water ［ wátər / ワタァ ］ 動 水をやる

have got to ［ həv gát túː / ハヴ ガトゥ トゥー ］ 〜しなければならない

hear from ［ hír frəm / ヒァ フラム ］ 〜から連絡をもらう

by the way ［ bái ðə wéi / バイ ザ ウェイ ］ ところで

lose ［ lúz / ルズ ］ 動 失う，なくす，負ける

lost ［ lóst / ロストゥ ］ 動 lose の過去・過去分詞形

pass ［ pǽs / パス ］ 動 経過する，通る，合格する

order ［ ɔ́rdər / オーダァ ］ 動 注文する

decide ［ disáid / ディサイドゥ ］ 動 決める，決心する

decide on A ［ disáid ɔn / ディサイドゥ オン ］ A（物）に決める

have been to ［ həv bín túː / ハヴ ビントゥー ］ 〜に行ってきたところ，〜に行ったことがある

great ［ gréit / グレイトゥ ］ 形 (程度が)大きい，偉大な，素晴らしい

●左ページを隠して読みと意味を確認しよう。

- [ ] just
- [ ] already
- [ ] yet
- [ ] arrive
- [ ] come back from
- [ ] Hawaii
- [ ] feed
- [ ] fed
- [ ] get over
- [ ] cold
- [ ] forget
- [ ] cherry blossom
- [ ] earthquake
- [ ] dish
- [ ] recommend
- [ ] credit card

- [ ] movie
- [ ] head out
- [ ] bloom
- [ ] hungry
- [ ] water
- [ ] have got to
- [ ] hear from
- [ ] by the way
- [ ] lose
- [ ] lost
- [ ] pass
- [ ] order
- [ ] decide
- [ ] decide on A
- [ ] have been to
- [ ] great

13章

●完了用法

　完了用法は，「何かが完了した結果が現在あるかどうか」に焦点(しょうてん)が当てられる表現で，「ちょうど 〜したばかり」「もう〜してしまった」などと訳される。この用法では just（ちょうど），already （もうすでに），yet（もうすでに…？／まだ〜ない）といった副詞と一緒に用いられることが多い。 一般に just と already は動詞の直前に置かれ，yet は文末に置かれる。ただし already は文末に置 くこともあり，この場合はくだけた表現になる。

●already と yet の違い

	already	yet
肯定文	すでに，もう	いまだに，なお＝still
否定文	－	まだ〜していない
疑問文	（驚き・意外を表して）もう〜したのですか？	もう〜しましたか？

例1　I have just moved here.　私はここに引っ越してきたばかりです。

例2　I have already seen the movie.　私はもうその映画を見ました。

例3　I haven't seen the movie yet.　私はまだその映画を見ていません。

例4　Have you seen the movie yet?　あなたはもうその映画を見ましたか？

　　　Yes, I have. はい，見ました。／ No, I haven't. いいえ，まだです。

例5　Has he left home already?　彼はもう家を出てしまったのですか？（驚き・意外）

●現在完了には過去を表す副詞，副詞節，副詞句を入れることができない

　現在完了はどのような用法でも現在に焦点がある表現である。

　　　継続用法：現在動作・習慣が続いているかどうかに焦点がある

　　　経験用法：現在経験を持っているかどうかに焦点がある

　　　完了用法：現在結論が達しているかどうかに焦点がある

　したがって，過去を表す副詞（節，句）を一緒に用いることができない。

　　　×I have read the book yesterday.

　　　→私は昨日，その本を（今）読み終えたところです。？？？

　　　×He has left home when I went to his house.

　　　→私が彼の家に行ったとき，彼は（今はもう）家を出発してしまいました。？？？

●現在完了と現在形と過去形との比較

①He goes to school by bus.　彼は（普段）バスで学校に行きます。

　　→現在形なので普段の習慣を表す

②He went to school by bus.　彼はバスで学校へ行きました。

　　→過去形なので単に過去の事実を述べている

③He has gone to school by bus.　彼はバスで学校へ行ってしまいました。

　　→現在完了形なので，学校へ行ったという状況が今ある。つまり会話をしている場所に彼はも ういないことが推測される。

●have been to の２つの意味

　have been to〜完了用法では「〜に行って
きたところだ」という意味になる。

① 「〜に行ったことがある」（経験用法）
② 「〜に行ってきたところだ」（完了用法）

例 I have just been to her office.　私はちょうど彼女のオフィスに行ってきたところです。

🎧 次の英文の読み書きの練習，及びリスニングの練習をしなさい。

1 We have already had lunch.　私達はもう昼食をとりました。

2 He has just headed out for work.　彼はちょうど今仕事に行ってしまいました。

3 The train hasn't arrived yet.　電車はまだ到着していません。

4 Have you eaten dinner yet?　あなたはもう夕食を食べましたか？

5 I haven't decided yet.　私はまだ決めていません。

6 I haven't got your email.　私はあなたの電子メールを受信できていません。

7 She has just come back from Hawaii.　彼女はちょうどハワイから帰ってきたところです。

8 I have been to the post office.　私は郵便局に行ってきたところです。

9 Have you fed the cat yet?　猫に餌はもうやりましたか？

10 I haven't got over this cold yet.　私のこの風邪はまだ治っていません。

11 Have you forgotten your password?　あなたはパスワードを忘れてしまいましたか？

12 You have got slimmer.　あなたは痩せましたね。

13 It's been a long time.　久しぶりですね。

14 In Japan, cherry blossoms have begun to bloom.　日本では桜が咲き始めています。

15 I haven't got hungry yet.　私はまだおなかが減っていません。

16 Has it stopped raining yet?　Yes, it has.　雨はもうやみましたか？　はい，やみました。

17 Have you finished watering the flowers?　花にはもう水をやり終えましたか？

18 Sorry, I've got to go now.　ごめんなさい，私はもう行かなくてはいけません。

19 By the way, have you heard from Fred lately?　ところで最近フレッドから連絡はあり
ましたか？

20 I'm calling because I've lost my credit card.　私はクレジットカードを無くしてしまったので
お電話しています。

21 Six months have passed since I came here.　私がここへ来て６カ月が経ちました。

22 Who has broken this dish?　誰がこのお皿を壊したのですか？

23 What have you ordered?　I haven't yet.　何を注文したのですか？　まだ注文していません。

24 Where have you been?　　どこへ行って来たのですか？
　I've been to Emily's home.　エミリーの家に行ってきたところです。

25 Have you decided on your order?　　ご注文はお決まりですか？
　No, I haven't. What do you recommend?　いいえまだです。おすすめは何ですか？

26 There has been a great earthquake here.　さっきここで大きい地震がありました。

★ 章 末 問 題 A ★

日本文に合うように英単語を並べ替えなさい。ただし(　)内の語は文頭に来るものとする。

1 私達はもう昼食をとりました。　had have already lunch we

2 彼はちょうど今仕事に行ってしまいました。　out for has he just work headed

3 電車はまだ到着していません。　the yet hasn't train arrived

4 あなたはもう夕食を食べましたか？　you have dinner yet eaten

5 私はまだ決めていません。　I yet decided haven't

6 私はあなたの電子メールを受信できていません。　I got your haven't email

7 彼女はちょうどハワイから帰ってきたところです。　from she back just has come Hawaii

8 私は郵便局に行ってきたところです。　I the to have post office been

9 猫に餌はもうやりましたか？　the yet fed have cat you

10 私のこの風邪はまだ治っていません。　I got haven't yet over this cold

11 あなたはパスワードを忘れてしまいましたか？　you your have password forgotten

12 あなたは痩せましたね。　got you slimmer have

13 久しぶりですね。　a it's long time been

14 日本では桜が咲き始めています。(in) to have cherry begun bloom blossoms Japan

15 私はまだおなかが減っていません。　I haven't yet hungry got

16 雨はもうやみましたか？　はい，やみました。　it it has has yes yet stopped raining

17 花にはもう水をやり終えましたか？　the have watering you flowers finished

18 ごめんなさい，私はもう行かなくてはいけません。　(sorry) go got to now I've

19 ところで最近フレッドから連絡はありましたか？
the from by you way have lately Fred heard

20 私はクレジットカードを無くしてしまったのでお電話しています。
(I'm) I've my credit calling card because lost

21 私がここへ来て6カ月が経ちました。　I came passed here months since have six

22 誰がこのお皿を壊したのですか？　has who dish broken this

23 何を注文したのですか？　まだ注文していません。　I you have haven't ordered yet what

24 どこへ行って来たのですか？　have where been you
エミリーの家に行ってきたところです。　to been home I've Emily's

25 ご注文はお決まりですか？　on you your have order decided
いいえまだです。おすすめは何ですか？　do no you I what haven't recommend

26 さっきここで大きい地震がありました。　a here there been has great earthquake

● ★ 章 末 問 題 Ⓑ ★

日本文に合うように英単語を並べ替えなさい。ただし(　)内の語は文頭に来るものとする。また，
必要に応じて have, has, haven't, hasn't を補うこと。

1 私達はもう昼食をとりました。　had already lunch we

2 彼はちょうど今仕事に行ってしまいました。　out for he just work headed

3 電車はまだ到着していません。　the yet train arrived

4 あなたはもう夕食を食べましたか？　you dinner yet eaten

5 私はまだ決めていません。　I yet decided

6 私はあなたの電子メールを受信できていません。　I got your email have

7 彼女はちょうどハワイから帰ってきたところです。　from she back just come Hawaii

8 私は郵便局に行ってきたところです。　I the to post office been

9 猫に餌はもうやりましたか？　the yet fed cat you

10 私のこの風邪はまだ治っていません。　I got yet over this cold

11 あなたはパスワードを忘れてしまいましたか？　you your password forgotten

12 あなたは痩せましたね。　got you slimmer have

13 久しぶりですね。　a it's long time been

14 日本では桜が咲き始めています。(in) to cherry begun bloom blossoms Japan

15 私はまだおなかが減っていません。 I yet hungry got

16 雨はもうやみましたか？　はい，やみました。 it it yes yet stopped raining

17 花にはもう水をやり終えましたか？ the watering you flowers finished

18 ごめんなさい，私はもう行かなくてはいけません。 (sorry) go got to now I've

19 ところで最近フレッドから連絡はありましたか？
the from by you way lately Fred heard

20 私はクレジットカードを無くしてしまったのでお電話しています。
(I'm) I've my credit calling card because lost

21 私がここへ来て6カ月が経ちました。 I came passed here months since six

22 誰がこのお皿を壊したのですか？ who dish broken this

23 何を注文したのですか？　まだ注文していません。 I you ordered yet what

24 どこへ行って来たのですか？ where been you
エミリーの家に行ってきたところです。 to been home I've Emily's

25 ご注文はお決まりですか？ on you your have order decided
いいえまだです。おすすめは何ですか？ do no you I what recommend

26 さっきここで大きい地震がありました。 a here there been great earthquake

14章 ||| 動詞の応用

●この章で用いられる単語を覚えよう。

name ［néim / ネイム］ 動 名付ける

question ［kwéstʃən / クウェスチョン］ 名 質問，疑問，問い

slowly ［slóuli / スロウリィ］ 副 ゆっくり

sad ［sǽd / サドゥ］ 形 悲しんで

carry ［kǽri / キャリィ］ 動 〜を(持ち)運ぶ

turn on ［tə́rn ɔn / ターン オン］ スイッチを入れる，栓を開ける

turn in ［tə́rn in / ターン イン］ 〜を提出する

fan ［fǽn / ファン］ 名 扇風機

do the laundry ［du ðə lɔ́ndri / ドゥー ザ ロンドゥリ］ 洗濯をする

ambulance ［ǽmbjuləns / アムビュランス］ 名 救急車

angry ［ǽŋgri / アングリィ］ 形 腹を立てて，立腹して，怒って

air conditioner ［er kəndíʃənər / エア コンディショナ(ァ)］ エアコン

volunteer ［vàləntír / ヴァランティア］ 名 ボランティア

join ［dʒɔ́in / ジョイン］ 動 加わる，参加する

crane ［kréin / クレイン］ 名 鶴

make oneself at home ［méik wʌnsélf ət hóum / メイク ワンセルフ アトゥ ホウム］ 気軽にする，くつろぐ

medium ［mí:diəm / ミーディアム］ 形 中位の，中間の

rare ［réər / レア］ 形 生の，まれな

automobile ［ɔ̀təməbíl / オタマビゥ］ 名 自動車

technician ［tekníʃən / テクニシャン］ 名 技術者，整備士

sometimes ［sʌ́mtàimz / サムタイムズ］ 副 時々

sign ［sain / サイン］ 動 署名する

medicine ［médəsn / メディスン］ 名 薬，医薬，薬剤

sleepy ［slí:pi / スリーピィ］ 形 眠い

tidy ［táidi / タイディ］ 形 整然とした，こぎれいな

leave ~ alone ［lí:v əlóun / リーヴ アロウン］ 〜を独りにしておく

workbook ［wə́:kbùk / ワークブック］ 名 （練習用）問題集

puppy ［pʌ́pi / パピィ］ 名 子犬

kitten ［kítn / キトゥン］ 名 子猫

tube ［tjúb / トゥブ］ 名 管，地下鉄

sunflower ［sʌ́nflàuər / サンフラワ(ァ)］ 名 ヒマワリ

giraffe ［dʒərǽf / ジラフ］ 名 キリン

ask ［ǽsk / アスク］ 動 〜を尋ねる，質問する

check ［tʃék / チェク］ 動 検査する，チェックする

bookshop ［búkʃàp / ブックシャプ］ 名 書店

paper ［péipər / ペイパー］ 名 紙，新聞，書類，論文，レポート

shutter ［ʃʌ́tər / シャッタ(ァ)］ 名 シャッター，雨戸

right away ［ráit əwéi / ライトゥ アウェイ］ 今すぐ，ただちに

injure ［índʒər / インジャ(ァ)］ 動 〜を傷つける，痛める，苦しめる，悲しませる

●左ページを隠して読みと意味を確認しよう。

- [ ] name
- [ ] question
- [ ] slowly
- [ ] sad
- [ ] carry
- [ ] turn on
- [ ] turn in
- [ ] fan
- [ ] do the laundry
- [ ] ambulance
- [ ] angry
- [ ] air conditioner
- [ ] volunteer
- [ ] join
- [ ] crane
- [ ] make oneself at home
- [ ] medium
- [ ] rare
- [ ] automobile
- [ ] technician

- [ ] sometimes
- [ ] sign
- [ ] medicine
- [ ] sleepy
- [ ] tidy
- [ ] leave ~ alone
- [ ] workbook
- [ ] puppy
- [ ] kitten
- [ ] tube
- [ ] sunflower
- [ ] giraffe
- [ ] ask
- [ ] check
- [ ] bookshop
- [ ] paper
- [ ] shutter
- [ ] right away
- [ ] injure

14章

●動詞＋目的語＋補語（SVOC）

〔動詞＋目的語＋補語〕の形の文型は（目的語＝補語）の関係が成り立つ。この文型をとることができる動詞は次のようなものがある。

call A B	AをBと呼ぶ	name A B	AをBと名付ける
keep A B	AをB（の状態）に保つ	make A B	AをB（の状態）にする（させる）
leave A B	AをBのまま放置する	find A B	AがBであると（経験して）わかる
get A B	AをB（の状態）にする	like A B	AはBであるのが好き

例1 Call me Jim.　僕のことはジムと呼んでね。

例2 I named my dog Noah.　私は私の犬を「ノア」と名付けました。

例3 Keep your room clean.　自分の部屋はきれいにしておきなさい。

例4 The news made us sad.　そのニュースは私たちを悲しくさせました。

例5 Leave me alone.　私のことはほっといて。

例6 I found the question easy.　私はその問題は簡単だとわかりました。

!注意 「動詞＋人＋（物・事）」の場合は「何かを与える」という構文であることに注意する。

例7 She made us dinner.　彼女は私達に夕食を作ってくれました。

●動詞 人 to do

「動詞＋人＋to 動詞」は人に何かをはたらきかける表現で，この構文をとることができる動詞は下のようなものがある。

tell 人 to do	～に…するように言う（命令する）
ask 人 to do	～に…するように頼む（お願いする）
help 人 (to) do	(～のために)…するのを手伝う
want 人 to do	～に…してほしい
would like 人 to do	（できれば）～に…してもらいたい
need 人 to do	～に…してもらう必要がある，～に…してもらいたい

例1 She told me to speak slowly.　彼女は私にゆっくり話すように言いました。

例2 Kate asked him to help her.　ケイトは彼に（自分を）手伝ってくれるよう頼みました。

!注意　help 人 to do～では to が省略されることがある。

例3 Can you help me carry this?　これを運ぶのを手伝ってくれませんか？

例4 My father wants me to be an engineer.　父は私にエンジニアになってほしがっています。

例5 I'd like you to come with us.　できればあなたに私達と一緒に来ていただきたいです。

例6 I need you to sign here.　私はあなたにここに署名をいただく必要があります。

●want を使ったカジュアルな表現

want はカジュアルなニュアンスになることが多く，使い方に注意が必要である。

◇I want you to do～「～してよ」「～をやってよ」（カジュアルな命令・依頼を表す）

例1　I want you to take this.　これはもらってよ。

※これを丁寧な命令表現にするには，I'd like you to～「～してください」を使う

例2　I'd like you to take this.　これはもらってください。

◇Do you want to～「～してくれない？」≒ Can you～ ／Will you～

例3　Do you want to open the window?　窓を開けてくれない？

!注意　Would you like to～は「よろしければ～するのはどうですか？」という提案を表す

例4　Would you like to join us?　よろしければ私達とご一緒しませんか？

◇Do you want me to～「～をやろうか？」「～をやってあげようか？」

!注意　Shall I～ は「～いたしましょうか？」という硬い表現

例5　Do you want me to turn on the fan?　扇風機をつけようか？

※これを丁寧な表現にするには，Would you like me to～を使う

例6　Would you like me to turn on the fan?　扇風機をつけましょうか？

◇You might want to～「～したほうがいいかもね」（控え目な助言）≒You should～

◇You might not want to～「～しないほうがいいかもよ」≒You should not～

例7　You might want to read this.　これは読んだ方がいいんじゃないかな。

●受動態への書き換え

例1　They named the dog Noah.　彼らはその犬をノアと名付けました。

The dog was named Noah.　その犬はノアと名付けられました。

例2　彼らは彼女をジェーンと呼んでいます。

They call her Jane. ──受動態──→ She is called Jane.　彼女はジェーンと呼ばれています。

What do they call her? ──受動態──→ What is she called?　彼女は何と呼ばれていますか？

彼らは彼女を何と呼んでいますか？

例3　He told me to come by 4 o'clock.　彼は4時までに来るよう私に言いました。

I was told to come by 4 o'clock by him.　私は4時までに来るよう彼に言われました。

例4　She asked me to do the laundry.　彼女は私に洗濯をするよう頼みました。

I was asked to do the laundry by her.　私は彼女から洗濯をするよう頼まれました。

15 次の英文を訳しなさい。

(1) Call me Ken.

(2) Could you call me a taxi?

(3) My father made us breakfast.

(4) That match made us excited.

(5) I found her angry.

(6) I found her a good restaurant.

(7) She asked me to call an ambulance.

(8) Can you help me clean my car?

(9) I'll tell them to keep quiet.

16 英文が日本文に合うよう，英単語を並べ替えなさい。

(1) エアコンをつけてくれない？　the / to / do / want / you / turn on / air conditioner

(2) 私が車の運転をやろうか？　the / to / me / car / do / want / drive / you

(3) あなたの荷物をお持ちしましょうか？　to / you / your / me / like / carry / would / baggage

17 受動態を使って2文がほぼ同様の意味になるよう空欄に単語を入れなさい。

(1) He told me to wait here.

　　I (　　　　　) (　　　　　) (　　　　　) (　　　　　) here by him.

(2) Betty asked me to join the volunteer activity.

　　I (　　　　　) (　　　　　) (　　　　　) (　　　　　) the volunteer activity by Betty.

(3) They call this bird crane. ／ This bird (　　　　　) (　　　　　) crane.

(4) What do you call this bird in English?

　　What (　　　　　) (　　　　　) (　　　　　) (　　　　　) in English?

🎧 次の英文の読み書きの練習，及びリスニングの練習をしなさい。

1 Make yourself at home.　楽にしてくださいね。（くつろいでくださいね）

2 This medicine makes me sleepy.　この薬は私を眠くさせます。

3 She always keeps her desk tidy.　彼女はいつも自分の机を整頓しています。

4 Her desk is always kept tidy.　彼女の机はいつも整頓されています。

5 Can you just leave me alone?　ちょっと独りにしてもらえますか？

6 Who left the TV on?　誰がテレビをつけっぱなしにしたのですか？

7 I found the dog injured.　私はその犬がけがをしていると気づきました。

8 We named our puppy Chiro.　私達は私達の子犬をチロと名付けました。

9 What was the kitten named?　その子猫は何と名付けられましたか？

10 Could you get it ready for use?　それを使える状態にしてくれませんか？

11 I'd like my steak medium rare.　ステーキはミディアムレアにしていただきたいです。

12 We call him John.　私達は彼をジョンと呼んでいます。

13 Subway is sometimes called "the tube" in London.　ロンドンでは地下鉄は"the tube"と呼ばれることがあります。

14 What do you call this flower in English?　あなた達はこの花を英語で何と呼びますか？
　　We call it sunflower.　私達は sunflower（ひまわり）と呼びます。

15 What is this animal called in English?　この動物は英語で何と呼ばれますか？
　　It is called giraffe.　それは giraffe（キリン）と呼ばれます。

16 Why don't we ask him to join our team?　彼に私達のチームに入ってくれるようお願いしてみませんか？

17 Can you ask them to wait a little more?　彼らにもう少し待ってくれるよう頼んでくれませんか？

18 You need an automobile technician to check your car.　あなたは自動車整備士に車をチェックしてもらう必要があります。

19 Mr. Grey told me to order my workbooks at a bookshop.　グレイ先生は私に問題集は本屋で注文するように言いました。

20 We were told to turn in the paper by next Thursday.　私達はレポートを次の木曜までに提出するよう言われました。

21 Can you help me carry this table?　このテーブルを運ぶのを手伝ってくれませんか？

22 Do you want to open the shutter?　シャッターを開けてくれない？

23 Do you want me to drive you home?　あなたを家まで車で送ってあげようか？

24 Would you like me to help you?　あなたをお手伝いしましょうか？

25 You might want to leave right away.　あなたはすぐに出発したほうがいいんじゃないかな。

● ★ 章末問題 A ★ ●

日本文に合うように英単語を並べ替えなさい。

1 楽にしてくださいね。（くつろいでくださいね）　at make home yourself

14
章

2 この薬は私を眠くさせます。　me this sleepy makes medicine

3 彼女はいつも自分の机を整頓しています。　tidy desk her she always keeps

4 彼女の机はいつも整頓されています。　tidy is her always kept desk

5 ちょっと独りにしてもらえますか？　me just you can alone leave

6 誰がテレビをつけっぱなしにしたのですか？　on the left who TV

7 私はその犬がけがをしていると気づきました。　I dog the found injured

8 私達は私達の子犬をチロと名付けました。　our we named puppy Chiro

9 その子猫は何と名付けられましたか？　what the was kitten named

10 それを使える状態にしてくれませんか？　it for get use could you ready

11 ステーキはミディアムレアにしていただきたいです。　I'd my rare like medium steak

12 私達は彼をジョンと呼んでいます。　call we John him

13 ロンドンでは地下鉄は"the tube"と呼ばれることがあります。
in is called sometimes subway London "the tube"

14 あなた達はこの花を英語で何と呼びますか？　do call in you what this flower English
私達は sunflower（ひまわり）と呼びます。　it call we sunflower

15 この動物は英語で何と呼ばれますか？　in is called this what animal English
それは giraffe（キリン）と呼ばれます。　is it giraffe called

16 彼に私達のチームに入ってくれるようお願いしてみませんか？
to our we him ask why don't join team

17 彼らにもう少し待ってくれるよう頼んでくれませんか？
a to can ask wait little you more them

18 あなたは自動車整備士に車をチェックしてもらう必要があります。
an to car you your check need automobile technician

19 グレイ先生は私に問題集は本屋で注文するように言いました。
at a me my to told order Mr. Grey bookshop workbooks

20 私達はレポートを次の木曜までに提出するよう言われました。
to in by the next we were turn told paper Thursday

21 このテーブルを運ぶのを手伝ってくれませんか？　you me help can this table carry

22 シャッターを開けてくれない？　to you the do open want shutter

23 あなたを家まで車で送ってあげようか？　me you you to do drive want home

24 あなたをお手伝いしましょうか？　you you me to like would help

25 あなたはすぐに出発したほうがいいんじゃないかな。　to you away leave want right might

14章

● ★ 章 末 問 題 B ★

日本文に合うように英単語を並べ替えなさい。

1 楽にしてくださいね。（くつろいでくださいね）　at make home yourself

2 この薬は私を眠くさせます。　me this sleepy makes medicine

3 彼女はいつも自分の机を整頓しています。　tidy desk her she always keeps

4 彼女の机はいつも整頓されています。　tidy is her always kept desk

5 ちょっと独りにしてもらえますか？　me just you can alone leave

6 誰がテレビをつけっぱなしにしたのですか？　on the left who TV

7 私はその犬がけがをしていると気づきました。　I dog the found injured

8 私達は私達の子犬をチロと名付けました。　our we named puppy Chiro

9 その子猫は何と名付けられましたか？　what the was kitten named

10 それを使える状態にしてくれませんか？　it for get use could you ready

11 ステーキはミディアムレアにしていただきたいです。　I'd my rare like medium steak

12 私達は彼をジョンと呼んでいます。　call we John him

13 ロンドンでは地下鉄は"the tube"と呼ばれることがあります。
in is called sometimes subway London "the tube"

14 あなた達はこの花を英語で何と呼びますか？　do call in you what this flower English

私達は sunflower（ひまわり）と呼びます。　it call we sunflower

15 この動物は英語で何と呼ばれますか？　in is called this what animal English

それは giraffe（キリン）と呼ばれます。　is it giraffe called

16 彼に私達のチームに入ってくれるようお願いしてみませんか？

to our we him ask why don't join team

17 彼らにもう少し待ってくれるよう頼んでくれませんか？

a to can ask wait little you more them

18 あなたは自動車整備士に車をチェックしてもらう必要があります。

an to car you your check need automobile technician

19 グレイ先生は私に問題集は本屋で注文するように言いました。

at a me my to told order Mr. Grey bookshop workbooks

20 私達はレポートを次の木曜までに提出するよう言われました。

to in by the next we were turn told paper Thursday

21 このテーブルを運ぶのを手伝ってくれませんか？　you me help can this table carry

22 シャッターを開けてくれない？　to you the do open want shutter

23 あなたを家まで車で送ってあげようか？　me you you to do drive want home

24 あなたをお手伝いしましょうか？　you you me to like would help

25 あなたはすぐに出発したほうがいいんじゃないかな。　to you away leave want right might

15章 ||| 不定詞の応用

●この章で用いられる単語を覚えよう。

hard [hɑ́rd / ハードゥ] 形 困難な, つらい

curry [kə́:ri / カリィ] 名 カレー

change trains [tʃéindʒ treinz / チェインジトゥ レインズ] 電車を乗り換える

get off [get ɔf / ゲトゥ オフ] ～から降りる

difficult [dífikʌlt / ディフィカルトゥ] 形 困難な, 厳しい

explain [ikspléin / イクスプレイン] 動 説明する, 解説する

necessary [nésəsèri / ネセサリィ] 形 必要な, 必須の

due date [dú: déit / ドゥー デイトゥ] 締め切り期日

possible [pásəbəl / パスィブル] 形 可能性がある, 起こり得る

anytime [ány tìme / エニタイム] 副 いつでも

dangerous [déindʒərəs / ディンジャラス] 形 危険な

first time [fə́:rst táim / ファーストゥ タイム] 初めて, 初回

alone [əlóun / アロウン] 副 独りで, 独力で

activity [æktívəti / アクティーヴィティ] 名 活動

give a party [gív ə párti / ギヴア パーティー] パーティーを開く

Portuguese [pɔ̀rtʃəgí:z / ポーチュギーズ] 名 / 形 ポルトガル語(の), ポルトガル人(の)

let [lét / レトゥ] 動 させる, させてあげる

at once [ət wʌ́ns / アトゥ ワンス] すぐに

laugh [læf / ラフ] 動 （声を出して）笑う

sign [sain / サイン] 動 署名する

bump [bʌ́mp / バンプ] 動 ぶつかる

jump up [dʒʌmp ʌ́p / ジャンプ アップ] 飛び上がる

shake [ʃéik / シェイク] 動 揺れる

help out [hélp áut / ヘルプ アウトゥ] 援助する

yen [jén / イェン] 名 （通貨単位の）円

airport [érpɔ̀rt / エアポァトゥ] 名 空港

allow [əláu / アラウ] 動 許す, 許可する

piece [pí:s / ピース] 名 駒, (パズルの)ピース

hurt [hə́:rt / ハートゥ] 動 傷つける, 害を与える

take [téik / テイク] 動 （時間が）かかる

cost [kɔ́st / コストゥ] 動 （費用が）かかる

per [pər / パァ] 前 ～につき, ～毎に

repair [ripér / リペァ] 動 直す, 修理する

lift [líft / リフトゥ] 動 持ち上げる

heavy [hévi / ヘヴィー] 形 重い, 激しい, きつい

lecture [léktʃər / レクチャ(ァ)] 名 講義, 講演

follow [fálou / ファロウ] 動 ～に続く, ～を追いかける

wonder [wʌ́ndər / ワンダ(ァ)] 動 疑問に思う, 思案する, 迷う

pronounce [prənáuns / プロナウンス] 動 発音する

choose [tʃúz / チュズ] 動 選ぶ

decide [disáid / ディサイドゥ] 動 決める, 決心する

dolphin [dálfin / ダルフィン] 名 イルカ

grandparent [græn(d)pɛ̀ərənt / グランドゥ ペアレントゥ] 名 祖父, 祖母, (複数形で)祖父母

luck [lʌ́k / ラック] 名 幸運

with any luck [wíð éni lʌ́k / ウィズ エニイ ラック] 運が良ければ

stay out [stéi áut / ステイ アウトゥ] 外出する, 留守にする

used to do [jú:st tú: du / ユーストゥ ドゥ] （昔は）よく～したものだった ※発音注意

just now [dʒʌ́st náu / ジャストゥ ナウ] たった今, 今さっき

schedule [skédʒu:l / スケジュール] 名 予定表

document [dákjumənt / ダキュメントゥ] 名 書類

interpret [intə́rprət / インタァプラトゥ] 動 通訳する

●左ページを隠して読みと意味を確認しよう。

☐ hard	☐ allow
☐ curry	☐ piece
☐ change trains	☐ hurt
☐ get off	☐ take
☐ difficult	☐ cost
☐ explain	☐ per
☐ necessary	☐ repair
☐ due date	☐ lift
☐ possible	☐ heavy
☐ anytime	☐ lecture
☐ dangerous	☐ follow
☐ first time	☐ wonder
☐ alone	☐ pronounce
☐ activity	☐ choose
☐ give a party	☐ decide
☐ Portuguese	☐ dolphin
☐ let	☐ grandparent
☐ at once	☐ luck
☐ laugh	☐ with any luck
☐ sign	☐ stay out
☐ bump	☐ used to do
☐ jump up	☐ just now
☐ shake	☐ schedule
☐ help out	☐ document
☐ yen	☐ interpret
☐ airport	

●形式主語の it

主語が「～すること」と不定詞や動名詞になるとき，it を仮の主語にして，実際の主語を文末に置く表現がある。この it を**形式主語**という。この場合の it は「それ」とは訳さない。

例　<u>To listen to English</u> is hard for me.　英語を聴き取ることは私にとって大変です。

It is hard for me <u>to listen to English</u>.　英語を聴き取ることは私にとって大変です。

例1　It is nice to meet you.　お会いできてうれしいです。
　　　※この場合 It is が省略される場合が多い→Nice to meet you.

例2　It is my first time visiting here.　私がここを訪れるのは初めてです。

●It takes 時間 to do：「…するのに（時間）がかかる」

例3　It takes an hour to get there by car.　車でそこへ行くのに1時間かかります。

●it costs お金 to do：「…するのに（お金）がかかる」

例4　It costs about 1500 yen to get there by taxi.
　　　タクシーでそこまで行くには約1500円かかります。

●too…to 構文／so…that 構文

●too…to do～：「とても…なので～できない」「～するには…過ぎる」

例1　This curry is too hot for me to eat.　このカレーは私には辛すぎて食べられません。

例2　His English is too fast to understand.　彼の英語は速すぎて理解できませんでした。

●so…that～：「とても…なので ～ 」

例3　This curry is so hot that I can't eat it.　このカレーは辛すぎて私は食べられません。

例4　He spoke so fast that I couldn't understand him.
　　　彼は速く話したので私は理解できませんでした。

●従属接続詞 + to do

what to do	何を～すればいいのか（すべきか）
how to do	どうやって～すればいいのか（すべきか）／～の仕方
when to do	いつ～すればいいのか（すべきか）
where to do	どこで～すればいいのか（すべきか）
which to do	どちらを～すればいいのか（すべきか）

例1　Could you teach me how to use this?
　　　これはどうやって使えばいいか教えていただけませんか？

例2　Do you know where to change trains?
　　　どこで電車を乗り換えればいいかわかりますか？

!注意　次のように従属接続詞の後に名詞を伴うこともある。

例3　I'll look up which <u>stop</u> to get off.　ではどの停留所で降りるか調べてあげますよ。

🎧 次の英文の読み書きの練習，及びリスニングの練習をしなさい。

1 It is difficult for me to explain it.　私にとってそれを説明するのは難しいです。

2 Is it able to walk there?　そこまで歩いて行くことは可能ですか？

3 It's necessary for you to talk in English every day.　毎日英語を話すことがあなたにとって必要です。

4 It's not easy to finish it by the due date.　期日までにそれを終わらせるのは簡単ではありません。

5 Is it possible to use that anytime?　それはいつでも使うことが可能ですか？

6 Is it dangerous to go there alone?　そこに一人で行くのは危険ですか？

7 It was nice talking with you.　あなたとお話できてよかったです。

8 It's my first time joining this activity.　この活動に参加するのは私にとって初めてです。

9 Is it okay for me to try on different sizes?　違うサイズを試着してもいいですか？

10 Is it allowed to move this piece like this?　このようにこの駒を動かすことは許されますか？

11 It doesn't hurt you to buy that.　それは買って損はありません。

12 It usually takes one hour to get there.　そこまで行くには通常 1 時間はかかります。

13 It costs 300 yen per hour to park there.　あそこに駐車するには 1 時間 300 円かかります。

14 It cost 2,000 yen to repair.　それは修理に 2,000 円かかりました。

15 How long will it take to get there?　そこに着くのにどれくらい時間がかかりますか？

It'll take just about 10 minutes.　ほんの 10 分程度です。

16 How much does it cost to get to the airport?　空港まで行くのにどれくらい費用がかかりますか？

17 This is too heavy to lift.　これは重すぎて持ち上げられません。

18 The lecture was too difficult for me to follow.　その講義は難しすぎて私にはついていけませんでした。

19 The lecture was so difficult that I couldn't follow it.　その講義は難しかったので，私はそれについていけませんでした。

20 I'm wondering when to give a party for him.　彼のためにいつパーティーを開いたらいいかなあ。

21 I didn't know what to say then.　私はそのとき何と言えばいいかわかりませんでした。

22 Can you tell me how to pronounce this word?　この単語はどう発音すればいいか教えてくれませんか？

23 I haven't decided where to go yet.　私はどこに行くかはまだ決めていません。

24 Would you teach me how to cook this?　これはどうやって料理すればいいか教えてくれませんか？

25 I can't decide which to choose.　私はどちらを選べばいいのか決められません。

26 I showed her which way to go.　私は彼女にどちらの道に行くべきか教えてあげました。

●使役と原形不定詞

人を使って何かをさせることを**使役**といい，英語では主に次のような表現がある。

make＋人＋do	（相手がやりたがらないことを）〜させる （強制的に）〜させる
let＋人＋do	〜することを許可する，〜させる（させてあげる）
have＋人＋do	（自分ではできないこと・やりにくいことを）〜してもらう
get＋人＋to do	（どうにかして・説得して）〜を（なんとか）させる（してもらう）

※上記の make, let, have の後に来る do（原形動詞）は**原形不定詞**と呼ばれる。

例1　I made him go to the hospital at once.　私はすぐに彼を病院に行かせました。

例2　The video will make you laugh.　その動画はあなたを絶対笑わせますよ。

例3　I'll let you know when I finish my work.　仕事が終わったらあなたに知らせますね。

例4　Let me try it.　それを私に試させて。

例5　I had my friend take me to the airport.　私は友達に空港へ連れて行ってもらいました。

例6　Would you get the children to sleep?　子供たちを寝かしつけてくれませんか？

!注意　get だけ目的語(人)の後に to が入る

●知覚動詞と原形不定詞

　see, watch, hear, feel のように，五感が主に関わる動詞を**知覚動詞**といい，次のような原形不定詞や現在分詞を伴う構文がある。

① 知覚動詞＋A＋do	A が…するのを知覚する
② 知覚動詞＋A＋doing	A が…しているところを知覚する

　①の構文の do は，普通初めから終わりまでを知覚するような動作になる。

　②の構文は，継続している動作の一部だけを知覚する場合に用いられる。

例1　Last night, I felt the house shake once.　昨晩，一度家が揺れるのを感じました。

例2　I saw Ken playing tennis.　私はケンがテニスをしているところを見かけました。

「飛び跳ねる」「ぶつかる」「転ぶ」「ノックする」のように一瞬で終わる動作の場合，動作の一部だけを知覚するということはほとんどないため，②ではなく①の構文が用いられる。

例　そこでイルカが飛び跳ねるのを見ることができます。

　　○　You can see dolphins <u>jump</u> up there.

　　×　You can see dolphins <u>jumping</u> up there.

!注意　that 節を用いた場合の意味の違いを理解しよう

例3　I heard him go out.　彼が出かけるのが聞こえた。（出かける音を聞いた）

例4　I heard that he is going out.　彼はこれから出かけるそうです。

18 (　)の語句を正しく選択し，完成させた英文を訳しなさい。

(1) If you are coming, let me (　know,　to know　).

(2) I'm sorry for making you (　wait,　to wait,　waiting　) for a long time.

(3) I got my dad (　buy,　to buy,　buying　) this.

(4) I had Kate (　do,　to do,　doing,　did　) it.

(5) I've never heard him (　to speak,　speaking　) English.

(6) I saw two cars (　bump,　bumping,　to bump　) just now.

次の英文の読み書きの練習，及びリスニングの練習をしなさい。

27 She looked so sick, so I made her go home.　彼女はかなり体調が悪そうだったので，私は彼女を帰宅させました。

28 We might make you wait about 30 minutes, is it Okay?　私達は30分くらいあなたをお待たせする可能性がありますが，大丈夫ですか？

29 You should get someone to help you out.　あなたは誰かに手伝ってもらったほうがいい。

30 I had my friend interpret Portuguese for me.　私は友達にポルトガル語を通訳してもらいました。

31 Please have your parent sign this document.　保護者の方にこの書類にサインをしてもらってきてください。

32 Let me check my schedule.　私のスケジュールを確認させてください。

33 Let me know if you need help.　助けがいるときは知らせてください。

34 My dad doesn't let me stay out after 9 pm.　父は夜9時以降私が外出することを許してくれません。

35 Would you get the children to sleep?　子供たちを寝かしつけてくれませんか？

36 I used to have my grandparents to read picture books to me.　私はよく祖父母に頼んで絵本を読んでもらっていました。

37 With any luck, you might be able to see dolphins jump up.　運が良ければあなた達はイルカが飛び跳ねるのを見ることができるかもしれません。

38 Last night, didn't you hear a car bump into something?　昨夜車が何かにぶつかるのが聞こえませんでしたか？

★ 章 末 問 題 Ⓐ ★

日本文に合うように英単語を並べ替えなさい。

1 私にとってそれを説明するのは難しいです。　it it to is for me difficult explain

2 そこまで歩いて行くことは可能ですか？　is to it walk able there

3 毎日英語を話すことがあなたにとって必要です。
in to for day you talk it's necessary every English

4 期日までにそれを終わらせるのは簡単ではありません。
it it's due by not to the easy finish date

5 それはいつでも使うことが可能ですか？　it to is use that anytime possible

6 そこに一人で行くのは危険ですか？　it to is go alone there dangerous

7 あなたとお話できてよかったです。　it you was with nice talking

8 この活動に参加するのは私にとって初めてです。　my it's this time first activity joining

9 違うサイズを試着してもいいですか？　it to on is for try sizes okay me different

10 このようにこの駒を動かすことは許されますか？　to is it this this move like piece allowed

11 それは買って損はありません。　to it you hurt buy that doesn't

12 そこまで行くには通常 1 時間はかかります。　it to one hour get takes there usually

13 あそこに駐車するには 1 時間 300 円かかります。　it to yen per park hour there costs 300

14 それは修理に 2,000 円かかりました。　to it yen cost repair 2,000

15 そこに着くのにどれくらい時間がかかりますか？　to it get how will long take there
ほんの 10 分程度です。　it'll just about take minutes 10

16 空港まで行くのにどれくらい費用がかかりますか？
it to to the cost how does much get airport

17 これは重すぎて持ち上げられません。　is too to lift this heavy

18 その講義は難しすぎて私にはついていけませんでした。
to too the for me was lecture follow difficult

19 その講義は難しかったので，私はそれについていけませんでした。
I it so was the that difficult couldn't follow lecture

20 彼のためにいつパーティーを開いたらいいかなあ。
a to for give I'm him when party wondering

21 私はそのとき何と言えばいいかわかりませんでした。　I to say didn't then what know

22 この単語はどう発音すればいいか教えてくれませんか？
to can me this you tell word how pronounce

23 私はどこに行くかはまだ決めていません。　I to go yet where decided haven't

24 これはどうやって料理すればいいか教えてくれませんか？
to me this would how you cook teach

25 私はどちらを選べばいいのか決められません。　I to can't choose which decide

26 私は彼女にどちらの道に行くべきか教えてあげました。　I to go her way which showed

※以下の問題において，(　　)内の語は文頭に置くこと。

27 彼女はかなり体調が悪そうだったので，私は彼女を帰宅させました。
so so go I she her made looked sick home

28 私達は30分くらいあなたをお待たせする可能性がありますが，大丈夫ですか？
you we it is might wait make okay about minutes 30

29 あなたは誰かに手伝ってもらったほうがいい。you you get to out help should someone

30 私は友達にポルトガル語を通訳してもらいました。
I for me my had interpret friend Portuguese

31 保護者の方にこの書類にサインをしてもらってきてください。
(please) your this sign have document parent

32 私のスケジュールを確認させてください。　my me let schedule check

33 助けがいるときは知らせてください。　(let) if me you know help need

34 父は夜9時以降私が外出することを許してくれません。
doesn't me my out after dad let stay 9 pm

35 子供たちを寝かしつけてくれませんか？　the to get you sleep would children

36 私はよく祖父母に頼んで絵本を読んでもらっていました。
I to to to me my used read have books picture grandparents

37 運が良ければあなた達はイルカが飛び跳ねるのを見ることができるかもしれません。
(with) be up to able any you luck see dolphins jump might

38 昨夜車が何かにぶつかるのが聞こえませんでしたか？
(last) a you into car hear bump night didn't something

● ★ 章 末 問 題 Ⓑ ★

日本文に合うように英単語を並べ替えなさい。

1 私にとってそれを説明するのは難しいです。　it it to is for me difficult explain

---

2 そこまで歩いて行くことは可能ですか？　is to it walk able there

---

3 毎日英語を話すことがあなたにとって必要です。
in to for day you talk it's necessary every English

---

4 期日までにそれを終わらせるのは簡単ではありません。
it it's due by not to the easy finish date

---

5 それはいつでも使うことが可能ですか？　it to is use that anytime possible

---

6 そこに一人で行くのは危険ですか？　　it to is go alone there dangerous

---

7 あなたとお話できてよかったです。　it you was with nice talking

---

8 この活動に参加するのは私にとって初めてです。　my it's this time first activity joining

---

9 違うサイズを試着してもいいですか？　it to on is for try sizes okay me different

---

10 このようにこの駒を動かすことは許されますか？　to is it this this move like piece allowed

---

11 それは買って損はありません。　to it you hurt buy that doesn't

---

12 そこまで行くには通常1時間はかかります。　it to one hour get takes there usually

---

13 あそこに駐車するには1時間300円かかります。　it to yen per park hour there costs 300

---

14 それは修理に 2,000 円かかりました。　to it yen cost repair 2,000

15 そこに着くのにどれくらい時間がかかりますか？　to it get how will long take there
ほんの 10 分程度です。　it'll just about take minutes 10

15章

16 空港まで行くのにどれくらい費用がかかりますか？
it to to the cost how does much get airport

17 これは重すぎて持ち上げられません。　is too to lift this heavy

18 その講義は難しすぎて私にはついていけませんでした。
to too the for me was lecture follow difficult

19 その講義は難しかったので，私はそれについていけませんでした。
I it so was the that difficult couldn't follow lecture

20 彼のためにいつパーティーを開いたらいいかなあ。
a to for give I'm him when party wondering

21 私はそのとき何と言えばいいかわかりませんでした。　I to say didn't then what know

22 この単語はどう発音すればいいか教えてくれませんか？
to can me this you tell word how pronounce

23 私はどこに行くかはまだ決めていません。　I to go yet where decided haven't

24 これはどうやって料理すればいいか教えてくれませんか？
to me this would how you cook teach

25 私はどちらを選べばいいのか決められません。　I to can't choose which decide

26 私は彼女にどちらの道に行くべきか教えてあげました。　I to go her way which showed

※以下の問題において，(　　)内の語は文頭に置くこと。

27 彼女はかなり体調が悪そうだったので，私は彼女を帰宅させました。
so so go I she her made looked sick home

28 私達は30分くらいあなたをお待たせする可能性がありますが，大丈夫ですか？
you we it is might wait make okay about minutes 30

29 あなたは誰かに手伝ってもらったほうがいい。you you get to out help should someone

30 私は友達にポルトガル語を通訳してもらいました。
I for me my had interpret friend Portuguese

31 保護者の方にこの書類にサインをしてもらってきてください。
(please) your this sign have document parent

32 私のスケジュールを確認させてください。　my me let schedule check

33 助けがいるときは知らせてください。　(let) if me you know help need

34 父は夜9時以降私が外出することを許してくれません。
doesn't me my out after dad let stay 9 pm

35 子供たちを寝かしつけてくれませんか？　the to get you sleep would children

36 私はよく祖父母に頼んで絵本を読んでもらっていました。
I to to to me my used read have books picture grandparents

37 運が良ければあなた達はイルカが飛び跳ねるのを見ることができるかもしれません。
(with) be up to able any you luck see dolphins jump might

38 昨夜車が何かにぶつかるのが聞こえませんでしたか？
(last) a you into car hear bump night didn't something

確認テストⅢ

19 英文が日本文と合うように空欄中に適切な単語を埋めなさい。ただし［　］内で指定された語は必要に応じて適切な形に変えて用いること。

(1) 私は飛行機に2回乗ったことがあります。［take］

I (　　　　　　) (　　　　　　　　　) a flight (　　　　　　　).

(2) 彼女は一度も飛行機に乗ったことがありません。［take］

She (　　　　　　) (　　　　　　) (　　　　　　　) a flight.

(3) ジャックは今までに飛行機に乗ったことがありますか？　はい，あります。［take］

(　　　　　　) Jack ever (　　　　　) a flight?　Yes, (　　　　　　) (　　　　　　).

(4) 私は以前に彼女に会ったことがあります。［meet］

I (　　　　　) (　　　　　　) her before.

(5) マイクは一度も彼女に会ったことがありません。［meet］

Mike (　　　　　) (　　　　　) (　　　　　) her.

(6) あなたは彼女に会ったことがありますか？　いいえ，ありません。［meet］

(　　　　　) you ever (　　　　　) her?　No, (　　　　　) (　　　　　　).

(7) ルーシーは一度東京に行ったことがあります。

Lucy (　　　　　) (　　　　　) to Tokyo (　　　　　).

(8) あなたは以前そこに行ったことがありますか？

(　　　　　) you ever (　　　　　) (　　　　　) before?

(9) 私達は子供のころからの知り合いです。

We (　　　　　) (　　　　　) each other (　　　　　) childhood.

(10) 私は3年間ずっとここに住んでいます。

I (　　　　　) (　　　　　) here (　　　　　) three years.

(11) 彼女は4歳の頃からずっとピアノを弾いています。

She (　　　　　) (　　　　　) playing the piano (　　　　　) she was four years old.

(12) 車でそこへ行くのに1時間かかります。

It (　　　　　　　　) an hour to get there by car.

(13) タクシーでそこまで行くには約1500円かかります。

It (　　　　　　　　) about 1500 yen to get there by taxi.

(14) 私達はその犬をノア(Noah)と呼んでいます。

We (　　　　　　) (　　　　　　) (　　　　　　) (　　　　　　).

(15) 私がベス(Beth)にあなたを手伝ってくれるよう頼んであげますよ。

I'll (　　　　　　) (　　　　　　) (　　　　　　) help you.

(16) 彼らはあなたに彼らのクラブに入って欲しいと言っています。

They (　　　　　) you (　　　　　　) join their club.

２０ 2つの英文がほぼ同じ内容になるように (　　) 内を埋めなさい。

(1) { You should read this book.
　　 You might (　　　　　　) to read this book.

(2) { Shall I turn on the fan?
　　 Do you want (　　　　　　) to turn on the fan?

(3) { What do you call this flower in English?
　　 What (　　　　　) this flower (　　　　　　) in English?

(4) { Ellen went to London two years ago, and she still lives there.
　　 Ellen (　　　　　) (　　　　　　) in London (　　　　　) two years.

(5) { He spoke so fast that I couldn't understand him.
　　 He spoke (　　　　　) fast (　　　　　) understand.

(6) { She asked me to do the laundry.
　　 I (　　　　　) (　　　　　) (　　　　　) (　　　　　　) the laundry by her.

(7) { Ms. Elliot said to me "You must read English every day".
　　 Ms. Elliot (　　　　　) (　　　　　) (　　　　　) read English every day.

(8) { Could you tell me the way to cook that?
　　 Could you tell me (　　　　　) (　　　　　) cook that?

21 英文を訳しなさい。

(1) I have already seen the movie.

(2) I haven't seen the movie yet.

(3) Have you seen the movie yet?

(4) I have just moved here.

(5) I saw some dolphins swimming there.

(6) I have just been to the library to return some books.

(7) I named my dog Noah.

(8) The news made us sad.

(9) Cathy made us dinner.

(10) I found the question easy.

(11) I found them a good restaurant.

(12) Jim likes coffee without sugar.　　*sugar [ʃúgər / シュガ (ァ)] 砂糖

(13) The math problem was so difficult that nobody could answer it.

(14) We were told to turn in the paper by next Thursday.　　*paper：課題

(15) Why don't you ask Brian to check your car?

(16) It is not easy for me to explain it.

(17) It's too hard to finish it by the due date.　　*due date：期日

(18) Is it dangerous to go there alone?

(19) How long will it take to get there?

(20) Do you know where to change lines?　　*line：路線

(21) Could you tell me which stop to get off?　　*stop：停留所

(22) I'll look up how to get there for you.

22 （　）の語句を正しく選択し，完成させた英文を訳しなさい。

(1) Please let me （　know,　to know,　known　） if you have any questions.

(2) The video made us （　laugh,　laughing,　　to laugh,　laughed　） a lot.

(3) I'll get Emily （　call,　to call,　calling　） you back later.

(4) He has （　go,　went,　gone,　going　） to school by bus.

(5) We had them （　taste,　tasting,　tasted　） our new dishes.

16章 ||| 分詞と動名詞

●この章で用いられる単語を覚えよう。

fun [fʌ́n / ファン] 形 楽しい(気分にさせてくれる)，ゆかいな

simple [símpl / スィムポゥ] 形 単純な，易しい，複雑でない

chair [tʃéər / チェア(ァ)] 名 椅子

prepare [pripéər / プリペア] 動 使えるよう整える，準備する

tent [tént / テントゥ] 名 テント

sleeping bag [slíːpiŋ bǽg / スリーピング バグ] 寝袋

lose [lúːz / ルズ] 動 なくす，見失う

dry [drái / ドゥライ] 動 乾かす，乾燥させる

dried fruits [dráid frúːts / ドゥライドゥ フルーツ] ドライフルーツ

wear glasses [wéər glǽsiz / ウェア グラスイズ] メガネをかけている

son [sʌ́n / サン] 名 息子

daughter [dɔ́tər / ドタァ] 名 娘

charge [ʃɑrʒéi / シャァジェイ] 動 請求する

dollar [dálər / ダラァ] 名 ドル

burn [bɚ́n / バーン] 動 燃やす，燃える

board [bɔ́rd / ボードゥ] 動 搭乗する，搭乗させる

pass [pǽs / パス] 名 入場許可証，通行証

planet [plǽnit / プラネトゥ] 名 惑星

communicate [kəmjúːnikèit / コミューニケイトゥ] 動 やり取りする，交信する

translation [trænsléiʃən / トゥランスレイション] 名 翻訳，通訳

go around [góu əráund / ゴゥ アラウンドゥ] 周りを回る

app [ǽp / アプ] 名 アプリ

bread [bréd / ブレドゥ] 名 パン

leaves [líːvz / リーヴズ] 名 leaf(葉)の複数形

sweep [swíːp / スウィープ] 動 掃く

sweep away [swíːp əwéi / スウィープ アウェイ] 一掃する，払拭する

tuna [túːnə / トゥーナ] 名 マグロ

the Pacific Ocean [ðə pəsífik óuʃən / ザ パスィフィク オウシャン] 名 太平洋

know of [nóu / ノゥ] 〜を見聞きしたことがある，〜についてある程度知っている

timetable [táimtèibl / タイムテイブル] 名 時刻表，時間割

outside [àutsáid / アウトゥサイドゥ] 副 外で，屋外で

tool [tul / トゥル] 名 道具，用具，工具

smoke [smóuk / スモウク] 動 薫製にする，たばこを吸う

only [óunli / オウンリィ] 形 唯一の，ただ1つの

lot [lát / ラトゥ] 名 場所，土地

area [ɛ́əriə / エアリア] 名 地域，(特定の)場所

craftsman [krǽf(t)smən / クラフツマン] 名 (男性の)職人，工芸家

accessory [əksésəri / アクセサリィ] 名 アクセサリー

eat up [íːt ʌ́p / イートゥ アップ] 食べ切る

rice ball [ráis bɔl / ライス ボル] おにぎり

flake [fléik / フレイク] 〜薄片をはがす

flaked tuna [fléikt túːnə / フレイクトゥ トゥーナ] ツナのフレーク

mayo [méiou / メイオウ] 名 マヨネーズ(mayonnaise の略語)

release [rilís / リリス] 動 公開する，開放する

●左ページを隠して読みと意味を確認しよう。

☐ fun	☐ bread
☐ simple	☐ leaves
☐ chair	☐ sweep
☐ prepare	☐ sweep away
☐ tent	☐ tuna
☐ sleeping bag	☐ the Pacific Ocean
☐ lose	☐ know of
☐ dry	☐ timetable
☐ dried fruits	☐ outside
☐ wear glasses	☐ tool
☐ son	☐ smoke
☐ daughter	☐ only
☐ charge	☐ lot
☐ dollar	☐ area
☐ burn	☐ craftsman
☐ board	☐ accessory
☐ pass	☐ eaten up
☐ planet	☐ rice ball
☐ communicate	☐ flake
☐ translation	☐ flaked tuna
☐ go around	☐ mayo
☐ app	☐ release

16
章

●現在分詞の形容詞的用法

名詞の前後に現在分詞を置くことで「〜している…」と名詞を修飾することができる。
ただし前に置く場合と後に置く場合では次のようにニュアンスが変わってくる。

　前置修飾する場合：名詞を限定，一般化する　　**例** the running dog：走っている（方の）犬

　後置修飾する場合：単に名詞を説明，一時的な状態　　**例** the dog running：走っている犬

ただし，現在分詞に語句が伴う場合は必ず後置修飾にする。

　例 走りまわっている犬 → ○the dog running around　×the running around dog

例1 Look at those flying birds.　あれらの飛んでいる鳥を見て。

例2 Look at that dog running.　あの走っている犬を見て。

例3 The dogs running around look fun.　走り回っている犬は楽しそうです。

！注意 flying birds は一般化されて「空を飛ぶ（ことができる）鳥」を指す場合もある。

●動名詞の形容詞的用法

動名詞を名詞の前に置くことで，「〜用の…」「〜するための…」と名詞を修飾することができる。
この場合の動名詞は機能や性質を表す場合が多い。

running shoes	ランニング用シューズ	sleeping bag	寝袋
smoking area	喫煙所	closing time	閉店時間
swimming pool	水泳プール	driving school	自動車教習所
parking lot	駐車場	meeting room	会議室
washing machine	洗浄機，洗濯機	boarding pass	搭乗券

　不定詞の形容詞的用法では，名詞の直後に不定詞を置いて名詞を修飾するが，その修飾部分が過去のこと，すでに済んでいることを表す場合，不定詞ではなく動名詞が用いられる。

　例 Is this your first time visiting Japan?　日本訪問は今回が初めてですか？

●過去分詞の形容詞的用法

名詞の前後に過去分詞を置くことで「〜された…」と名詞を修飾することができる。
通常は名詞の前に置かれるが，一時的な状態を表す場合は後に置かれる。

例1 That is the broken window.　あれがその割れた窓（割られた窓）です。

例2 There is no more time left.　残り時間はもうありません。（no more：もはや〜ない）

ただし，過去分詞に語句が伴う場合は必ず後置修飾にする。

　例 トムによって壊された窓：○the window broken by Tom　×the broken by Tom window

例3 That is the window broken by Tom.　あれがトムによって壊された窓です。

例4 This is a book written in simple English.　これは簡単な英語で書かれた本です。

🎧 次の英文の読み書きの練習，及びリスニングの練習をしなさい。

1 I found your lost keys.　私はあなたのなくした鍵を見つけました。

2 That sleeping dog is called Max.　あの眠っている犬はマックスといいます。

3 The cat sleeping on the chair is called Pixie.　いすの上で眠っている猫はピクシーといいます。

4 Can you prepare the tent and sleeping bags?　テントと寝袋の準備をしてくれない？

5 Who is that crying girl?　あの泣いている女の子は誰ですか？
　She is lost.　　　　　　　　　彼女は迷子です。

6 Are you able to say all the planets　太陽の周りを回っている惑星をすべて言うことができますか？
　going around the sun?

7 My mom often buys dried fruits for us.　母はよく私達のためにドライフルーツを買ってきます。

8 The boy wearing glasses is her son, Mark.　その眼鏡をかけている男の子は彼女の息子の
　　　　　　　　　　　　　　　　　　　　　　　　　マークです。

9 That girl playing the piano is his daughter.　あのピアノを弾いている女の子は彼の娘です。

10 These are the photos taken in Australia.　これらはオーストラリアで撮られた写真です。

11 I have some accessories made　私はその職人によって作られたアクセサリーを
　by the craftsman.　　　　　いくつか持っています。

12 He has just bought a used car.　彼は中古車を買ったばかりです。

13 This is a hotel built one hundred years ago.　これは 100 年前に建てられたホテルです。

14 Can you help me sweep away and burn the fallen leaves?　落ち葉を掃いて燃やすのを
　　　　　　　　　　　　　　　　　　　　　　　　　　　　　手伝ってくれませんか？

15 He has eaten up all the bread put here.　彼はここに置いてあったパンをすべて食べ切って
　　　　　　　　　　　　　　　　　　　　　　　　　　しまいました。

16 This is tuna caught in the Pacific Ocean.　これは太平洋で捕れたマグロです。

17 Do you know of any restaurants serving Japanese food?　日本料理を提供するレストランを
　　　　　　　　　　　　　　　　　　　　　　　　　　　　　知りませんか？

18 This translation app will help communicate　この翻訳アプリは他の言語を話す人と
　with people speaking other languages.　　　コミュニケーションするのに役立ちます。

19 Have you checked the new timetable　昨日発表された新しい時間割をもう見ましたか？
　released yesterday?

20 Who is the man waiting outside?　外で待っている男の人は誰ですか？

21 I like rice balls with flaked tuna and mayo.　私はツナマヨのおにぎりが好きです。

22 Do you have cooking tools for smoked food?　あなたは燻製を作る道具を持っていませんか？

23 They charged me 300 dollars for the broken window.　彼らは私に窓の破損に対して
　　　　　　　　　　　　　　　　　　　　　　　　　300 ドルを請求してきました。

24 There is only one ticket left.　チケットは 1 枚だけ残っています。

25 Is this your first time visiting Japan?　日本訪問は今回が初めてですか？
　Yes, this is my first visit.　　　　　　　　はい，今回が初めての訪問です。

★ 章 末 問 題 Ⓐ ★

日本文に合うように英単語を並べ替えなさい。

1 私はあなたのなくした鍵を見つけました。 I lost your keys found

2 あの眠っている犬はマックスといいます。 is dog that called Max sleeping

3 いすの上で眠っている猫はピクシーといいます。 on is the the cat called chair Pixie sleeping

4 テントと寝袋の準備をしてくれない？ the and you can tent bags sleeping prepare

5 あの泣いている女の子は誰ですか？ 彼女は迷子です。 is is she girl who lost that crying

6 太陽の周りを回っている惑星をすべて言うことができますか？
the the to all say sun are you going able around planets

7 母はよく私達のためにドライフルーツを買ってきます。 us my for buys mom fruits dried often

8 その眼鏡をかけている男の子は彼女の息子のマークです。
is the her boy son glasses Mark wearing

9 あのピアノを弾いている女の子は彼の娘です。 is the his that girl piano playing daughter

10 これらはオーストラリアで撮られた写真です。 the in taken are photos these Australia

11 私はその職人によって作られたアクセサリーをいくつか持っています。
I the by some made have craftsman accessories

12 彼は中古車を買ったばかりです。 a he has car bought used just

13 これは100年前に建てられたホテルです。 a is ago one this years built hundred hotel

14 落ち葉を掃いて燃やすのを手伝ってくれませんか？
the me you and can help burn sweep away leaves fallen

---

15 彼はここに置いてあったパンをすべて食べ切ってしまいました。
the he put has up all eaten here bread

---

16 これは太平洋で捕れたマグロです。　is the in this caught tuna Pacific Ocean

---

17 日本料理を提供するレストランを知りませんか？
of do food any you serving know restaurants Japanese

---

18 この翻訳アプリは他の言語を話す人とコミュニケーションするのに役立ちます。
will app with this other help people translation speaking languages communicate

---

19 昨日発表された新しい時間割をもう見ましたか？
the new you have yesterday checked released timetable

---

20 外で待っている男の人は誰ですか？　is the who outside man waiting

---

21 私はツナマヨのおにぎりが好きです。　I rice like balls and with flaked tuna mayo

---

22 あなたは燻製を作る道具を持っていませんか？　for do you food tools have smoked cooking

---

23 彼らは私に窓の破損に対して 300 ドルを請求してきました。
me for the they broken charged 300 dollars window

---

24 チケットは 1 枚だけ残っています。　is one left there ticket only

---

25 日本訪問は今回が初めてですか？　is your first this time Japan visiting
はい，今回が初めての訪問です。　is my yes this visit first

★ 章 末 問 題 Ⓑ ★

日本文に合うように英単語を並べ替えなさい。

1 私はあなたのなくした鍵を見つけました。I lost your keys found

2 あの眠っている犬はマックスといいます。 is dog that called Max sleeping

3 いすの上で眠っている猫はピクシーといいます。 on is the the cat called chair Pixie sleeping

4 テントと寝袋の準備をしてくれない？ the and you can tent bags sleeping prepare

5 あの泣いている女の子は誰ですか？　彼女は迷子です。 is is she girl who lost that crying

6 太陽の周りを回っている惑星をすべて言うことができますか？
the the to all say sun are you going able around planets

7 母はよく私達のためにドライフルーツを買ってきます。 us my for buys mom fruits dried often

8 その眼鏡をかけている男の子は彼女の息子のマークです。
is the her boy son glasses Mark wearing

9 あのピアノを弾いている女の子は彼の娘です。 is the his that girl piano playing daughter

10 これらはオーストラリアで撮られた写真です。 the in taken are photos these Australia

11 私はその職人によって作られたアクセサリーをいくつか持っています。
I the by some made have craftsman accessories

12 彼は中古車を買ったばかりです。 a he has car bought used just

13 これは100年前に建てられたホテルです。 a is ago one this years built hundred hotel

14 落ち葉を掃いて燃やすのを手伝ってくれませんか？
the me you and can help burn sweep away leaves fallen

15 彼はここに置いてあったパンをすべて食べ切ってしまいました。
the he put has up all eaten here bread

16 これは太平洋で捕れたマグロです。　is the in this caught tuna Pacific Ocean

17 日本料理を提供するレストランを知りませんか？
of do food any you serving know restaurants Japanese

18 この翻訳アプリは他の言語を話す人とコミュニケーションするのに役立ちます。
will app with this other help people translation speaking languages communicate

19 昨日発表された新しい時間割をもう見ましたか？
the new you have yesterday checked released timetable

20 外で待っている男の人は誰ですか？　is the who outside man waiting

21 私はツナマヨのおにぎりが好きです。　I rice like balls and with flaked tuna mayo

22 あなたは燻製を作る道具を持っていませんか？　for do you food tools have smoked cooking

23 彼らは私に窓の破損に対して 300 ドルを請求してきました。
me for the they broken charged 300 dollars window

24 チケットは 1 枚だけ残っています。　is one left there ticket only

25 日本訪問は今回が初めてですか？　is your first this time Japan visiting
はい，今回が初めての訪問です。　is my yes this visit first

17章 ||| 関係代名詞 I

●この章で用いられる単語を覚えよう。

know of ［ nóu əv / ノゥ アヴ ］ ～を見聞きしたことがある，～をある程度知っている

know about ［ nóu əbáut / ノゥ アバゥトゥ ］ ～に詳しい

actor ［ ǽktər / アクタ(ァ) ］ 名 役者，俳優

roof ［ rú:f / ルーフ ］ 名 屋根，屋上

black ［ blǽk / ブラク ］ 形 黒い

lady ［ léidi / レイディ ］ 名 女性，婦人，女の人

tour ［ túər / トゥア ］ 名 小旅行，ツアー

guide ［ gaid / ガイドゥ ］ 名 案内人，ガイド

next door ［ nékst dɔr / ネクストゥ ドァ ］ 隣の家，お隣
（となり）

New Zealand ［ njú: zi:lʌnd / ニューズィーランドゥ ］ 名 ニュージーランド

coat ［ kóut / コウトゥ ］ 名 コート，外套，上着
（がいとう）

next to ［ nékst tú: / ネクストゥ トゥー ］ ～の隣に
（となり）

beach sandal ［ bí:tʃ sǽndəl / ビーチ サンダル ］ ビーチサンダル

pickup truck ［ píkʌp trʌ́k / ピックアプ トゥラク ］ ピックアップトラック

impress ［ imprés / イムプレス ］ 動 感銘を与える
（かんめい）

person ［ pə́rsən / パースン ］ 名 人，人物

close to ［ klóus tú: / クロウス トゥー ］ ～に近い

pianist ［ piǽnəst / ピアニストゥ ］ 名 ピアニスト

look for ［ lúk fər / ルク フォァ ］ ～を探す

among ［ əmʌ́ŋ / アマング ］ 前 ～の間で

toothbrush ［ tú:θ brʌʃ / トゥースブラシュ ］ 名 歯ブラシ

make a copy ［ méik ə kápi / メイク ア カピー ］ コピーをとる

beige ［ béiʒ / ベイジュ ］ 形 ベージュ色の

rain gutter ［ rein gʌ́tər / レイン ガタァー ］ 雨どい

repair ［ ripér / リペァ ］ 動 修理する

downstairs ［ dáunstéər / ダウンステアズ ］ 副 階下で（に）

get into ［ get íntu / ゲットゥ イントゥ ］ 入学する

tutorial ［ tu:tɔ́:riəl / チュートーリアル ］ 形 個別指導の，家庭教師の

seem ［ sí:m / スィーム ］ 動 ～のように思われる，～と思われる

it seems like～ ［ ít sí:mz láik / イトゥ スィームズ ライク ］ どうやら～のようだ

●左ページを隠して読みと意味を確認しよう。

- □ know of
- □ know about
- □ actor
- □ roof
- □ black
- □ lady
- □ tour
- □ guide
- □ next door
- □ New Zealand
- □ coat
- □ next to
- □ beach sandal
- □ pickup truck
- □ impress

- □ person
- □ close to
- □ pianist
- □ look for
- □ among
- □ toothbrush
- □ make a copy
- □ beige
- □ rain gutter
- □ repair
- □ downstairs
- □ get into
- □ tutorial
- □ seem
- □ it seems like～

17
章

●関係代名詞（主格）

英語では名詞を語句で説明するとき，次のように名詞の後に語句を並べて説明する。

┌─ ロンドンに住んでいる友達　　　　　　　┌─ 歯ブラシを売っているお店
└→【友達】ロンドンに住んでいる　　　　　└→【お店】歯ブラシを売っている

英語では【　】の説明される語や語句を先行詞という。

【a friend】 he(she) lives in London　　　　【a store】 it sells toothbrushes
先行詞　　　説明部分　　　　　　　　　　先行詞　　　説明部分

下線部の説明部分において，先行詞を指す主格の代名詞が人のときは who，人以外のときは which が用いられ，この場合の who や which を関係代名詞という。（関係代名詞は特に訳さない）

a friend who lives in London　　　　　a store which sells toothbrushes
（ロンドンに住んでいる友達）　　　　　（歯ブラシを売っているお店）

例1　I have a friend who lives in London.　私はロンドンに住んでいる友達がいます。
※この場合の who は a friend を指すので3人称単数

例2　Do you know of any stores which sell toothbrushes?
歯ブラシを売っているお店をどこか知りませんか？
※この場合の which は any stores を指すので3人称複数

関係代名詞は他に that があり，that は先行詞が人でも人以外でも用いることができる。

例3　Where is the newspaper that was here.　ここにあった新聞はどこですか？

!注意　文全体で説明部分の重要度が高いと話し手が考える場合は that，それほど重要ではない追加情報と考える場合は who や which が用いられる傾向がある。

●関係代名詞（所有格）

お父さんが俳優の友達 →【友達】お父さんが俳優の　　　屋根が黒い建物 →【建物】屋根が黒い

【a friend】 his(her) father is an actor　　　　【a building】 its roof is black
先行詞　　　説明部分　　　　　　　　　　先行詞　　　説明部分

上記のように説明部分に所有代名詞が入る場合の関係代名詞は whose が用いられる。

a friend whose father is an actor　　　　　a building whose roof is black
（お父さんが俳優の友達）　　　　　　　　（屋根が黒い建物）

例1　I have a friend whose father is an actor.　私はお父さんが俳優の友達がいます。

例2　Who is that lady whose hat is beige?　あの帽子がベージュ色の女性は誰ですか？

●関係代名詞＋be動詞

関係代名詞＋be動詞の分部を省略すると，分詞の形容詞的用法（前章）の表現とほぼ同じになる。

例1　the girls who are singing on TV　　　例2　an email which was written by him
（テレビで歌っている女の子達）　　　　　（彼によって書かれた電子メール）
→the girls singing on TV　　　　　　　　→an email written by him

🎧 次の英文の読み書きの練習，及びリスニングの練習をしなさい。

1 I have a sister who is three years older than me.　私には３歳年上の姉がいます。

2 Is there anyone who speaks Japanese?　日本語を話せる人は誰かいませんか？

3 I have a friend who goes to your school.　私にはあなたの学校に通っている友達がいます。

4 The lady who is standing over there is　向こうに立っている女性が今日の私達の
our tour guide today.　　　　　　　　　　　　　　　　　　　ツアーガイドです。

5 She is the lady who lives next door.　彼女は隣に住んでいる女性です。

6 I have a friend who lives in New Zealand.　私にはニュージーランドに住んでいる友達がいます。

7 Where is my coat which was here?　ここにあった私のコートはどこですか？

8 Have you checked the mail which was　昨日みんなに送られたメールは確認しましたか？
sent out to all yesterday?

9 Do you know of any stores which　ビーチサンダルを売っているお店をどこか知りませんか？
sell beach sandals?

10 Do you have a printer that can also　コピーもできるプリンターは置いていませんか？
make copies?

11 He is going to take the flight that leaves　彼は３時30分発の飛行機に乗る予定です。
at 3:30.

12 I know a man who has a pickup truck.　私はピックアップトラックを持っている人を
　　　　　　　　　　　　　　　　　　　　　　　　　　　知っています。

13 Do you know of any companies　雨どいを修理してくれる会社をどこか知りませんか？
that can repair rain gutters?

14 She is the only one who speaks　彼女は私達の中で唯一中国語を話せる人です。
Chinese among us.

15 This is one of the books that impressed me.　これは私に感銘を与えた本の１つです。

16 I chose this hotel which is very　私は海がとても近いこのホテルを選びました。
close to the sea.

17 I know a girl whose mother is a pianist.　私はお母さんがピアニストの女の子と知合いです。

18 He wants to get into a tutorial school　彼はコンピュータープログラミングを教える塾に
that teaches computer programming.　　　　　　　　　　　　　　　入りたがっています。

19 I am looking for someone who knows　私はコンピューターに詳しい人を探しています。
about computer.

20 I know a person whose older brother　私はお兄さんがコンピューターエンジニアを
is a computer engineer.　　　　　　　している人を知っています。

21 Are you the ones who want to join our club?　あなた達が私達のクラブに入りたいという
　　　　　　　　　　　　　　　　　　　　　　　　　　　人たちですか？

22 It seems like the people who live　下の階に住んでいる人たちはどうも犬を
downstairs have a dog.　　　　　　　　　　　　　　　　　　飼っているようです。

● ★ 章 末 問 題 Ⓐ ★ ●

日本文に合うように英単語を並べ替えなさい。

1 私には３歳年上の姉がいます。　a I me is who than have years older sister three

2 日本語を話せる人は誰かいませんか？　is who there speaks anyone Japanese

3 私にはあなたの学校に通っている友達がいます。　a I to your who goes have school friend

4 向こうに立っている女性が今日の私達のツアーガイドです。
is is our who the tour lady over today guide there standing

5 彼女は隣に住んでいる女性です。　the is who next she lady door lives

6 私にはニュージーランドに住んでいる友達がいます。　a I in who have lives friend New Zealand

7 ここにあった私のコートはどこですか？　is was my here where coat which

8 昨日みんなに送られたメールは確認しましたか？
the all out to was you sent checked have mail which yesterday

9 ビーチサンダルを売っているお店をどこか知りませんか？
of do any sell you know which beach stores sandals

10 コピーもできるプリンターは置いていませんか？
a do can that also you have make copies printer

11 彼は３時30分発の飛行機に乗る予定です。　at to he is the that take flight going leaves 3:30

12 私はピックアップトラックを持っている人を知っています。
a a I has man who truck know pickup

13 雨どいを修理してくれる会社をどこか知りませんか？
of do can you any that know rain repair gutters companies

14 彼女は私達の中で唯一中国語を話せる人です。
the is us she one only who speaks among Chinese

15 これは私に感銘を与えた本の1つです。　is of me one the this that books impressed

16 私は海がとても近いこのホテルを選びました。
I is to the this sea chose close very hotel which

17 私はお母さんがピアニストの女の子と知合いです。　a a I is girl know pianist mother whose

18 彼はコンピュータープログラミングを教える塾に入りたがっています。
a to into he get that wants school tutorial computer programming teaches

19 私はコンピューターに詳しい人を探しています。
I for am who about someone knows looking computer

20 私はお兄さんがコンピューターエンジニアをしている人を知っています。
a a I is older know whose person brother computer engineer

21 あなた達が私達のクラブに入りたいという人たちですか？
to our the are you ones who club want join

22 下の階に住んでいる人たちはどうも犬を飼っているようです。
a it the dog have who seems live like downstairs people

● ★ 章 末 問 題 Ⓑ ★

日本文に合うように英単語を並べ替えなさい。

1 私には３歳年上の姉がいます。　a I me is who than have years older sister three

2 日本語を話せる人は誰かいませんか？　is who there speaks anyone Japanese

3 私にはあなたの学校に通っている友達がいます。　a I to your who goes have school friend

4 向こうに立っている女性が今日の私達のツアーガイドです。
　is is our who the tour lady over today guide there standing

5 彼女は隣に住んでいる女性です。　the is who next she lady door lives

6 私にはニュージーランドに住んでいる友達がいます。　a I in who have lives friend New Zealand

7 ここにあった私のコートはどこですか？　is was my here where coat which

8 昨日みんなに送られたメールは確認しましたか？
　the all out to was you sent checked have mail which yesterday

9 ビーチサンダルを売っているお店をどこか知りませんか？
　of do any sell you know which beach stores sandals

10 コピーもできるプリンターは置いていませんか？
　a do can that also you have make copies printer

11 彼は３時30分発の飛行機に乗る予定です。　at to he is the that take flight going leaves 3:30

12 私はピックアップトラックを持っている人を知っています。
a a I has man who truck know pickup

13 雨どいを修理してくれる会社をどこか知りませんか？
of do can you any that know rain repair gutters companies

14 彼女は私達の中で唯一中国語を話せる人です。
the is us she one only who speaks among Chinese

15 これは私に感銘を与えた本の1つです。 is of me one the this that books impressed

16 私は海がとても近いこのホテルを選びました。
I is to the this sea chose close very hotel which

17 私はお母さんがピアニストの女の子と知合いです。 a a I is girl know pianist mother whose

18 彼はコンピュータープログラミングを教える塾に入りたがっています。
a to into he get that wants school tutorial computer programming teaches

19 私はコンピューターに詳しい人を探しています。
I for am who about someone knows looking computer

20 私はお兄さんがコンピューターエンジニアをしている人を知っています。
a a I is older know whose person brother computer engineer

21 あなた達が私達のクラブに入りたいという人たちですか？
to our the are you ones who club want join

22 下の階に住んでいる人たちはどうも犬を飼っているようです。
a it the dog have who seems live like downstairs people

18章 ||| 関係代名詞Ⅱ

●この章で用いられる単語を覚えよう。

spot ［spát / スパットゥ］ 名 場所，地域

sightseeing spot ［sáitsìːŋ spát / サイトゥスィーイングスパットゥ］ 観光スポット

cafe ［kæféi / カフェ］ 名 カフェ，喫茶店

borrow ［bárou / バロウ］ 動 借りる

library ［láibrèri / ライブラリィ］ 名 図書館，図書室

useful ［júːsfl / ユースフォウ］ 形 役立つ，便利な

uncle ［ʌ́ŋkl / アンコウ］ 名 叔父

moment ［móumənt / モウメントゥ］ 名 わずかな間，一瞬

a moment ago ［ə móumənt əgóu / ア モウメントゥ アゴウ］ さっき，少し前に

just now ［dʒʌ́st náu / ジャストゥ ナゥ］ たった今，ちょうど今

the US ［ðə jués / ズィ ユーエス］ アメリカ合衆国

pick ［pík / ピク］ 動 摘み取る，引き取る

introduce ［intrədúːs / イントゥロドゥース］ 動 紹介する

town ［táun / タウン］ 名 街，市，都会

share ［ʃer / シェア］ 動 共有する

Ms. ［míz / ミズ］ 名 ～さん(女性に対する敬称)

plant ［plænt / プラントゥ］ 動 植える

wife ［waif / ワイフ］ 名 妻

file ［fáil / ファイル］ 名 ファイル

difference ［dífərəns / ディファレンス］ 名 違い

need ［níːd / ニードゥ］ 動 必要とする

dress ［drés / ドゥレス］ 名 ドレス，ワンピース，礼装

wedding ［wédiŋ / ウェディング］ 名 結婚(式)

ceremony ［sérəmòuni / セリモウニ］ 名 儀式

Italian ［itǽljən / イタリアン］ 形 イタリアの，イタリア人の，イタリア語の

wine ［wáin / ワイン］ 名 ワイン

reference book ［réfərəns búk / リファレンス ブック］ 参考書

travel ［trǽvl / トラヴェル］ 動 (長期的に)旅行する

Singapore ［síŋgəpɔ̀ːr / スィンガポァ］ 名 シンガポール

instrument ［ínstrəmənt / インストゥルメントゥ］ 名 道具，器具，楽器

musical instrument ［mjúzikəl ínstrəmənt / ミュズィカル インストゥルメントゥ］ 楽器

someday ［sʌ́mdèi / サムデイ］ 副 いつか

ride ［ráid / ライドゥ］ 名 (遊園地などの)乗り物

●左ページを隠して読みと意味を確認しよう。

☐ spot	☐ wife
☐ sightseeing spot	☐ file
☐ cafe	☐ difference
☐ borrow	☐ need
☐ library	☐ dress
☐ useful	☐ wedding
☐ uncle	☐ ceremony
☐ moment	☐ Italian
☐ a moment ago	☐ wine
☐ just now	☐ reference book
☐ the US	☐ travel
☐ pick	☐ Singapore
☐ introduce	☐ instrument
☐ town	☐ musical instrument
☐ share	☐ someday
☐ Ms.	☐ ride
☐ plant	

18
章

●関係代名詞（目的格）

英語では名詞を語句で説明するとき，次のように名詞の後に語句を並べて説明する。

```
┌ ジェーンと話している女の子          ┌ あなたが昨日買ったテキスト
└➤【女の子】ジェーンと話している       └➤【テキスト】あなたが昨日買った
```

英語では【　】の説明される語や語句を**先行詞**という。下線部の説明部分において，先行詞を指す目的格の語が人のときは whom または who，人以外のときは which に変わり，**説明部分の先頭にくる**。（この場合の who は文法的に正確ではないが口語でよく用いられる）

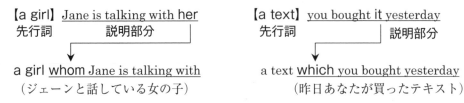

【a girl】Jane is talking with her   【a text】you bought it yesterday
先行詞　　　　説明部分　　　　　　　　　　　先行詞　　　　　説明部分

a girl whom Jane is talking with   a text which you bought yesterday
（ジェーンと話している女の子）   （昨日あなたが買ったテキスト）

この場合の whom（who）や which を**関係代名詞**という。（関係代名詞は特に訳さない）

例1　Who is the girl whom Jane is talking with?　ジェーンと話している女の子は誰ですか？

例2　Will you show me the textbook which you bought yesterday?
　　　あなたが昨日買ったテキストを見せてくれない？

関係代名詞は他に that があり，**that は先行詞が人でも人以外でも用いることができる**。

例3　Rome is one of the cities that I want to visit someday.
　　　ローマは私がいつか訪ねてみたい都市の１つです。

!注意　関係代名詞が**目的格**を表す場合，会話では**省略**されることが多い。ただし関係代名詞が**主格**を表す場合は**省略できない**。

例4　Rome is one of the cities I want to visit someday.　（関係代名詞の省略）

例5　Rome is one of the cities that has many sightseeing spots.　（関係代名詞は省略不可）
　　　ローマは観光スポットがたくさんある都市の１つです。

23　次の英文を訳しなさい。

(1) I know the woman who you met at the cafe.

----

(2) This is a camera that my uncle gave me.

----

(3) I have lost my ticket which I bought yesterday.

----

(4) The map you lent me was very useful.

🎧 次の英文の読み書きの練習，及びリスニングの練習をしなさい。

日本文に合うように英単語を並べ替えなさい。

1 The man whom you met a moment ago is my father.　さっきあなたが会った人は私の父です。

2 Who is the woman whom you were talking with just now?　さっきあなたと話していた女性は誰ですか？

3 This is a book which I borrowed from the library.　これは私が図書館で借りた本です。

4 What is the name of the beautiful flowers　あなたが庭に植えている綺麗な花は何という you have planted in your garden?　名前ですか？

5 This is a shirt I bought in the US.　これは私がアメリカで買ったシャツです。

6 Pick any card you like.　どれでも好きなカードを引いてみて。

7 I am going to introduce the town I live in.　これから私が住んでいる町を紹介します。

8 This is a bike we share.　これは私達が共有している自転車です。

9 Is there anything you don't eat?　あなたは食べられないものは何かありますか？

10 Where is the map we bought?　私達が買った地図はどこですか？

11 Have you found your smartphone you lost?　あなたがなくしたあなたのスマートフォンは見つかりましたか？

12 This is the watch which my wife gave me for my birthday.　これは私の妻が誕生日にくれた腕時計です。

13 We did all we could.　私達はやれることはやりました。

14 Is this the file you are looking for?　これはあなたが探しているファイルですか？

15 What was the biggest difference you felt?　あなたが感じた一番の違いは何でしたか？

16 I need a dress that I can wear to the wedding ceremony.　私は結婚式に着て行けるドレスが必要です。

17 The Italian wine that she chose was really nice.　彼女が選んだイタリア産ワインは本当においしかったです。

18 This is the very book I have been looking for.　これこそ私が探していた本です。

19 It is the ride that I want to try the most.　それは私が一番乗ってみたいアトラクションです。

20 This is the reference book that Ms. Kelly　これがケリー先生が私達に薦めていた参考書です。 recommended to us.

21 She is the friend that I traveled to Singapore with.　彼女は私とシンガポール旅行に行った友達です。

22 What do you call the large musical instrument　あの音楽家が演奏している that musician is playing?　大きな楽器は何と呼びますか？

18
章

★ 章 末 問 題 Ⅰ ★

日本文に合うように英単語を並べ替えなさい。

1 さっきあなたが会った人は私の父です。　a the my is you ago man whom met moment father

2 さっきあなたと話していた女性は誰ですか？
who whom is you the just with now were talking woman

3 これは私が図書館で借りた本です。　a is I from the this book which borrowed library

4 あなたが庭に植えている綺麗な花は何という名前ですか？
is in of the the you your name what have beautiful planted garden flowers

5 これは私がアメリカで買ったシャツです。　a I is in the this shirt bought US

6 どれでも好きなカードを引いてみて。　any you pick like card

7 これから私が住んでいる町を紹介します。　I I the live to in am town going introduce

8 これは私達が共有している自転車です。　a is we this share bike

9 あなたは食べられないものは何かありますか？　is eat you there don't anything

10 私達が買った地図はどこですか？　is the we map where bought

11 あなたがなくしたあなたのスマートフォンは見つかりましたか？
you you your found have lost smartphone

12 これは私の妻が誕生日にくれた腕時計です。
the my my is me for this wife watch gave which birthday

13 私達はやれることはやりました。　we we all did could

14 これはあなたが探しているファイルですか？　is the this for are file you looking

15 あなたが感じた一番の違いは何でしたか？　the was felt you what biggest difference

16 私は結婚式に着て行けるドレスが必要です。
a I I to the that can dress need wear wedding ceremony

17 彼女が選んだイタリア産ワインは本当においしかったです。
the she that was nice wine chose really Italian

18 これこそ私が探していた本です。　I the this is for very been book looking have

19 それは私が一番乗ってみたいアトラクションです。
I it to is the the that try ride want most

20 これがケリー先生が私達に薦めていた参考書です。
to us is the this that book reference recommended Ms. Kelly

21 彼女は私とシンガポール旅行に行った友達です。
I she to is the that with traveled friend Singapore

22 あの音楽家が演奏している大きな楽器は何と呼びますか？
is do the that what call you large instrument playing musician musical

18
章

●　★ 章 末 問 題 Ｂ ★

日本文に合うように英単語を並べ替えなさい。

1 さっきあなたが会った人は私の父です。　a the my is you ago man whom met moment father

2 さっきあなたと話していた女性は誰ですか？
who whom is you the just with now were talking woman

3 これは私が図書館で借りた本です。　a is I from the this book which borrowed library

4 あなたが庭に植えている綺麗な花は何という名前ですか？
is in of the the you your name what have beautiful planted garden flowers

5 これは私がアメリカで買ったシャツです。　a I is in the this shirt bought US

6 どれでも好きなカードを引いてみて。　any you pick like card

7 これから私が住んでいる町を紹介します。　I I the live to in am town going introduce

8 これは私達が共有している自転車です。　a is we this share bike

9 あなたは食べられないものは何かありますか？　is eat you there don't anything

10 私達が買った地図はどこですか？　is the we map where bought

11 あなたがなくしたあなたのスマートフォンは見つかりましたか？
you you your found have lost smartphone

12 これは私の妻が誕生日にくれた腕時計です。
　the my my is me for this wife watch gave which birthday

13 私達はやれることはやりました。　we we all did could

14 これはあなたが探しているファイルですか？　is the this for are file you looking

15 あなたが感じた一番の違いは何でしたか？　the was felt you what biggest difference

16 私は結婚式に着て行けるドレスが必要です。
　a I I to the that can dress need wear wedding ceremony

17 彼女が選んだイタリア産ワインは本当においしかったです。
　the she that was nice wine chose really Italian

18 これこそ私が探していた本です。　I the this is for very been book looking have

19 それは私が一番乗ってみたいアトラクションです。
　I it to is the the that try ride want most

20 これがケリー先生が私達に薦めていた参考書です。
　to us is the this that book reference recommended Ms. Kelly

21 彼女は私とシンガポール旅行に行った友達です。
　I she to is the that with traveled friend Singapore

22 あの音楽家が演奏している大きな楽器は何と呼びますか？
　is do the that what call you large instrument playing musician musical

19章 ‖‖‖ 間接疑問

●この章で用いられる単語を覚えよう。

be able to　[bí: éibl tú: / ビィ エイボゥ トゥー]　〜することができる

nobody　[nóubədi / ノウバディ]　代　誰も〜ない

ask　[ǽsk / アスク]　動　尋ねる，聞く

be absent from　[bí: ǽbsent tú: / ビィ アブ セントゥ トゥー]　〜を欠席している

if　[if / イフ]　接　〜かどうか，もし〜なら

whether　[hwéðər / ホウェザ (ァ)]　接　〜かどうか

doubt　[dáut / ダウトゥ]　動　疑う

true　[trú: / トゥルー]　形　本当の，真実の

believe　[bilí:v / ビリーヴ]　動　信じる

should　[ʃúd / シュドゥ]　助　〜したほうがよい

hear of　[hír əv / ヒア オヴ]　〜ついて聞く，の噂を聞く

remember　[rimémbər / リメンバ (ァ)]　動　覚えている

vinegar　[vínəgər / ヴィナガァ]　名　酢

decide　[disáid / ディサイドゥ]　動　決める，決心する

join　[dʒɔ́in / ジョイン]　動　加わる，加入する

May I ~?　[méi ái / メイ アイ]　〜してもいいですか？　〜いたしましょうか？

guess　[gés / ゲス]　動　言い当てる，推測する

run into　[rʌ́n ìntu / ラン イントゥー]　〜に偶然会う，〜に衝突する，〜に駆け込む

express　[iksprés / イクスプレス]　動　表現する，表す，伝える

enough　[inʌ́f / イナフ]　副　十分に

●左ページを隠して読みと意味を確認しよう。

- [ ] be able to
- [ ] nobody
- [ ] ask
- [ ] be absent from
- [ ] if
- [ ] whether
- [ ] doubt
- [ ] true
- [ ] believe
- [ ] should
- [ ] hear of
- [ ] remember
- [ ] vinegar
- [ ] decide
- [ ] join
- [ ] May I ~ ?
- [ ] guess
- [ ] run into
- [ ] express
- [ ] enough

19
章

●間接疑問

文の中に疑問に思うことを表す名詞節を含んでいる文を**間接疑問文**という。

　直接疑問文の例：Does she like fish?　彼女は魚が好きですか？

　間接疑問文の例：Do you know <u>if she likes fish</u>?　彼女は魚が好きかどうか知っていますか？

名詞節（…かどうか）

●what＋一般動詞：何が…するのか

例1　Do you know what happened to her?　彼女に何が起こったのか知っていますか？

●what＋A＋一般動詞：A が何を…するのか，A が…すること

例2　I was not able to understand what he said. 私は彼が何を言ったのか理解できなかった。

（私は彼が言ったことを理解できなかった）

●what＋A＋be 動詞：A が何であるのか，A が何か

例3　I don't know what it is.　私はそれが何なのかわかりません。

●who＋一般動詞：誰が…するのか

例4　Can you tell me who wrote this?　これは誰が書いたのか教えてくれますか？

●who＋A＋be 動詞：A が誰なのか

例5　Do you know who I am?　私が誰かわかりますか？

●who＋A＋一般動詞：A が誰を…するのか

例6　Do you know who he visited?　あなたは彼が誰を訪ねたのか知っていますか？

●whose＋X＋A＋be 動詞：A が誰の X なのか

例7　Nobody knows whose bike this is.　これが誰の自転車なのか誰も知りません。

●when＋A＋一般動詞：A がいつ…するのか

例8　Do you know when she will come?　あなたは彼女がいつ来るか知っていますか？

●when＋A＋be 動詞：A がいつなのか

例9　We don't know when his birthday is.　私達は彼の誕生日がいつなのか知りません。

●where＋A＋一般動詞：A がどこで…するのか

例10　Could you tell me where I should change trains?
　　　私はどこで電車を乗り換えたほうがいいか教えてくれませんか？

●where＋A＋be 動詞：A がどこなのか

例11　I don't know where he is from.　私は彼がどこ出身なのか知りません。

●why＋A＋動詞：A が何故…なのか（するのか）

例12　Do you know why she is absent from school?
　　　あなたは彼女が何故学校を欠席しているのか知っていますか？

●how＋A＋動詞：A がどうやって…するのか，A はどんな様子なのか

例13　Please ask him how you would get there.
　　　あなた達がどうやってそこへ行けばいいかは彼に尋ねてください。

●how＋形容詞＋A＋動詞：A がどれくらい…なのか（するのか）

例14　I don't know how old she is.　私は彼女が何歳なのか知りません。

🎧 次の英文の読み書きの練習，及びリスニングの練習をしなさい。

1 Please ask Mark if he has got my email.　私のメールが届いているかマークに聞いて下さい。

2 I doubt whether it is true.　私はそれが本当かどうか疑っています。

3 I wonder if he will really come.　彼は本当に来るかなあ。

4 I know what you mean.　あなたの言いたいことはわかります。

5 What he said is true.　彼の言ったことは本当です。

6 Do you know what time it is now?　今何時かわかりますか？

7 I cannot express well enough what I want to say.　私は言いたいことがうまく言えません。

8 Is this what you are looking for?　これはあなたが探しているものですか？

9 You shouldn't believe what they say.　彼らの言うことは信じないほうがいいです。

10 I know what they are.　私はそれらが何かわかります。

11 Do you know what sukiyaki is?　すき焼きが何か知っていますか？
No, but I've heard of it.　　　　　いいえ，でもそれは聞いたことがあります。

12 Go see who it is.　誰だか見てきて。

13 Do you know who I am?　私が誰かわかりますか？

14 May I ask who's calling?　（電話で）どちら様でしょうか？

15 Nobody knows whose bike this is.　これが誰の自転車なのか誰も知りません。

16 Do you know when that will arrive?　あなたはそれがいつ届くか分かりますか？

17 Do you remember when he left?　彼がいつ出発したか覚えていますか？

18 Do you know where I can find vinegar?　お酢はどこで見つかるかわかりますか？

19 Did you know where Lisa lives?　リサはどこに住んでいるか知っていましたか？

20 Could you tell me where the post office is?　郵便局がどこにあるか教えていただけますか？

21 Do you know which bus goes to the airport?　あなたはどのバスが空港に行くかわかりますか？

22 Do you know why he is absent?　何故彼は欠席しているのか知っていますか？

23 I want to hear how he is at school.　私は彼の学校での様子を聞きたいです。

24 Do you know how old he is?　あなたは彼が何歳か知っていますか？

25 Have you decided what club you are going to join?　どのクラブに入るつもりか決まっていますか？

26 Guess who I ran into today?　今日私は誰にばったり会ったと思う？

● ★ 章 末 問 題 Ⓐ ★ ●

日本文に合うように英単語を並べ替えなさい。

1 私のメールが届いているかマークに聞いて下さい。　if my has he got ask please email Mark

---

2 私はそれが本当かどうか疑っています。　I is it doubt true whether

---

3 彼は本当に来るかなあ。　I he if come will really wonder

---

4 あなたの言いたいことはわかります。　I you what mean know

---

5 彼の言ったことは本当です。　is he true said what

---

6 今何時かわかりますか？　is it do now you what time know

---

7 私は言いたいことがうまく言えません。　I I to say well cannot express what want enough

---

8 これはあなたが探しているものですか？　is are you for this what looking

---

9 彼らの言うことは信じないほうがいいです。　say you they shouldn't believe what

---

10 私はそれらが何かわかります。　I are they know what

---

11 すき焼きが何か知っていますか？　is you do what know sukiyaki
いいえ，でもそれは聞いたことがあります。　no of it but heard I've

---

12 誰だか見てきて。　is go it see who

---

13 私が誰かわかりますか？ I you am do who know

14 （電話で）どちら様でしょうか？ I may who's ask calling

15 これが誰の自転車なのか誰も知りません。 is this bike knows whose nobody

16 あなたはそれがいつ届くか分かりますか。 do that you when arrive know will

17 彼がいつ出発したか覚えていますか？ do he you left when remember

18 お酢はどこで見つかるかわかりますか？ I do find can you know where vinegar

19 リサはどこに住んでいるか知っていましたか？ you Lisa where did lives know

20 郵便局がどこにあるか教えていただけますか？ the is me tell you post could where office

21 あなたはどのバスが空港に行くかわかりますか？ do to the bus you goes know which airport

22 何故彼は欠席しているのか知っていますか？ is he do you why absent know

23 私は彼の学校での様子を聞きたいです。 I he to is at want hear how school

24 あなたは彼が何歳か知っていますか？ is he do old you how know

25 どのクラブに入るつもりか決まっていますか？
to you you are club have what going join decided

26 今日私は誰にばったり会ったと思う？ into today who I ran guess

★ 章 末 問 題 Ⓑ ★

日本文に合うように英単語を並べ替えなさい。

1 私のメールが届いているかマークに聞いて下さい。　if my has he got ask please email Mark

2 私はそれが本当かどうか疑っています。　I is it doubt true whether

3 彼は本当に来るかなあ。　I he if come will really wonder

4 あなたの言いたいことはわかります。　I you what mean know

5 彼の言ったことは本当です。　is he true said what

6 今何時かわかりますか？　is it do now you what time know

7 私は言いたいことがうまく言えません。　I I to say well cannot express what want enough

8 これはあなたが探しているものですか？　is are you for this what looking

9 彼らの言うことは信じないほうがいいです。　say you they shouldn't believe what

10 私はそれらが何かわかります。　I are they know what

11 すき焼きが何か知っていますか？　is you do what know sukiyaki
　　いいえ，でもそれは聞いたことがあります。　no of it but heard I've

12 誰だか見てきて。　is go it see who

13 私が誰かわかりますか？ I you am do who know

14 （電話で）どちら様でしょうか？ I may who's ask calling

15 これが誰の自転車なのか誰も知りません。 is this bike knows whose nobody

16 あなたはそれがいつ届くか分かりますか。 do that you when arrive know will

17 彼がいつ出発したか覚えていますか？ do he you left when remember

18 お酢はどこで見つかるかわかりますか？ I do find can you know where vinegar

19 リサはどこに住んでいるか知っていましたか？ you Lisa where did lives know

20 郵便局がどこにあるか教えていただけますか？ the is me tell you post could where office

21 あなたはどのバスが空港に行くかわかりますか？ do to the bus you goes know which airport

22 何故彼は欠席しているのか知っていますか？ is he do you why absent know

23 私は彼の学校での様子を聞きたいです。 I he to is at want hear how school

24 あなたは彼が何歳か知っていますか？ is he do old you how know

25 どのクラブに入るつもりか決まっていますか？
to you you are club have what going join decided

26 今日私は誰にばったり会ったと思う？ into today who I ran guess

20章 ||| 否定疑問と付加疑問

●この章で用いられる単語を覚えよう。

noise ［nɔ́iz / ノイズ ］ 名 騒音，雑音

take a break ［téik ə bréik / テイク ア ブレイク ］ 休憩する

stay up late ［stéi ʌ́p léit ／ ステイ アプ レイトゥ ］ 夜更かしする

ready for ［rédi fɔ́r / レディー フォァ ］ ～の準備が整っている

by doing ［bái dúːiŋ / バイ ドゥーイング ］ ～することによって

traffic jam ［trǽfik dʒǽm / トゥラフィク ジャム ］ 名 交通渋滞

chess ［tʃés / チェス ］ 名 チェス

boring ［bɔ́riŋ / ボァリング ］ 形 退屈な，つまらない

forget ［fərgét / フォ(-)ゲトゥ ］ 動 ～を忘れる

pharmacy ［fɑ́rməsi / ファーマスィ ］ 名 薬局

offer a discount ［ɔ́fər ə dískaunt / オファー ア ディスカウントゥ ］ 割引を申し出る

You won't～ ［júː wóunt ／ ユー ウォウントゥ ］ ～しないこと，～してはいけない

20章

●左ページを隠して読みと意味を確認しよう。

- [ ] noise
- [ ] take a break
- [ ] stay up late
- [ ] ready for
- [ ] by doing
- [ ] traffic jam
- [ ] chess
- [ ] boring
- [ ] forget
- [ ] pharmacy
- [ ] offer a discount
- [ ] You won't〜

20
章

●否定疑問

　否定の短縮形で始まる疑問文を**否定疑問文**といい，**驚き**や**同意を求める**感情を表すときに用いられる。この疑問文に対する yes, no の答え方は**日本語と逆になる**ため，次のように覚えると良い。

> 「そうです」と同意・肯定する場合は No，「そうではない」と否定する場合は Yes で答える

例　Don't you like sushi?　あなたは寿司が好きじゃないのですか？

　　同意：<u>No</u>, I don't.　そうなんです，好きじゃないんです。

　　否定：<u>Yes</u>, I do.　いいえ（そうではありません），好きですよ。

例1　Aren't you cold?　あなたは寒くないのですか？
　　No, I'm not.　ええ，寒くないです。　Yes, I am.　いいえ，寒いです。

例2　Didn't you hear a noise?　物音がしませんでしたか？
　　No, I didn't.　ええ，しませんでしたよ。　Yes, I did.　いいえ，しました。

例3　Haven't you eaten anything since yesterday?　昨日から何も食べていないのですか？
　　No, I haven't.　そうです，何も食べていないんです。
　　Yes, I have.　いいえ，そんなことはないです。

●付加疑問

　肯定文や否定文の文末を疑問形で表す文を**付加疑問文**といい，「～でしょう？」「～ですよね」と確認や念押しをするときに用いられる。肯定文の場合の文末は代名詞を用いた否定の疑問形（短縮形）で，否定文の場合の文末は代名詞を用いた通常の疑問形で表す。文末のイントネーションを上昇調で読むと確認（でしょう？），下降調で読むと念押し（ですよね）を表す。

●肯定文で文末が否定の疑問形になる場合

　例　This is your bag, isn't it?　Yes, it is.／No, it isn't.
　　　これはあなたのかばんですよね？　はい，そうです。／いいえ，そうではありません。

●否定文で文末が通常の疑問形になる場合

　あえて疑問形にするのは，確信や自信があまりないことを表す。この場合も yes, no の答え方が日本語と逆になるので，同意・肯定する場合は No，否定する場合は Yes と覚えるとよい。

　例　Lisa has never seen him, has she?　リサは彼に会ったことがないですよね？
　　　同意：<u>No</u>, she hasn't.　（はい）そうですね。

　　　否定：<u>Yes</u>, she has.　（いいえ）そうではありません。

注意1　Let's で始まる文は文末が「…, shall we?」になる。

　例　Let's take a break, shall we?　休憩にしましょうよ。

注意2　Don't で始まる命令文は文末が「…, will you?」，そうでない命令文は文末が「…, will you?」または「…, won't you?」になる。

例1　Don't stay up late, will you?　遅くまで起きていてはいけませんよ。

例2　Make me a cup of coffee, will you (won't you)?　コーヒーを一杯私に入れてくれる？

🎧 次の英文の読み書きの練習，及びリスニングの練習をしなさい。

1 Isn't that Mt. Fuji?　Yes, it is.　あれは富士山ではないですか？　いいえ，富士山ですよ。

2 Isn't this the book you're looking for?　これはあなたが探している本ではありませんか？
No, it isn't.　　　　　　　　　　　　　そうです，違います。

3 Don't you have any more questions?　質問はもう他にありませんか？
No, I don't.　　　　　　　　　　はい，ありません。

4 Haven't you got the call from Peter?　ピーターからまだ電話はないんですか？
Yes, I have.　　　　　　　　　　いいえ，ありましたよ。

5 Aren't you ready to go?　　　まだ出発の準備はできていないんですか？
Not yet. Wait a little longer.　まだです。もう少し待って。

6 Didn't you go back to America?　あなたはアメリカに帰らなかったのですか？

7 Isn't it in your bag?　それはあなたのかばんの中にあるんじゃない？

8 Couldn't you offer a better discount?　それはもっと安くなりませんか？

9 Isn't there a pharmacy near here?　この辺りに薬局はないでしょうか？

10 Haven't you forgotten something else?　他にもまだ何か忘れ物があるんじゃないの？

11 Wasn't there a traffic jam?　道路は渋滞していませんでしたか？
No, there wasn't.　　　　　　ええ，渋滞していませんでした。

12 You play chess, do you?　あなたはチェスをしますよね？
Yes, I do.　　　　　　　　　はい，します。

13 You don't play chess, do you?　あなたはチェスをしませんよね？
No, I don't.　　　　　　　　ええ，しません。

14 It's too hot today, isn't it?　Yes, it is.　今日は暑すぎますよね。　ええ，そうですね。

15 It's not so cold today, is it?　今日はそんなに寒くないですよね。
No, it isn't.　　　　　　　ええ，そうですね。

16 These are not your books, are they?　これらはあなたの本ではないですよね？
Yes, they are.　　　　　　　　　　いいえ，それらは私のものです。

17 You have a younger brother, don't you?　あなたには弟がいますよね？

18 Join us, won't you?　Yes, I will.　私達に加わりませんか？　ええ，そうします。

19 Make me a cup of coffee, will you?　コーヒーを私に入れてくれる？

20 That was boring, wasn't it?　それは退屈でしたよね？

21 We will be in time, won't we?　私達は間に合いますよね？

22 Let's take a break, shall we?　Yes, let's do it.　休憩にしましょうよ。　そうしましょう。

23 You won't stay up late, will you?　遅くまで起きていてはいけませんよ。

24 Lisa has never seen him before, has she?　リサは彼に会ったことがありませんよね？
No, she hasn't.　　　　　　　　　　　ええ，ありません。

● ★ 章 末 問 題 Ⓐ ★ ●

日本文に合うように英単語を並べ替えなさい。ただし下線部は自分で英作すること。

1 あれは富士山ではないですか？　<u>いいえ，富士山ですよ。</u>　Mt. Fuji that isn't

2 これはあなたが探している本ではありませんか？　<u>そうです，違います。</u>
for this the book isn't you're looking

3 質問はもう他にありませんか？　<u>はい，ありません。</u>
any you don't more have questions

4 ピーターからまだ電話はないんですか？　<u>いいえ，ありましたよ。</u>
the got you from call haven't Peter

5 まだ出発の準備はできていないんですか？　to go you aren't ready
まだです。もう少し待って。　a yet not little wait longer

6 あなたはアメリカに帰らなかったのですか？　to go you didn't back America

7 それはあなたのかばんの中にあるんじゃない？　in it isn't bag your

8 それはもっと安くなりませんか？　a you couldn't offer discount better

9 この辺りに薬局はないでしょうか？　a near isn't pharmacy there here

10 他にもまだ何か忘れ物があるんじゃないの？　you forgotten haven't else something

11 道路は渋滞していませんでしたか？　<u>ええ，渋滞していませんでした。</u>
a traffic wasn't jam there

※以下はすべて付加疑問文にすること。

12 あなたはチェスをしますよね？　<u>はい，します。</u>　you you do chess play

13 あなたはチェスをしませんよね？　<u>ええ，しません。</u>　you you do don't chess play

14 今日は暑すぎますよね。　<u>ええ，そうですね。</u>　it it's isn't hot too today

15 今日はそんなに寒くないですよね。　<u>ええ，そうですね。</u>
it it's not is so today cold

16 これらはあなたの本ではないですよね？　<u>いいえ，それらは私のものです。</u>
are are not they these books your

17 あなたには弟がいますよね？　a you you don't brother have younger

18 私達に加わりませんか？　<u>ええ，そうします。</u>　you us join won't

19 コーヒーを私に入れてくれる？　a of you me cup coffee make will

20 それは退屈でしたよね？　was wasn't it that boring

21 私達は間に合いますよね？　we we be in will won't time

22 休憩にしましょうよ。　<u>そうしましょう。</u>　a we let's take break shall

23 遅くまで起きていてはいけませんよ。　you you up will won't late stay

24 リサは彼に会ったことがありませんよね？　<u>ええ，ありません。</u>
has has she him seen Lisa never before

● ★ 章 末 問 題 Ⓑ ★ ●

日本文に合うように英単語を並べ替えなさい。ただし下線部は自分で英作すること。

1 あれは富士山ではないですか？　<u>いいえ，富士山ですよ。</u>　Mt. Fuji that isn't

---

2 これはあなたが探している本ではありませんか？　<u>そうです，違います。</u>
for this the book isn't you're looking

---

3 質問はもう他にありませんか？　<u>はい，ありません。</u>
any you don't more have questions

---

4 ピーターからまだ電話はないんですか？　<u>いいえ，ありましたよ。</u>
the got you from call haven't Peter

---

5 まだ出発の準備はできていないんですか？　to go you aren't ready
まだです。もう少し待って。　a yet not little wait longer

---

6 あなたはアメリカに帰らなかったのですか？　to go you didn't back America

---

7 それはあなたのかばんの中にあるんじゃない？　in it isn't bag your

---

8 それはもっと安くなりませんか？　a you couldn't offer discount better

---

9 この辺りに薬局はないでしょうか？　a near isn't pharmacy there here

---

10 他にもまだ何か忘れ物があるんじゃないの？　you forgotten haven't else something

---

11 道路は渋滞していませんでしたか？　<u>ええ，渋滞していませんでした。</u>
a traffic wasn't jam there

※以下はすべて付加疑問文にすること。

12 あなたはチェスをしますよね？　<u>はい，します。</u>　you you do chess play

13 あなたはチェスをしませんよね？　<u>ええ，しません。</u>　you you do don't chess play

14 今日は暑すぎますよね。　<u>ええ，そうですね。</u>　it it's isn't hot too today

15 今日はそんなに寒くないですよね。　<u>ええ，そうですね。</u>
it it's not is so today cold

16 これらはあなたの本ではないですよね？　<u>いいえ，それらは私のものです。</u>
are are not they these books your

17 あなたには弟がいますよね？　a you you don't brother have younger

18 私達に加わりませんか？　<u>ええ，そうします。</u>　you us join won't

19 コーヒーを私に入れてくれる？　a of you me cup coffee make will

20 それは退屈でしたよね？　was wasn't it that boring

21 私達は間に合いますよね？　we we be in will won't time

22 休憩にしましょうよ。　<u>そうしましょう。</u>　a we let's take break shall

23 遅くまで起きていてはいけませんよ。　you you up will won't late stay

24 リサは彼に会ったことがありませんよね？　<u>ええ，ありません。</u>
has has she him seen Lisa never before

 確認テストⅣ

24 次の英単語の意味を書きなさい。

(1) swimming pool : (　　　　　　　　) 　(2) parking lot : (　　　　　　　　　)

(3) running shoes : (　　　　　　　　) 　(4) washing machine : (　　　　　　　　　)

(5) meeting room : (　　　　　　　　) 　(6) boarding pass : (　　　　　　　　)

25 [　] 内の動詞を適切な形に変えて，英文が日本文と合うよう空欄を埋めなさい。

(1) あそこに立っている男の人は私の父です。[stand]

The man (　　　　　　　　) over there is my father.

(2) 私はスイス製の時計を買いました。 [make]

I bought a watch (　　　　　　　　) in Switzerland.

(3) このレストラン内に喫煙所はありますか？ [smoke]

Is there a (　　　　　　　　) area in this restaurant?

(4) これらは京都で撮られた写真です。 [take]

These are the photos (　　　　　　　　) in Kyoto.

(5)あなたはどうして公園で開かれた行事に来なかったのですか？ [hold]

Why didn't you come to the festival (　　　　　　　　) in the park?

26 英文が日本文と合うように空欄中に適切な単語を埋めなさい。

(1) コーヒーでも飲みましょうよ。

Let's have a coffee, (　　　　　　　　) (　　　　　　　　)?

(2) 音を立ててはいけませんよ。

Don't make a noise, (　　　　　　　　) (　　　　　　　　)?

(3) 今日はいい天気ですね？

It's a beautiful day today, (　　　　　　　　) (　　　　　　　　)?

(4) あなたはアメリカに行ったことはありませんよね？

You haven't been to the U.S., (　　　　　　　　) (　　　　　　　　)?

(5) あなたはピアノを弾きますよね？

You play piano, (　　　　　　　　　) (　　　　　　　　　)?

(6) 私たちと一緒にパーティーに行きませんか？

Come with us for the party, (　　　　　　　　) (　　　　　　　　)?

(7) これらはあなたのものではないですよね？

These are not yours, (　　　　　　　) (　　　　　　　)?

(8) あれは本当に大変な仕事でしたよね？

That was really hard work, (　　　　　　　) (　　　　　　　)?

(9) 今やっとあなたが言いたかったことが分かりました。

Now I understand (　　　　　　　) you wanted to say.

(10) このバッグはいくらしたか教えてくれませんか？

Can you tell me (　　　　　　) (　　　　　　　) this bag was?

(11) あの背の高い人は誰か知ってますか？

Do you know (　　　　　　) that tall man is?

(12) あなたの家にたどり着くにはどこでバスに乗ればいいか教えてくれませんか？

Would you tell me (　　　　　　　) I should get on a bus to reach your house?

(13) 私は何故彼女がそんなに怒ったのか理解できませんでした。

I didn't understand (　　　　　　　) she got so angry.

(14) 私は彼が何歳なのか知りません。

I don't know (　　　　　　) (　　　　　　　) he is.

(15) 彼女はいつイングランドに向けて出発するかあなたに言いましたか？

Did she tell you (　　　　　　) she will leave for England?

(16) あなたはどのバスが東京駅へ行くかわかりますか？

Do you know (　　　　　　　) bus goes to Tokyo Station?

(17) 私達はバスでそこまで行くことはできないのですか？　いいえ，いけますよ。

Can't we go there by bus?　(　　　　　　), we (　　　　　　).

27　次の疑問文に対する答えとして，与えられた条件に合う答え方を記号で選びなさい。

(1) Don't you feel cold?　（　　　　）

実際に体が冷えている，寒く感じている場合：　ア. Yes, I do,　　イ. No, I don't.

(2) Didn't you hear a noise?　（　　　　）

何も音が聞こえなかった場合：　ア. Yes, I did.　　イ. No, I didn't.

(3) Haven't you eaten anything since yesterday?　（　　　　）

実際に昨日から何も食べていない場合：　ア. Yes, I have.　　イ. No, I haven't.

28　日本文に合うように（　）内の語を並べ替え，英文を完成させなさい。

(1) 彼女が誰だかわかりますか？　Do you know (she who is)?

Do you know ....?

(2) 今何時かわかりますか？　Do you know (is it time what)?

Do you know ....?

(3) リサは何が食べたいか聞いておいてくれますか？　Will you ask Lisa (to she eat what wants)?

Will you ask Lisa ....?

(4) あなたはどちらの出身かうかがってもいいですか？　May I ask (are from you where)?

May I ask ....?

(5) あなたのクラスには何人生徒がいるか教えてくれますか？

Could you tell me (are how there many students) in your class?

Could you tell me .... in your class?

29　（　　　）の中の正しい方を選択しなさい。

(1) Who is the man (who, whose) hair is very short?

(2) Would you lend me the book (which, who) you have already read?

(3) Do you remember the girl (whom, which) we met in the restaurant last night?

(4) We should do the things (that, who) we can do today.

(5) Is this the bicycle (whose, that) you received from your parents on your birthday?

(6) Would you like to go to the cake shop (who, that) we like a lot?

30 次の文中の that が関係代名詞である場合は○，そうでない場合は×を書きなさい。

(1) (　　　) I have a dog that has long brown hair.

(2) (　　　) My mother told me that she is going out for dinner with her friends tonight.

(3) (　　　) Isn't this the dictionary that you have lost?

(4) (　　　) She is the only person that speaks French in my class.

(5) (　　　) I know that you like to play basketball so much.

(6) (　　　) Who is the lady that Betty is talking with?

31 次の文中の関係代名詞が省略できる場合は○，できない場合は×を書きなさい。

(1) Rome is one of the cities that I want to visit.　(　　　　)

(2) I know the woman who has a camper van.　(　　　　)　※camper van：キャンピングカー

(3) My friend likes the Italian restaurant which is next to my house.　(　　　　)

(4) Choose anything that you like in this box.　(　　　　)

32 次の英文を訳しなさい。

(1) Here is the waiting room.

(2) Is there any foods you don't like?

(3) There are still some seats left.

(4) I need a dress that I can wear to my friend's wedding.

(5) Do you know someone who can teach me how to cook Italian food?

(6) She runs a shop which sells furniture.　※furniture：家具

(7) I know that girl whose father is a famous singer.

(8) My cousin who lives in Australia is going to be back to Japan next month.

21章　方位副詞と句動詞

●この章で用いられる単語を覚えよう。

up　［ʌ́p／アプ］　副　上へ

down　［dáun／ダゥン］　副　下へ

left　［léft／レフトゥ］　副　左へ

right　［ráit／ライトゥ］　副　右へ

backwards　［bǽkwərdz／バックワーズ］　副　後ろ向きに，逆さに

forward　［fɔ́:rwərd／フォーワードゥ］　副　前へ，前方へ

straight　［stréit／ストゥレイトゥ］　副　一直線に，まっすぐ

in　［in／イン］　副　中へ，内へ

out　［áut／アウトゥ］　副　外へ，外部へ

go on　［góu an／ゴゥ オン］　続ける，〜し続ける，続く，起こる，発生する

mind　［máind／マインドゥ］　動　気に障る，嫌だと思う

elevator　［éləvèitər／エリヴェイタ］　名　エレベーター

faucet　［fɔ́sit／ファスイトゥ］　名　蛇口

step　［stép／ステプ］　名　一歩，歩み

hat　［hǽt／ハトゥ］　名　帽子

signal　［sígnəl／スィグナル］　名　信号機

pain　［péin／ペイン］　名　痛み

laundry　［lɔ́ndri／ロンドゥリ］　名　洗濯物

corner　［kɔ́rnər／コァナァ］　名　曲がり角

flu　［flú:／フルー］　名　インフルエンザ

fridge　［frídʒ／フリジ］　名　冷蔵庫，refrigerator の短縮語

part　［párt／パートゥ］　名　一部，部分

again　［əgén／アゲイン］　副　再び

later　［léitər／レイタ(ァ)］　副　後で

volume　［váljum／ヴァリュム］　名　音量

address　［ədrés／アドゥレス］　名　住所

occupation　［àkjəpéiʃən／アキュペイション］　名　職業

button　［bʌ́tən／バトゥン］　名　(衣服の)ボタン，(押し)ボタン

souvenir　［sù:vəníər／スーヴェニア］　名　土産，記念品

jacket　［dʒǽkit／ジャケトゥ］　名　ジャケット，上着

wave　［wéiv／ウェイヴ］　動　手を振る

block　［blák／ブラク］　名　街区，ブロック

phone　［fóun／フォウン］　名　電話(機)

next time　［nékst táim／ネクストゥ タイム］　次回

until　［əntíl／アンティル］　前　〜のときまで

clothes　［klóu(ð)z／クロウズ］　名　衣類，服

path　［pæθ／パス］　名　小道，細道

for now　［fər náu／ファ ナウ］　さしあたり，今のところ

right away　［ráit əwéi／ライトゥ アウェイ］　今すぐ，ただちに

●左ページを隠して読みと意味を確認しよう。

- ☐ up
- ☐ down
- ☐ left
- ☐ right
- ☐ backwards
- ☐ forward
- ☐ straight
- ☐ in
- ☐ out
- ☐ go on
- ☐ mind
- ☐ elevator
- ☐ faucet
- ☐ step
- ☐ hat
- ☐ signal
- ☐ pain
- ☐ laundry
- ☐ corner
- ☐ flu

- ☐ fridge
- ☐ part
- ☐ again
- ☐ later
- ☐ volume
- ☐ address
- ☐ occupation
- ☐ button
- ☐ souvenir
- ☐ jacket
- ☐ wave
- ☐ block
- ☐ phone
- ☐ next time
- ☐ until
- ☐ clothes
- ☐ path
- ☐ for now
- ☐ right away

21
章

●方位副詞と句動詞

　動詞の後に続く方向を表す副詞を**方位副詞**という。また，慣用的に用いられる動詞と方位副詞（または前置詞）の組を**句動詞**または**群動詞**という。

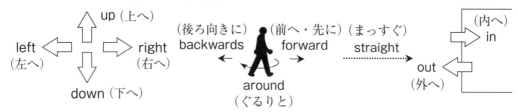

句動詞	意味	句動詞	意味
stand up	立ち上がる	sit down	座る
go forward	前進する	walk backward(s)	後向きに歩く，後ずさりする
turn left	左を向く，左に曲がる	turn right	右を向く，右に曲がる
go straight	まっすぐ進む	turn around	後ろを向く，振り向く
get up	起きる，立ち上がる	get down	身をかがめて，（下に）降りる
get out	外に出る，降りる	come in	（部屋などに）入って来る

●その他の方位副詞

方位副詞	意味
オン on [ən]	上に，身につけて，向かって，続けて，通じて
オフ off [ɔ(:)f]	離れて，外れて，向こうへ，先に，休暇にして，切れて
オウヴァー over [óuvər]	上の方へ，越えて，渡って，ひっくり返して
アウェイ away [əwéi]	遠ざかって，留守で
アヘッドゥ ahead [əhéd]	前方に，これから先，先行して
ビハインドゥ behind [biháind]	後に残して，遅れて，背後に，奥で，隠れて
バック back [bæk]	後方に，元に，戻って，以前に
ヒア here [híər]	こちらへ，ここに
ゼ ア there [ðéər]	そちらへ，そこに
スルー through [θru:]	通り抜けて，初めから終わりまで，ぶっ通しで，すっかり
アロング along [əlɔ(:)ŋ]	（止まらず）前へ，（人と）一緒に，（物を）もって，沿って
トゥゲザー together [təgéðər]	（複数のものが）一緒に，ともに，一緒にして

●句動詞とその語順

句動詞には次の２通りの語順があり，最後の語や語句が強調される。

　① 動詞→目的語→方位副詞　　例　try the cap on（帽子を試着する）→on が強調

　② 動詞→方位副詞→目的語　　例　try on the cap（帽子を試着する）→the cap が強調

注意1　動詞が自動詞として用いられる場合は方位副詞を①の語順で用いることはできない。

　　例　電車を降りる… ○ get off the train　　× get the train off

　　　　get… 自動詞：「達する」　他動詞：「～を得る」　※上記は自動詞として使われている

注意2　単独の代名詞が目的語になる場合，②の語順で用いることはできない。

　　例　×try on it　　× try on these　　○ try on these shoes

●命令文の前の just

命令文の前に just を置くと，「**ちょっと…してみて**」と和（やわ）らいだ表現になる。

例1　Just stand up.　ちょっと立ってみて。　　例2　Just be quiet.　ちょっと静かにして。

例3　Just come here.　ちょっとこちらに来て。

●強調の do と never

命令文の前に do を置くと，「さぁ」「ほら」「是非」「どうか」と強調する表現になる。相手が行動をためらっている状況，なかなか行動しようとしない状況で使われることが多い。

また，禁止の命令文の Don't を **Never** に変えると**禁止の意味が強調**される。

例1　Do have a seat.　まぁお掛けください。（座るのをためらっている人に対して）

例2　Do stop talking!　ほら，話をやめなさい！（なかなか静かしようとしない人に対して）

例3　Don't mind. → Never mind.　全然気にしなくていいよ。

ヨヨ 英文が日本文に合うように，空欄に当てはまる語を語群から選びなさい。

語群：in, out, on, off, up, do, down, over, back, just, never, away, around

(1) ボブ，ちょっとこちらに来て。　Bob, (　　　　　　　　) come here.

(2) 絶対あきらめないで。　(　　　　　　　　) give up.

(3) そのことを是非私に教えてください。　(　　　　　　　　) tell me about that.

(4) 部屋の中にお入り下さい。　Please come (　　　　　　　　).

(5) （話を）続けてください。　Please go (　　　　　　　　).

(6) 黙りなさい!　Shut (　　　　　　)!

(7) 危ない!　Watch (　　　　　　)!

(8) あの時計を取り外してくれない？　Can you take that clock (　　　　　　)?

(9) 周りを見回して！　Look (　　　　　　)!

(10) 私は明日自宅に戻ります。　I'm coming (　　　　　　) home tomorrow.

(11) これは捨ててもいいですか？　Can I throw this (　　　　　　)?

(12) エレベーターは今下に向かっています。　The elevator is going (　　　　　　) now.

(13) ページをめくって。　Turn (　　　　　　) the page.

ヨ凵 次の文のうち不適切なものを２つ記号で選び，語順を訂正しなさい。

ア. Can I try this on?　（これを試着してもいいですか？）

イ. Can you pick up him?　（彼を迎えに行ってくれない？）

ウ. Wake her up.　（彼女を起こして。）

エ. Let's get the bus on.　（そのバスに乗ろう。）

(　　　)　...

(　　　)

●方位副詞を含む次の句動詞を暗記しよう

up	clear up	片づける，晴れ上がる，明らかにする（なる）
	look up	調べる，見上げる 会いに来る．(状況が) 上向く
	listen up	注意して聴く，しっかり聴く
	shut up	話をやめる
	hang up	電話を切る
	pick up	迎えに行く，持ち上げる
	put up	～を上げる
	eat up	残さず食べる，食べ切る
	grow up	成長する
	sign up	契約する，申し込む
	stay up late	夜更かしする
	come up with	思いつく
down	get down	身をかがめる，降りる
	go down	下る
	break down	壊れる，故障する，打ち砕く，分解する
	turn down	音量を下げる，弱める 拒否する，却下する
	write down	書き留める
in	take in	中に入れる，取り入れる
	put in	収納する，設置する
out	look out	中から外を見る，気をつける
	check out	よく調べる，支払いを済ませる
	keep out	入らないでいる
	get out	外へ出る，出て行く
	hang out	遊びに行く，ぶらぶらする，外に干す
	pick out	選ぶ，選び出す，見つける
	eat out	外食する
	run out	（時間，電池，契約など）が切れる，売り切れる
	run out of～	～を使い果たす
on	hold on	電話を切らないで待つ
	put on	身につける，上に置く
	have on	身につけている

21
章

off	be off to	これから〜に向かう
	turn off	止める，切る，消す
	put off	延期する，片づける
	take off	脱ぐ　㋠：put on：着る
	come off	はがれる，外れる，ちぎれる
	have a day off get a day off take a day off	1 日休みをとる
over	turn over	ひっくり返す，裏返す
	come over	(家に)訪ねて来る
	have someone over for〜	人を家に招いて〜を振る舞う
	move over	席を詰める，場所を空ける
	get over	乗り越える，克服する
	go over	ざっと説明する，おさらいする
away	throw away	捨てる
	put away	元の位置に片づける
	take away	取り上げる，持ち去る，取り除く，片づける， （食べ物を）持ち帰る＝take out
around	turn around	振り返る，向きを変える
	go around	蔓延する，流行する
	show around	案内する，見せて回る
	get around	あちこち移動する
along	come along	一緒に来る，同行する
	get along	人とうまくやる
back	stand back	後ろに下がる
	call back	電話を掛けなおす
その他	look forward to	〜を楽しみに待つ
	wear backwards	後ろ向きに身につける
	read through	最後まで読む
	get together	集まる
	leave behind	〜を置いてくる，〜を連れてこない

🎧 次の英文の読み書きの練習，及びリスニングの練習をしなさい。

1 Go ahead!　お先にどうぞ！　　　　　　**2** Never mind.　全然気にしないで。

3 Check it out.　確認してみて。　　　　　**4** Calm down.　落ち着いてよ。

5 keep out　（掲示で）立入禁止　　　　　**6** Stand back.　後ろに下がって。

7 Get down!　伏せて！　　　　　　　　　**8** Do hurry up.　急いでよ，ほら。

9 Let's go back.　戻ろう。　　　　　　　**10** Turn the faucet on.　蛇口を開けて。

11 Go straight on.　ずっとまっすぐ進んで。

12 Get out of here.　ここから出ていきなさい。

13 Just put on these clothes.　ちょっとこの服を着てみて。

14 Put your hands up.　両手を上げて。

15 Put away your bicycle.　（元の位置に）自転車を片付けて。

16 Let's put off the meeting until next Thursday.　会議は次の木曜まで延期しましょう。

17 Come along with me.　私と一緒に来て。

18 Hold on, please.　電話を切らずにお待ち下さい。

19 I'll hang up for now.　では（とりあえず今は）電話を切りますね。

20 Let's hang out next time.　今度遊びに行こう。

21 Let's get together tomorrow.　明日集まろう。

22 Could you take off your shoes here?　ここで靴を脱いでいただけますか？

23 Will you put that in the fridge?　それは冷蔵庫に入れてくれる？

24 Do get up right away.　（なかなか起きない人に対し）今すぐ起きなさい。

25 Can you take back the laundry?　洗濯物を取り込んでくれない？

26 Would you like me to pick him up?　私が彼を迎えに行きましょうか？

27 Don't turn off the light.　電気は消さないで。

28 I left my kids behind.　私は子供たちを連れてきませんでした。（置いてきた）

29 How often do you eat out?　どれくらいの頻度で外食しますか？

30 I'll get you some medicine to take the pain away.　痛みを和らげる薬をもってきてあげます。

31 The battery is running out.　電池が切れかかっています。

32 Turn left at the second signal.　2番目の信号を左に曲がって。

33 She looked back many times and waved.　彼女は何回も振り返って手を振りました。

34 Go down this street for two blocks.　この道を2区画だけ進んで。

35 Turn right at the first corner.　最初の角を右に曲がって。

36 OK, everybody, listen up!　はい，みんな，よく聴いて！

37 Could you take a few steps back, please?　少し後ろに下がってもらえますか？

38 Can you look up the phone number of the shop?　その店の電話番号を調べてくれませんか？

39 I look forward to meeting her.　私は彼女に会うことを楽しみにしています。

40 I think you are wearing your hat backwards.　あなたは帽子を逆向きにかぶっていると
思うよ。

41 Could you clear up these plates?　これらのお皿を下げていただけませんか？

42 Could you please go over the first part again?　もう一度最初の部分を説明して
いただけませんか？

43 The flu is going around now.　今インフルエンザが流行っています。

44 I will show you around.　では私があちこち案内しましょう。

45 Have you read the book through?　その本は全部読み終えましたか？

46 I'm off today.　私は今日休みです。

47 I'm off to work.　私はこれから仕事に行きます。

48 Are you having a day off tomorrow?　あなたは明日休みですか？

49 I'll call you back later.　では後で電話を掛け直します。

50 The bus broke down on the mountain path.　バスは山道で故障しました。

51 Where did you grow up?　あなたはどこで育ったのですか？

52 I haven't signed up yet.　私はまだ申し込んでいません。

53 Don't stay up too late.　あまり夜更かしはしないで。

54 Can you turn down the volume?　音量を下げてくれませんか？

55 Please turn the card over.　カードを裏返してください。

56 Please write down your name, address, and occupation.　住所，氏名とご職業をお書き
ください。

57 A button came off.　ボタンが1つとれてしまいました。

58 Why don't you come over for dinner tonight?　今夜うちに夕食を食べに来ませんか？

59 I'm going to have some friends over this weekend.　私は今週末に友達を何人か家に招待
するつもりです。

60 He has his blue jacket on.　彼は青いジャケットを着ています。

61 Do you get along with him?　あなたは彼とうまくやっていますか？

62 I am getting over a cold.　私の風邪は治りかけています。

63 In Tokyo, it's easy to get around by subway or by train.　東京では地下鉄や電車であちこち
移動するのが容易です。

64 Could you move over a little?　（列や席を）少し詰めてもらえませんか？

65 Have you come up with any good ideas?　あなたは何かいい考えが思いつきましたか？

66 Can you help me pick out the souvenirs?　お土産を選ぶのを手伝ってくれませんか？

● ★ 章 末 問 題 Ⓐ ★ ●

日本文に合うように空欄に英単語を入れなさい。

1 お先にどうぞ！　Go (　　　　　)!

2 全然気にしないで。　Never (　　　　　).

3 確認してみて。　Check it (　　　　　).

4 落ち着いてよ。　Calm (　　　　　).

5 (掲示で) 立入禁止　keep (　　　　　)

6 後ろに下がって。　Stand (　　　　　).

7 Get (　　　　　)!　伏せて！

8 急いでよ，ほら。　Do hurry (　　　　　).

9 戻ろう。　Let's go (　　　　　).

10 蛇口を開けて。　Turn the faucet (　　　　　).

11 ずっとまっすぐ進んで。　Go straight (　　　　　).

12 ここから出ていきなさい。　Get (　　　　　) of here.

13 ちょっとこの服を着てみて。　Just put (　　　　　) these clothes.

14 両手を上げて。　Put your hands (　　　　　).

15 (元の位置に) 自転車を片付けて。　Put (　　　　　) your bicycle.

16 会議は次の木曜まで延期しましょう。
Let's put (　　　　　) the meeting until next Thursday.

17 私と一緒に来て。　Come (　　　　　) with me.

18 電話を切らずにお待ち下さい。　Hold (　　　　　), please.

19 では (とりあえず今は) 電話を切りますね。　I will hang (　　　　　) for now.

20 今度遊びに行こう。　Let's hang (　　　　　) next time.

21 明日集まろう。　Let's get (　　　　　) tomorrow.

22 ここで靴を脱いでいただけますか？　Could you take (　　　　　) your shoes here?

23 それは冷蔵庫に入れてくれる？　Will you put that (　　　　　) the fridge?

24 (なかなか起きない人に対し) 今すぐ起きなさい。　Do get (　　　　　) right away.

25 洗濯物を取り込んでくれない？　Can you take (　　　　　) the laundry?

26 私が彼を迎えに行きましょうか？　Would you like me to pick him (　　　　　)?

27 電気は消さないで。　Don't turn (　　　　　) the light.

28 私は子供たちを連れてきませんでした。(置いてきた)　I left my kids (　　　　　).

29 どれくらいの頻度で外食しますか？　How often do you eat (　　　　　)?

30 痛みを和らげる薬をもってきてあげます。
I'll get you some medicine to take the pain (　　　　　).

31 電池が切れかかっています。　The battery is running (　　　　　).

32 2番目の信号を左に曲がって。　Turn (　　　　　) at the second signal.

33 彼女は何回も振り返って手を振りました。　She looked (　　　　　) many times and waved.

34 この道を2区画だけ進んで。※d で始まる語を入れること
Go (　　　　　) this street for two blocks.

35 最初の角を右に曲がって。　Turn (　　　　　) at the first corner.

36 はい，みんな，よく聴いて！　OK, everybody, listen (　　　　　)!.

37 少し後ろに下がってもらえますか？　Could you take a few steps (　　　　　　) please?

38 その店の電話番号を調べてくれませんか？
Can you look (　　　　　　) the phone number of the shop?

39 私は彼女に会うことを楽しみにしています。　I look (　　　　　　) to meeting her.

40 あなたは帽子を逆向きにかぶっていると思うよ。
I think you are wearing your hat (　　　　　　).

41 これらのお皿を下げていただけませんか？　Could you clear (　　　　　) these plates?

42 もう一度最初の部分を説明していただけませんか？
Could you please go (　　　　　) the first part again?

43 今インフルエンザが流行っています。　The flu is going (　　　　　) now.

44 では私があちこち案内しましょう。　I will show you (　　　　　).

45 その本は全部読み終えましたか？　Have you read the book (　　　　)?

46 私は今日休みです。　I'm (　　　　　) today.

47 私はこれから仕事に行きます。　I'm (　　　　) to work.

48 あなたは明日休みですか？　Are you having a day (　　　　　) tomorrow?

49 では後で電話を掛け直します。　I'll call you (　　　　) later.

50 バスは山道で故障しました。　The bus broke (　　　　) on the mountain path.

51 あなたはどこで育ったのですか？　Where did you grow (　　　　)?

52 私はまだ申し込んでいません。　I haven't signed (　　　　　) yet.

53 あまり夜更かしはしないで。　Don't stay (　　　　) too late.

54 音量を下げてくれませんか？　Can you turn (　　　　　) the volume?

55 カードを裏返してください。　Please turn the card (　　　　　).

56 住所，氏名とご職業をお書きください。
Please write (　　　　) your name, address and occupation.

57 A button came (　　　　　).　ボタンが1つとれてしまいました。

58 今夜うちに夕食を食べに来ませんか？
Why don't you come (　　　　　) for dinner tonight?

59 私は今週末に友達を何人か家に招待するつもりです。
I'm going to have some friends (　　　　　) this weekend.

60 彼は青いジャケットを着ています。　He has his blue jacket (　　　　　).

61 あなたは彼とうまくやっていますか？　Do you get (　　　　　) with him?

62 私の風邪は治りかけています。　I am getting (　　　　) a cold.

63 東京では地下鉄や電車であちこち移動するのが容易です。
In Tokyo, it's easy to get (　　　　) by subway or by train.

64 （列や席を）少し詰めてもらえませんか？　Could you move (　　　　　) a little?

65 あなたは何かいい考えが思いつきましたか？
Have you come (　　　　　) with any good ideas?

66 お土産を選ぶのを手伝ってくれませんか？
Can you help me pick (　　　　　) the souvenirs?

★ 章 末 問 題 B ★

日本文に合うように空欄に英単語を入れなさい。

1 お先にどうぞ！　Go (　　　　　　　)!

2 全然気にしないで。　Never (　　　　　　　).

3 確認してみて。　Check it (　　　　　　　).

4 落ち着いてよ。　Calm (　　　　　　　).

5 (掲示で) 立入禁止　keep (　　　　　　　)

6 後ろに下がって。　Stand (　　　　　　　).

7 Get (　　　　　　　)!　伏せて！

8 急いでよ，ほら。　Do hurry (　　　　　　　).

9 戻ろう。　Let's go (　　　　　　　).

10 蛇口を開けて。　Turn the faucet (　　　　　　　).

11 ずっとまっすぐ進んで。　Go straight (　　　　　　　).

12 ここから出ていきなさい。　Get (　　　　　　　) of here.

13 ちょっとこの服を着てみて。　Just put (　　　　　　　) these clothes.

14 両手を上げて。　Put your hands (　　　　　　　).

15 (元の位置に) 自転車を片付けて。　Put (　　　　　　　) your bicycle.

16 会議は次の木曜まで延期しましょう。
　　Let's put (　　　　　　　) the meeting until next Thursday.

17 私と一緒に来て。　Come (　　　　　　　) with me.

18 電話を切らずにお待ち下さい。　Hold (　　　　　　　), please.

19 では (とりあえず今は) 電話を切りますね。　I will hang (　　　　　　　) for now.

20 今度遊びに行こう。　Let's hang (　　　　　　　) next time.

21 明日集まろう。　Let's get (　　　　　　　) tomorrow.

22 ここで靴を脱いでいただけますか？　Could you take (　　　　　　　) your shoes here?

23 それは冷蔵庫に入れてくれる？　Will you put that (　　　　　　　) the fridge?

24 (なかなか起きない人に対し) 今すぐ起きなさい。　Do get (　　　　　　　) right away.

25 洗濯物を取り込んでくれない？　Can you take (　　　　　　　) the laundry?

26 私が彼を迎えに行きましょうか？　Would you like me to pick him (　　　　　　　)?

27 電気は消さないで。　Don't turn (　　　　　　　) the light.

28 私は子供たちを連れてきませんでした。(置いてきた)　I left my kids (　　　　　　　).

29 どれくらいの頻度で外食しますか？　How often do you eat (　　　　　　　)?

30 痛みを和らげる薬をもってきてあげます。
　　I'll get you some medicine to take the pain (　　　　　　　).

31 電池が切れかかっています。　The battery is running (　　　　　　　).

32 2番目の信号を左に曲がって。　Turn (　　　　　　　) at the second signal.

33 彼女は何回も振り返って手を振りました。　She looked (　　　　　　　) many times and waved.

34 この道を2区画だけ進んで。※d で始まる語を入れること
　　Go (　　　　　　　) this street for two blocks.

35 最初の角を右に曲がって。　Turn (　　　　　　　) at the first corner.

36 はい，みんな，よく聴いて！　OK, everybody, listen (　　　　　　　)!.

37 少し後ろに下がってもらえますか？　Could you take a few steps (　　　　　) please?

38 その店の電話番号を調べてくれませんか？
Can you look (　　　　　) the phone number of the shop?

39 私は彼女に会うことを楽しみにしています。　I look (　　　　　) to meeting her.

40 あなたは帽子を逆向きにかぶっていると思うよ。
I think you are wearing your hat (　　　　　).

41 これらのお皿を下げていただけませんか？　Could you clear　(　　　　　) these plates?

42 もう一度最初の部分を説明していただけませんか？
Could you please go (　　　　　) the first part again?

43 今インフルエンザが流行っています。　The flu is going (　　　　　) now.

44 では私があちこち案内しましょう。　I will show you (　　　　　).

45 その本は全部読み終えましたか？　Have you read the book (　　　　　)?

46 私は今日休みです。　I'm (　　　　　) today.

47 私はこれから仕事に行きます。　I'm (　　　　　) to work.

48 あなたは明日休みですか？　Are you having a day (　　　　　) tomorrow?

49 では後で電話を掛け直します。　I'll call you (　　　　　) later.

50 バスは山道で故障しました。　The bus broke (　　　　　) on the mountain path.

51 あなたはどこで育ったのですか？　Where did you grow (　　　　　)?

52 私はまだ申し込んでいません。　I haven't signed (　　　　　) yet.

53 あまり夜更かしはしないで。　Don't stay (　　　　　) too late.

54 音量を下げてくれませんか？　Can you turn (　　　　　) the volume?

55 カードを裏返してください。　Please turn the card (　　　　　).

56 住所，氏名とご職業をお書きください。
Please write (　　　　　) your name, address and occupation.

57 A button came (　　　　　).　ボタンが１つとれてしまいました。

58 今夜うちに夕食を食べに来ませんか？
Why don't you come (　　　　　) for dinner tonight?

59 私は今週末に友達を何人か家に招待するつもりです。
I'm going to have some friends (　　　　　) this weekend.

60 彼は青いジャケットを着ています。　He has his blue jacket (　　　　　).

61 あなたは彼とうまくやっていますか？　Do you get (　　　　　) with him?

62 私の風邪は治りかけています。　I am getting (　　　　　) a cold.

63 東京では地下鉄や電車であちこち移動するのが容易です。
In Tokyo, it's easy to get (　　　　　) by subway or by train.

64 （列や席を）少し詰めてもらえませんか？　Could you move (　　　　　) a little?

65 あなたは何かいい考えが思いつきましたか？
Have you come (　　　　　) with any good ideas?

66 お土産を選ぶのを手伝ってくれませんか？
Can you help me pick (　　　　　) the souvenirs?

22章 ||| 感嘆文と間投詞／仮定法

●この章で用いられる単語を覚えよう。

building 　[bíldiŋ / ビルディング] 名 建物

surprise 　[sərpráiz / サプライズ] 名 驚き

funny 　[fʌ́ni / ファニィ] 形 おかしい，おかしな，滑稽な

coincidence 　[kouínsidəns / コウインシデンス] 名 偶然の一致，合致

shame 　[ʃéim / シェイム] 名 恥，不名誉，残念なこと，遺憾なこと

heavy 　[hévi / ヘヴィー] 形 重い

convenient 　[kənví:niənt / コンヴィーニァントゥ] 形 便利な，使いやすい

pity 　[píti / ピティ] 名 哀れみ，同情，残念な気持ち

waste 　[wéist / ウェイストゥ] 名 浪費，無駄

terrible 　[térəbl / テリブル] 形 ひどく嫌な，とても不快な

clever 　[klévər / クレヴァ(ァ)] 形 利口な，賢い

lucky 　[lʌ́ki / ラキィ] 形 運のいい，幸運な

exciting 　[iksáitiŋ / イクサイテング] 形 わくわくさせる，興奮させる

delicious 　[dilíʃəs / ディリシャス] 形 とてもおいしい

motorcycle 　[móutərsàikl / モウタサイクル] 名 オートバイ

weather 　[wéðər / ウェザ(ァ)] 名 天気，天候

view 　[vju / ヴュ] 名 光景，景色

hang out 　[hǽŋ áut / ハング アウトゥ] 遊びに行く

careful 　[kéərfl / ケアフォウ] 形 注意深い

eat out 　[íːt áut / イートゥ アウトゥ] 外食する

wake 　[wéik / ウェイク] 動 目を覚まさせる，起こす

would rather ~ than… 　[wəd rǽðər ðən / ウドゥ ラザ(ァ)ザン] …するより(むしろ) ～したい

match 　[mǽtʃ / マチ] 名 試合

recipe 　[résəpi / レシピ] 名 調理法，レシピ

in one's shoes 　[in wʌ́nz ʃúːz / イン ワンズ シューズ] ～の立場なら ※≒in one's place

close to 　[klóus túː / クロウス トゥ] ～に近い，～から近い

fix 　[fiks / フィクス] 動 解決する，修理する，固定する，確定する

problem 　[prábləm / プラブレム] 名 問題，課題

swimsuit 　[swímsùːt / スウィムスートゥ] 名 水着

comment 　[kámənt / カメントゥ] 名 意見，評論，コメント

take 　[téik / テイク] 動 買っていく，買って帰る

sunscreen 　[sʌ́nskrìːn / サンスクリーン] 名 日焼け止め（剤）

free to do 　[fríː túː dúː / フリー トゥ ドゥ] 自由に～できる

appreciate 　[əpríːʃièit / アプリシエイトゥ] 動 ありがたく思う，感謝する

I would appreciate it if you… 　～をしていただけるとありがたいです（幸いです）

●左ページを隠して読みと意味を確認しよう。

- [ ] building
- [ ] surprise
- [ ] funny
- [ ] coincidence
- [ ] shame
- [ ] heavy
- [ ] convenient
- [ ] pity
- [ ] waste
- [ ] terrible
- [ ] clever
- [ ] lucky
- [ ] exciting
- [ ] delicious
- [ ] motorcycle
- [ ] weather
- [ ] view
- [ ] hang out
- [ ] careful
- [ ] eat out
- [ ] wake
- [ ] would rather ~ than
- [ ] match
- [ ] recipe
- [ ] in one's shoes (in one's place)
- [ ] close to
- [ ] fix
- [ ] problem
- [ ] swimsuit
- [ ] comment
- [ ] take
- [ ] sunscreen
- [ ] free to do
- [ ] appreciate
- [ ] I would appreciate it if you…

22
章

●感嘆文

「なんと…なんだろう！」と感動や驚き，喜び，悲しみ，怒りなどの気持ちを表す表現を感嘆文という。感嘆文の作り方は次の２通りある。

① What＋不特定名詞＋（主語＋動詞）！

② How＋（形容詞 or 副詞）＋（主語＋動詞）！

※不特定名詞…a や an を伴う名詞，無冠詞の複数名詞，無冠詞の不可算名詞

なお文末は一般にピリオドではなくエクスクラメーションマーク「！」になり，（主語＋動詞）の部分は省略されることもある。

例1　What a high building this is!　これはなんと高い建物なのでしょう！

例2　How high this building is!　この建物はなんと高いのでしょう！

例3　What a surprise!　びっくりしたなぁ！

例4　How funny!　なんておかしいのでしょう！

●間投詞

感情を表すときに使われる語を**間投詞**という。※以下は必ずしも間投詞に分類されているわけではない。

Well,…	そうですねぇ…，ええと…，んー … （＝let's see／let me see）		
Please!	お願いだから！，是非とも！，何とぞ！，頼むから！，勘弁してよ！		
Sure!	うん，いいよ！，そうしよう！，かまいませんよ！		
Sorry?	何とおっしゃいました？		
Now…	さて，それなら，ところで		
オルモウストゥ Almost! [ɔ́lmòust]	惜しい！，もう少しだったのに！		
イグ゙ゼ゙ックトゥリィ Exactly! [igzǽktli]	その通り！，確かにそうだ！		
コング゙ラッチュレイシャンズ゙ Congratulations! [kəngrætʃəléiʃənz]	やったね，おめでとう！　※元旦や誕生日など祝いの言葉には使わない		
ヤ ム ヤ ム Yum-yum! [jʌ́mjʌ́m]	おいしい！　≒Yum! / Yummy! [jʌ́mi]　※いずれも幼児語		
Say,… / I say,…	ねぇ，あのさぁ，そうそう，まぁ，あら，おやおや		
See! / You see,…	ほら，やっぱり（そうだろう），いいですか…		
ガッチャ Gotcha! [gɑ́ttʃə]	了解！，やった！，見つけた！，見ちゃった！　※I got you!の略		
Look,…	いいですか…，ちょっと聴いて…		
There,…	（相手に注意を促して）ほら…，ほらほら，それ見ろ…，そうでしょう？		
…,right? [ráit]	…でしょ？，…ですよね？		
Ya [jə]	うん，そう	ア ハ Aha [dǽm]	ふーん，へー
Okay! [òukéi]	了解！，大丈夫！	What?	え？，は？
チ ア ー ズ Cheers! [tʃíərz]	乾杯！	ア ウ チ Ouch! [áutʃ]	痛い！
ウップス Oops! [úps]	おっと！，しまった！	イ ェ イ Yay! [jei]	やった！
So-so [sóu-sóu]	まあまあ，そこそこ	オ サ ム Awesome! [ɔ́səm]	すごい！，半端ない！
ジーザス Jesus! [dʒíːzəs]	うわー！（驚き・不信）	ガッシュ Gosh! [gɑʃ]	えー！（驚き・不快）
So,…	ところで…，だったら…	So?	で？，それで？

🎧 次の英文の読み書きの練習，及びリスニングの練習をしなさい。

1 What a coincidence!　偶然ですね！

2 What a shame!　なんと残念な！

3 How heavy!　なんて重いんでしょう！

4 How fast he swims!　彼はなんと速く泳ぐのでしょう！

5 What a day!　なんて日だ！

6 How convenient!　なんて便利なのでしょう！

7 What a pity!　それは気の毒に！／なんと残念な！

8 How beautiful she is!　彼女はなんてきれいなんでしょう！

9 What a waste!　なんともったいない！（なんと無駄遣いなんだ！）

10 What a terrible weather we have!　なんてひどい天気なのでしょう！

11 What a smell!　なんて臭いだ！

12 What a surprise!　びっくりしたなぁ！

13 What a beautiful view!　なんてきれいな眺めなんでしょう！

14 How hot it is!　なんて暑いのでしょう！

15 How clever the children are!　その子供たちは何と賢いのでしょう！

16 How lucky we are!　私達は何と幸運なんだ！

17 What an exciting game!　なんて興奮する試合なんだ！

18 How delicious this cake looks!　このケーキはなんとおいしそうなんでしょう！

19 What nice glasses you are wearing!　あなたはすごくすてきなメガネをかけていますね！

20 So, have you seen my motorcycle key?　ところで，私のオートバイの鍵見なかった？

21 Say, how about hanging out tomorrow?　ねぇ，明日遊びに行かない？

22 See! I told you to be careful.　ほら！気をつけてって言ったじゃない。

23 It's better than nothing, right?　何も無いよりはましでしょ？

24 Well, I would rather eat in than eat out.　そうですねぇ，どちらかというと外食するよりも
家で食べたいかな。

25 There!　You woke the baby up!　それ見ろ！赤ちゃんを起こしちゃったじゃない！

26 Please!　頼むから！　　　　**27** Sure!　うん，いいよ！

28 Sorry?　何とおっしゃいました？　　**29** Now,…　さて…

30 Almost!　惜しい！　　　　**31** Exactly!　その通り！

32 Congratulations!　おめでとう！　　**33** Cheers!　乾杯！

34 Ouch!　痛い！　　　　**35** Oops!　おっと！

36 Yay!　やった！　　　　**37** Jesus!　うわー！

38 …,right?　でしょ？　　　　**39** So?　それで？

40 Aha.　ふーん。　　　　**41** So-so.　まあまあ。

42 Awesome!　半端ない！　　　**43** Gotcha!　了解！

●仮定法

「もし…なら，…なのに」，「…だったらいいのになぁ」と現実と違うことを残念に思うような表現を**仮定法**という。現在が現実と異なる場合は**過去形**を用いて表され，be 動詞は主語に関わらず **were** が用いられる。（会話では was が用いられることもある）また，主節に関しては would，could，might が用いられる。

● if…，主語＋（would / could / might）…：「もし…なら，…なのに」

例1　If I weren't busy, I could watch the match.　忙しくなければ私は試合が見れるのに。

例2　We could go there if we had a car.　もし車があれば私達はそこに行けるんだけどなぁ。

例3　What would you do if you were me?　あなたが私だったらどうしますか？

●主語＋wish (that) …：「…だったらいいのになぁ」

例4　I wish I had more time.　もっと時間があればいいのになぁ。

例5　I wish I were you.　いいなぁ。／うらやましいな。

●If only…：「ただ…でさえあればいいのに」

例6　If only Mike was here.　マイクさえいればなぁ。

例7　If only I had the recipe in English, I could cook that.
英語のレシピさえあればそれを作れるんだけどなぁ。

●What if…?：「…ならどうなる？／…ならどうする？／…ならどうしよう？」

例8　What if we missed the last train?　もしも私達は終電を逃してしまったらどうなるの？

※現実的な場合は直接法（現在形）が用いられる。

例9　What if it rains tomorrow?
明日雨が降ったらどうなるの？（どうするの？／どうしよう？）

●仮定法の婉曲表現

will や can をあえて過去形（would，could）で用いると，「可能であれば…」「…だったら」「よろしければ…」という**婉曲表現**（遠回しで控え目な表現）になる。

例1　Would you close the window?　（可能だったら）窓を閉めてもらえませんか？

例2　Where would you go?　あなただったらどこに行きますか？

例3　How would you say in my place?　私の立場だったらあなたはどう言いますか？

例4　In your shoes, I'd see a doctor.　あなたの立場だったら私は医者に診てもらいますけど。

例5　Maybe I could help you.　（あなたが良ければ）私はあなたを手伝えると思いますけど。

35 次の英文を訳しなさい。

(1) If he spoke more slowly, I could understand him better.

(2) I would see a doctor if I were you.

(3) I wish my school were closer to my home.

(4) If only it weren't raining!

(5) What if I fail the exam?

(6) In my place, what would you do?

🎧 次の英文の読み書きの練習，及びリスニングの練習をしなさい。

44 If I had a swimsuit, I could swim in the sea.　水着があれば私は海で泳げるのになぁ。

45 I would do the same thing if I were in your shoes.　私があなたの立場でも私は同じことをすると思います。

46 I'd appreciate it if you could leave a comment.　コメントを残していただけたら幸いです。

47 We could go there if we had a car.　もし車があれば私達はそこに行けるんだけどなぁ。

48 I might take this if it was a little cheaper.　もう少し安ければ，これを買っていってもいいんだけどなぁ。

49 I wish I could stay longer.　もう少し長く滞在できたらいいんだけど。

50 I wish I had sunscreen with me.　日焼け止めを持ってきておけばよかったなぁ。

51 What if you were free to spend 1000 dollars?　もしも 1000 ドルを自由に使えるとしたらどうしますか？

52 If only I had a little more money with me.　もう少しお金を持ち合わせてさえいればなぁ。

53 If only Mike were here,　マイクさえここにいれば，
we might fix the problem.　私達は問題を解決できたかもしれないのだけど。

54 What should I say to him?　私は彼に何と声をかけたらいいでしょうか？
I would say nothing.　私だったら何も言わないかな。

55 What would you like to do?　あなたは何をしたいですか？
We could go see a movie.　私達は映画を観に行くこともできますけどね。

● ★ 章 末 問 題 A ★

英文が日本文と合うよう空欄に How, What a のどちらかを入れなさい。

1 偶然ですね！　　　　　　　　　（　　　　　　　　　） coincidence!

2 なんて残念な！　　　　　　　　（　　　　　　　　　） shame!

3 なんて重いんでしょう！　　　　（　　　　　　　　　） heavy!

4 彼はなんと速く泳ぐのでしょう！　（　　　　　　　　） fast he swims!

5 なんて日だ！　　　　　　　　　（　　　　　　　　　） day!

6 なんて便利なのでしょう！　　　（　　　　　　　　　） convenient!

7 それは気の毒に！／なんと残念な！（　　　　　　　　） pity!

8 彼女はなんてきれいなんでしょう！（　　　　　　　　） beautiful she is!

9 なんともったいない！（なんと無駄遣いなんだ！）（　　　　　　　　　） waste!

10 なんてひどい天気なのでしょう！（　　　　　　　　） terrible weather we have!

11 なんて臭いだ！　　　　　　　　（　　　　　　　　　） smell!

日本文に合うように英単語を並べ替えなさい。

12 びっくりしたなぁ！　a what surprise

13 なんてきれいな眺めなんでしょう！　a view what beautiful

14 なんて暑いのでしょう！　is it hot how

15 その子供たちは何と賢いのでしょう！　the are clever how children

16 私達は何と幸運なんだ！　we are how lucky

17 なんて興奮する試合なんだ！　an what game exciting

18 このケーキはなんとおいしそうなんでしょう！　this how cake looks delicious

19 あなたはすごくすてきなメガネをかけていますね！　you are nice what wearing glasses

20 ところで，私のオートバイの鍵見なかった？　so my you seen key have motorcycle

21 ねぇ，明日遊びに行かない？　how say out about tomorrow hanging

22 ほら！気をつけてって言ったじゃない。　I be to see told you careful

23 何も無いよりはましでしょ？　it's right than better nothing

24 そうですねぇ，どちらかというと外食するよりも家で食べたいかな。
I in out eat eat than well would rather

25 それ見ろ！赤ちゃんを起こしちゃったじゃない！　the you baby woke up there

22
章

次の語の意味を語群から選びなさい。

> うわー　/　ふーん　/　乾杯　/　了解　/　おめでとう　/　さて　/まあまあ
> おっと　/　惜しい　/　頼むから　/　痛い　/うん，いいよ　/　その通り
> やった　/　それで　/　でしょ　/　半端ない　/　何とおっしゃいました

26 Please!　（　　　　　　　　）！　　　**27** Sure!　（　　　　　　　　　　）！

28 Sorry?　（　　　　　　　　）？　　　**29** Now,…　（　　　　　　　　　　）…

30 Almost!　（　　　　　　　　）！　　　**31** Exactly!　（　　　　　　　　）！

32 Congratulations!　（　　　　　　　）！　**33** Cheers!　（　　　　　　　　）！

34 Ouch!　（　　　　　　　　）！　　　**35** Oops!　（　　　　　　　　　）！

36 Yay!　（　　　　　　　）！　　　**37** Jesus!　（　　　　　　　　　）！

38 …,right?　（　　　　　　　　）？　　**39** So?　（　　　　　　　　　）？

40 Aha.（　　　　　　　）。　　　**41** So-so.　（　　　　　　　　）。

42 Awesome!　（　　　　　　　）！　　**43** Gotcha!　（　　　　　　　）！

日本文に合うように英単語を並べ替えなさい。ただし [　　] 内の語は文頭に置くこと。

44 水着があれば私は海で泳げるのになぁ。　[if] a the in I I sea could swimsuit swim had

45 私があなたの立場でも私は同じことをすると思います。
[I] I your in do if the were thing would same shoes

46 コメントを残していただけたら幸いです。　[I'd] it if a you appreciate leave could comment

47 もし車があれば私達はそこに行けるんだけどなぁ。　[we] a go if we car there could had

48 もう少し安ければ，これを買っていってもいいんだけどなぁ。
[I] it if a was might this cheaper little take

49 もう少し長く滞在できたらいいんだけど。　I I longer stay could wish

50 日焼け止めを持ってきておけばよかったなぁ。　I I me had with wish sunscreen

51 もしも 1000 ドルを自由に使えるとしたらどうしますか？
if to had you what spend dollars 1000

52 もう少しお金を持ち合わせてさえいればなぁ。　a if I me with more only little had money

53 マイクさえここにいれば，私達は問題を解決できたかもしれないのだけど。
[if] we fix the might here only were problem Mike

54 私は彼に何と声をかけたらいいでしょうか？　私だったら何も言わないかな。
I I him to say say what would should nothing

55 あなたは何をしたいですか？　私達は映画を観に行くこともできますけどね。
a to go do see like you we what movie could would

● ★ 章 末 問 題 B ★

英文が日本文と合うよう空欄に How, What a のどちらかを入れなさい。

1 偶然ですね！　　　　　　　　（　　　　　　　　　）coincidence!

2 なんて残念な！　　　　　　　（　　　　　　　　　）shame!

3 なんて重いんでしょう！　　　（　　　　　　　　　）heavy!

4 彼はなんと速く泳ぐのでしょう！　（　　　　　　　）fast he swims!

5 なんて日だ！　　　　　　　　（　　　　　　　　　）day!

6 なんて便利なのでしょう！　　（　　　　　　　　　）convenient!

7 それは気の毒に！／なんと残念な！　（　　　　　　　）pity!

8 彼女はなんてきれいなんでしょう！　（　　　　　）beautiful she is!

9 なんともったいない！（なんと無駄遣いなんだ！）（　　　　　　　）waste!

10 なんてひどい天気なのでしょう！　（　　　　）terrible weather we have!

11 なんて臭いだ！　　　　　　　（　　　　　　　　　）smell!

日本文に合うように英単語を並べ替えなさい。

12 びっくりしたなぁ！　a what surprise

------

13 なんてきれいな眺めなんでしょう！　a view what beautiful

------

14 なんて暑いのでしょう！　is it hot how

------

15 その子供たちは何と賢いのでしょう！　the are clever how children

------

16 私達は何と幸運なんだ！　we are how lucky

------

17 なんて興奮する試合なんだ！　an what game exciting

------

18 このケーキはなんとおいしそうなんでしょう！　this how cake looks delicious

19 あなたはすごくすてきなメガネをかけていますね！　you are nice what wearing glasses

20 ところで，私のオートバイの鍵見なかった？　so my you seen key have motorcycle

21 ねぇ，明日遊びに行かない？　how say out about tomorrow hanging

22 ほら！気をつけてって言ったじゃない。　I be to see told you careful

23 何も無いよりはましでしょ？　it's right than better nothing

24 そうですねぇ，どちらかというと外食するよりも家で食べたいかな。
　　I in out eat eat than well would rather

25 それ見ろ！赤ちゃんを起こしちゃったじゃない！　the you baby woke up there

次の語の意味を語群から選びなさい。

> うわー　／　ふーん　／　乾杯　／　了解　／　おめでとう　／　さて　／まあまあ
> おっと　／　惜しい　／　頼むから　／　痛い　／うん，いいよ　／　その通り
> やった　／　それで　／　でしょ　／　半端ない　／　何とおっしゃいました

26 Please!　（　　　　　　　　　　）!　　　**27** Sure!　（　　　　　　　　　　）!

28 Sorry?　（　　　　　　　　　　）?　　　**29** Now,…　（　　　　　　　　　　）…

30 Almost!　（　　　　　　　　　　）!　　　**31** Exactly!　（　　　　　　　　　　）!

32 Congratulations!　（　　　　　　　　　　）!　　　**33** Cheers!　（　　　　　　　　　　）!

34 Ouch!　（　　　　　　　　　　）!　　　**35** Oops!　（　　　　　　　　　　）!

36 Yay!　（　　　　　　　　　　）!　　　**37** Jesus!　（　　　　　　　　　　）!

38 …,right?　（　　　　　　　　　　）?　　　**39** So?　（　　　　　　　　　　）?

40 Aha.（　　　　　　　　　　）。　　　**41** So-so.　（　　　　　　　　　　）。

42 Awesome!　（　　　　　　　　　　）!　　　**43** Gotcha!　（　　　　　　　　　　）!

日本文に合うように英単語を並べ替えなさい。ただし[　　]内の語は文頭に置くこと。

44 水着があれば私は海で泳げるのになぁ。　[if] a the in I I sea could swimsuit swim had

45 私があなたの立場でも私は同じことをすると思います。
[I] I your in do if the were thing would same shoes

46 コメントを残していただけたら幸いです。　[I'd] it if a you appreciate leave could comment

47 もし車があれば私達はそこに行けるんだけどなぁ。　[we] a go if we car there could had

48 もう少し安ければ，これを買っていってもいいんだけどなぁ。
[I] it if a was might this cheaper little take

49 もう少し長く滞在できたらいいんだけど。　I I longer stay could wish

50 日焼け止めを持ってきておけばよかったなぁ。　I I me had with wish sunscreen

51 もしも 1000 ドルを自由に使えるとしたらどうしますか？
if to had you what spend dollars 1000

52 もう少しお金を持ち合わせてさえいればなぁ。　a if I me with more only little had money

53 マイクさえここにいれば，私達は問題を解決できたかもしれないのだけど。
[if] we fix the might here only were problem Mike

54 私は彼に何と声をかけたらいいでしょうか？　私だったら何も言わないかな。
I I him to say say what would should nothing

55 あなたは何をしたいですか？　私達は映画を観に行くこともできますけどね。
a to go do see like you we what movie could would

23章 ||| 語彙と慣用表現Ⅰ

●この章で用いられる単語を覚えよう。

actually [ǽktʃuəli / アクチュアリィ] 副 実際は, 本当は

teeth [tíːθ / ティース] 名 tooth(歯)の複数形

German [dʒə́rmən / ジャーマン] 名 ドイツ語, ドイツ人

Italian [itǽljən / イタリアン] 名 イタリア語, イタリア人

matter [mǽtər / マタ(ァ)] 名 事, 件, 問題

need [níːd / ニードゥ] 動 ～する必要がある

you all [júːɔl / ユー オル] あなた方, 君たち

situation [sìtʃuːéiʃən / スィチュエイション] 名 状況, 情勢

like [láik / ライク] 前 ～のような, ～に似た

try to [trái túː / トゥライ トゥー] ～しようとする, ～しようと試みる

climb [kláim / クライム] 動 (よじ)登る, 上る

speak to [spik túː / スピーク トゥー] ～と話す, ～に話しかける

grab [grǽb / グラブ] 動 つかみ取る

bite [báit / バイトゥ] 名 かむこと

grab a bite [grǽb ə báit / グラブ ア バイトゥ] 軽い食事をする, さっと食事を済ます

again [əgén / アゲイン] 副 再び

notice board [nóutəs bórd / ノーティス ボードゥ] 看板

look good on [lúk gúd ɔn / ルク グドゥ オン] ～に似合っている

crowd [kráud / クラウドゥ] 名 人混み, 群衆

whole [hóul / ホウル] 名 全体, 全部

step [stép / ステプ] 名 (踏み)段, 足取り, 歩み

slip [slíp / スリプ] 動 滑る

just [dʒʌ́st / ジャストゥ] 副 ただ～だけ, 単に

up there [ʌ́p ðər / アプ ゼア] あそこで, あの上で

go on [góu ɔn / ゴゥ オン] 起こる, 発生する, 進み続ける

anyone [éniwʌ̀n / エニワン] 代 誰か, 誰も, 誰でも

foggy [fɔ́gi / フォギィ] 形 霧がかかった

far [fɑ́r / ファー] 形 遠い

mean [míːn / ミーン] 動 意味する, 意図する

while [hwáil / ホワイル] 接 ～の間ずっと

look after [lúk ǽftər / ルック アフタ(ァ)] ～の世話をする, ～に気を配る

look forward to [lúk fɔ́ːrwərd túː / ルック フォーワードゥ トゥー] ～を楽しみに待つ

match [mǽtʃ / マチ] 名 試合

look up [lúk ʌ́p / ルク アプ] ～に会いに来る

firework [fáiərwə̀ːrk / ファイアワーク] 名 花火

plan to [plǽn túː / プラン トゥー] ～するつもりである

owl [ául / アウル] 名 フクロウ

away [əwéi / アウェイ] 形 留守で, 不在で

fun [fʌ́n / ファン] 名 楽しみ, 面白さ

have fun [həv fʌ́n / ハヴ ファン] 楽しい時間を過ごす, 楽しむ

thank [θǽŋk / サンク] 動 ～に感謝する

pale [peil / ペイル] 形 (顔が)青ざめた, 青白い

head the wrong way [héd ðə rɔŋ wéi / ヘドゥ ザ ロング ウェイ] 道を間違える ≒go the wrong way

●左ページを隠して読みと意味を確認しよう。

☐ actually	☐ just
☐ teeth	☐ up there
☐ German	☐ go on
☐ Italian	☐ anyone
☐ matter	☐ foggy
☐ need	☐ far
☐ you all	☐ mean
☐ situation	☐ while
☐ like	☐ look after
☐ try to	☐ look forward to
☐ climb	☐ match
☐ speak to	☐ look up
☐ grab	☐ firework
☐ bite	☐ plan to
☐ grab a bite	☐ owl
☐ again	☐ away
☐ notice board	☐ fun
☐ look good on	☐ have fun
☐ crowd	☐ thank
☐ whole	☐ pale
☐ step	☐ head the wrong way
☐ slip	

23
章

●speak, talk, say, tell の違い

speak：(一方的に) 話す，言語を話す	talk：(向かい合って) 話す，～を話し合う
speak 言語　／～語を話す	talk to 人，talk with 人　／～と話す
speak to 人，speak with 人　／～と話す	talk about～　／～について話す
speak about～　／～について話す	talk A　／A の話をする，A を論じる
say：(声を発して) 言う	tell：(人に内容を) 伝える，教える，見分ける
say (to 人) that～　／～であると言う	tell 人 that ～　／人に～であることを言う
say 短めの言葉 (to 人)　／(人に)…を言う	tell 人 事＝tell 事 to 人　／人に～を伝える
say (to 人) 長めの言葉　／「～」と言う	× tell that～　※直後に名詞節は置けない

　人を目的語にすることができるのは tell だけ。また「動詞＋人＋物・事」(人に何かを与える) の形をとることができるのも tell だけ。

- ○　tell me the way：道 (方法) を私に伝える (教える)
- ○　tell the way to me　　× tell to me the way

◇tell 以外で人が伴うときは前置詞が必要

× say me	○　say to me (私に言う)	
× speak me	○　speak to me (私と話す)	○　speak with me (私と話す)
× talk me	○　talk to me (私と話す)	○　talk with me (私と会話する)

!注意　「～と話す」という場合，speak はフォーマル，talk はカジュアルな表現になる。

◇直接話法では主に say や tell が用いられる

　会話内容を"…"で表す表現を**直接話法**といい，間接的に伝える表現を**間接話法**という。

直接話法 { She said, "I will be late". 彼女は「私は遅れます」と言いました。
She told me, "I will be late". 彼女は「私は遅れます」と私に言いました。

!注意　会話では上記のような文を引用する直接話法は基本的に使われず，直接話法はほとんどが物語文などの文章で用いられる。**会話では次のような間接話法を用いるのが基本。**

間接話法 { She said that she will be late. 彼女は遅れると言っていました。
She told me that she will be late. 彼女は遅れると私に言っていました。

!注意　that 節内の時制 (過去か現在か未来) は話している現在を基準に考える。彼女がこれから来る状況であれば will be…，来る予定自体が過去の話なら would be…の方が好ましい。

例　She told me that she <u>would</u> be late, but actually she didn't come.
彼女は私に遅れると言っていましたが，実際は来ませんでした。

●say, go, come を含む慣用表現

　say は判断・勧誘・提案の場面で使われ，「思う」「考える」という意味になる場合がある。

- ● I would say (that) …／I'd say (that)…：「…だと思うけど」「…でしょうね」

例1　I'd say we are going the wrong way.　私達は道を間違えているんじゃないかな。

- ● Let's say…／Say…：「例えば…だったとしましょう」「仮に…なら」「…ならどう？」

例2　Say you were in my place. What would you do?
仮にあなたが私の立場だったとしましょう。あなただったらどうしますか？

● What would you say？：「あなたはどう思う？」
　What would you say doing（to do）…？：「…するのはどう？」「…したらどう？」
　What do you say to 名詞？：「…はどう思う？」

例3　What would you say going for a drive?　ドライブに行くのはどう？
　　That sounds good.　それはいいね。

● go and do：～しに行く，行って～する　　● come and do：～しに来る，来て～する

!注意　会話ではこの and が省略されることが多い。

例1　Go and pick her up.　彼女を迎えに行ってきて。

例2　Go brush your teeth.　歯を磨いてきなさい。

例3　Come have lunch with us.　私達のところに昼食を食べに来れば。

🎧 次の英文の読み書きの練習，及びリスニングの練習をしなさい。

1 She speaks German and Italian.　彼女はドイツ語とイタリア語を話します。

2 I will speak to him about the matter.　では私は彼にその問題について話しておきます。

3 I need to talk to you about something.　私はあなたに話しておきたいことがあります。

4 It was fun to talk with you all.　皆さんとお話しできて楽しかったです。

5 What can I say in a situation like that?　そのような状況では私は何と言えばいいですか？

6 Say thanks to Jim for me.　私の代わりにジムにありがとうを言っておいて。

7 Ann told me to say "Thanks" to you.　アンがあなたにありがとうと伝えてと言っていましたよ。

8 Lisa told me that she wants to try to climb Mt. Fuji.　リサは富士山に登ってみたいと私に
　　　　　　　　　　　　　　　　　　　　　　　　　　　　　　　　　　言っていました。

9 Who told you that?　あなたはそれを誰から聞いたのですか？
　　　　　　　　　　　（誰がそれをあなたに言ったのですか？）

10 May I speak to Ms. White?　（電話で）ホワイト先生をお願いできますか？
　　Speaking.　　　　　　　　　　私ですが。

11 Let's say you only had one day in Kyoto.　京都で1日だけ過ごせるとしましょう。
　　What would you do?　　　　　　　　　　あなただったらどうしますか？

12 I'll give you a discount. Let's say 35 dollars?　では負けてあげますよ。35ドルでどう？

13 I'd say we are heading the wrong way.　私達は道を間違えているんじゃないかな。

14 What would you say to grab a bite there?　そこで軽く食べるのはどう？

15 Come see me again.　また遊びに来てね。

16 Let's go have fun.　遊びにいこうよ。

17 Go buy some cold drinks.　冷たい飲み物を何か買いに行ってきて。

18 Why don't you come have dinner with us?　私達のところに夕食を食べに来ませんか？

●see, watch, look の違い

見る
- see：無意識に自然と目に入る，観賞する，観戦する，知っている人と会う（見かける）
- watch：（動くものを）注意して見る，見守る，見張る
- look：意識して視線を向ける

●see の様々な意味

①自然と目に入る，知っている人と会う（見かける）：

例　I saw him walking his dog. 私は彼が犬の散歩をしているところを見かけました。

②専門家と会って相談する：　例　I saw a doctor. 私は医者に診てもらいました。

③観る（見て楽しむ）：　例　I saw the soccer game. （試合会場で）サッカーの試合を観ました。

④理解する：　例　I see. なるほど。／そうなのですね。／納得しました。

⑤（進行形で）〜と交際している：　例　Are you seeing anyone?
あなたは付き合っている人はいますか？

●watch の様々な意味

①注意して見る，見守る：　例　I watched the soccer game.
（テレビなどで）私はサッカーの試合を見ました。

②注意する，見張る：　例　Watch your step! 足元にご注意を！

◇watch を含む重要熟語

watch out for：〜に気をつける（look out for〜でも同じ意味になる）

例　Watch out for that man. あの男には気をつけて。

watch that…：…するように気をつける（that は省略可能）

例　Watch that you don't slip. すべらないように気をつけて。

watch TV：テレビを見る（映像媒体を見る場合は watch を使う。see TV とは言わない）

watch a movie：（家で）映画を観る　※see a movie：（映画館で）映画を観る

●look の様々な意味

① 意識して視線を向ける：　例　Look at that notice board. あの看板を見て。

② （形容詞を伴って）外見が〜に見える：　例　You look pale. 顔色が悪いよ。

◇look を含む重要熟語

look at：〜に注目する，検査する，検診する，考察する
look like 名詞：〜にそっくりだ，〜のように見える
take(have, get) a look (at)：（〜を）一目見る，（〜を）ちょっと見る

look up：調べる，見上げる，立ち寄る，好転する　　look 人 up：〜に会いに行く（来る）
look forward to 名詞：〜を楽しみにする　　look for：〜を探す
look after：〜の世話をする，〜に気を配る　　look around：見回す
look in：ちょっとのぞく，ちょっと立ち寄る　　look out：外を見る，気をつける
look down：見下ろす　　look into：〜の中をのぞく，調査をする
look over：〜を見渡す，ざっと目を通す　　look on：そばで見る，見物する
look through：〜に目を通す，〜を調べる　　look back：後ろを振り返る

🎧 次の英文の読み書きの練習，及びリスニングの練習をしなさい。

19 You see?　わかりますか？

20 I think it looks good on you.　それはあなたによく似合っていると思いますよ。

21 Let me take a look.　ちょっと見せて。

22 May I help you?　（店員の声掛けで）何かお探ししましょうか？
No, thank you. I'm just looking.　いいえ，結構です。見ているだけです。

23 Watch my bag.　私のかばんを見張っておいて。

24 Look! There are crowds of people.　見て！人だかりができている。
What's going on up there?　　　向こうで何が起こっているのでしょう？

25 Are you seeing anyone?　あなたには付き合っている人はいますか？

26 I have to stay home and watch my little brother.　私は家にいて，小さい弟の面倒を
見なければいけません。

27 What would you say seeing a doctor?　医者に診てもらったらどうですか？

28 Watch that you don't slip.　すべらないように気をつけて。

29 I'm seeing my friends tonight.　私は今夜友達と会うつもりです。

30 It was foggy then, so we couldn't see far.　そのとき霧がかかっていたので，私達は遠くが
見えませんでした。

31 I see what you mean.　あなたの言いたいことはわかります。

32 How long do you watch TV a day?　あなたは1日にどれくらいテレビを見ますか？

33 I've been looking for my glasses the whole morning.　私は午前中ずっとメガネを探しています。

34 It looks like it's going to rain, doesn't it?　雨になりそうですね？

35 Look out!　気をつけて！

36 I looked up what that means.　私はそれがどういう意味か調べました。

37 Would you look after our dogs while we are away?　私達が留守の間，犬の面倒を見て
くれませんか？

38 Watch out for cars.　車に気をつけてね。

39 Did you see the news on TV last night?　あなたは昨夜テレビでニュースを見ましたか？

40 I'm looking forward to having a baseball　私はあなたのチームと野球の試合をすることを
match with your team.　　　　　　　　　　　　楽しみにしています。

41 Look me up when you are around in Tokyo.　東京に来たときは顔を見せに来てね。

42 We plan to go see fireworks.　私達は花火を見に行くつもりです。

43 When I looked out of the window last night,　昨夜窓の外を見たとき，フクロウが木に
I saw an owl sitting on the tree.　　　　　　　留まっているのが見えました。

● ★ 章 末 問 題 Ⓐ ★

英文が日本文と合うように（　　）内の語を選択しなさい。

1 彼女はドイツ語とイタリア語を話します。　She (says, speaks, tells) German and Italian.

2 では私は彼にその問題について話しておきます。　I will (speak, tell) to him about the matter.

3 私はあなたに話しておきたいことがあります。　I need to (tell, talk) to you about something.

4 皆さんとお話しできて楽しかったです。　It was fun to (tell, talk) with you all.

5 そのような状況では私は何と言えばいいですか？

What can I (say , speak, talk) in a situation like that?

6 私の代わりにジムにありがとうを言っておいて。

(Speak, Say, Talk) thanks to Jim for me.

7 アンがあなたにありがとうと伝えてと言っていましたよ。

Ann (said, told, spoke) me to (say , tell, talk) "Thanks" to you..

8 リサは富士山に登ってみたいと私に言っていました。

Lisa (said, told, talked) me that she wants to try to climb Mt. Fuji.

9 あなたはそれを誰から聞いたのですか？（誰がそれをあなたに言ったのですか？）

Who (talked, told, spoke, said) you that?

10 （電話で）ホワイト先生をお願いできますか？私ですが。

May I (tell, speak) to Ms. White? (Telling, Speaking).

11 京都で1日だけ過ごせるとしましょう。あなただったらどうしますか？

Let's (talk, say, speak) you only had one day in Kyoto. What would you do?

日本文に合うように英単語を並べ替えなさい。

12 では負けてあげますよ。35ドルでどう？　a let's I'll you give say dollars discount 35

13 私達は道を間違えているんじゃないかな。　the say we way I'd are wrong heading

14 そこで軽く食べるのはどう？　a to you say what grab there would bite

15 また遊びに来てね。　me see come again　　**16** 遊びにいこうよ。　go let's fun have

17 冷たい飲み物を何か買いに行ってきて。　cold go some buy drinks

18 私達のところに夕食を食べに来ませんか？　with dinner come why you have us don't

英文が日本文と合うように空欄に look, watch, see のいずれかを入れなさい。ただし必要があれば適切な形に直して入れること。

19 わかりますか？　You (　　　　　　)?

20 それはあなたによく似合っていると思いますよ。　I think it (　　　　　　) good on you.

21 ちょっと見せて。　Let me take a (　　　　　　).

22 （店員の声掛けで）何かお探ししましょうか？　May I help you?
いいえ，結構です。見ているだけです。　No, thank you. I'm just (　　　　　　).

23 私のかばんを見張っておいて。　(　　　　　　) my bag.

24 見て！人が集まっている。　向こうで何が起こっているのでしょう？
(　　　　　　)! There are crowds of people. What's going on up there?

25 あなたには付き合っている人はいますか？　Are you (　　　　　　) anyone?

26 私は家にいて，小さい弟の面倒を見なければいけません。
I have to stay home and (　　　　　　) my little brother.

27 医者に診てもらったらどうですか？　What would you say (　　　　　　) a doctor?

28 すべらないように気をつけて。　(　　　　　　) that you don't slip.

29 私は今夜友達と会うつもりです。　I'm (　　　　　　) my friends tonight.

30 そのとき霧がかかっていたので，私達は遠くが見えませんでした。
It was foggy then, so we couldn't (　　　　　　) far.

31 あなたの言いたいことはわかります。　I (　　　　　　) what you mean.

32 あなたは1日にどれくらいテレビを見ますか？　How long do you (　　　　　　) TV a day?

33 私は午前中ずっとメガネを探しています。
I've been (　　　　　　) for my glasses the whole morning.

34 雨になりそうですね？　It (　　　　　　) like it's going to rain, doesn't it?

英文が日本文と合うように（　　　）内の語や語句を選択しなさい。

35 気をつけて！　Look (after, out, in)!

36 私はそれがどういう意味か調べました。　I looked (on, up, down) what that means.

37 私達が留守の間，犬の面倒を見てくれませんか？
Would you look (over, after) our dogs while we are away?

38 車に気をつけてね。　Watch out (for, with) cars.

39 あなたは昨夜テレビでニュースを見ましたか？
Did you see the news (of, on) TV last night?

40 私はあなたのチームと野球の試合をすることを楽しみにしています。
I'm looking forward to (have, having) a baseball match with your team.

41 東京に来たときは顔を見せに来てね。
Look me (to, up, on) when you are around in Tokyo.

42 私達は花火を見に行くつもりです。　We plan to go (see, look at) fireworks.

43 昨夜窓の外を見たとき，フクロウが留まっているのが見えました。
When I looked out of the window last night, I (saw, looked at) an owl sitting.

★ 章末問題 B ★

英文が日本文と合うように（　　　）内の語を選択しなさい。

1 彼女はドイツ語とイタリア語を話します。　She（　says,　speaks,　tells　）German and Italian.

2 では私は彼にその問題について話しておきます。　I will（　speak,　tell　）to him about the matter.

3 私はあなたに話しておきたいことがあります。　I need to（　tell,　talk　）to you about something.

4 皆さんとお話しできて楽しかったです。　It was fun to（　tell,　talk　）with you all.

5 そのような状況では私は何と言えばいいですか？
What can I（　say , speak,　talk　）in a situation like that?

6 私の代わりにジムにありがとうを言っておいて。
（　Speak,　Say,　Talk　）thanks to Jim for me.

7 アンがあなたにありがとうと伝えてと言っていましたよ。
Ann（　said,　told,　spoke　）me to（　say , tell,　talk　）"Thanks" to you..

8 リサは富士山に登ってみたいと私に言っていました。
Lisa（　said,　told,　talked　）me that she wants to try to climb Mt. Fuji.

9 あなたはそれを誰から聞いたのですか？（誰がそれをあなたに言ったのですか？）
Who（　talked,　told,　spoke,　said　）you that?

10 （電話で）ホワイト先生をお願いできますか？私ですが。
May I（　tell,　speak　）to Ms. White?　（　Telling,　Speaking　）.

11 京都で1日だけ過ごせるとしましょう。あなただったらどうしますか？
Let's（　talk,　say,　speak　）you only had one day in Kyoto. What would you do?

日本文に合うように英単語を並べ替えなさい。

12 では負けてあげますよ。35ドルでどう？　a let's I'll you give say dollars discount 35

13 私達は道を間違えているんじゃないかな。　the say we way I'd are wrong heading

14 そこで軽く食べるのはどう？　a to you say what grab there would bite

15 また遊びに来てね。　me see come again　　**16** 遊びにいこうよ。　go let's fun have

17 冷たい飲み物を何か買いに行ってきて。　cold go some buy drinks

18 私達のところに夕食を食べに来ませんか？　with dinner come why you have us don't

英文が日本文と合うように空欄に look, watch, see のいずれかを入れなさい。ただし必要があれば適切な形に直して入れること。

19 わかりますか？　You (　　　　　　　)?

20 それはあなたによく似合っていると思いますよ。　I think it (　　　　　　) good on you.

21 ちょっと見せて。　Let me take a (　　　　　　).

22 (店員の声掛けで) 何かお探ししましょうか？　May I help you?
　　いいえ，結構です。見ているだけです。　No, thank you. I'm just (　　　　　　).

23 私のかばんを見張っておいて。　(　　　　　　) my bag.

24 見て！人が集まっている。　向こうで何が起こっているのでしょう？
　　(　　　　　　)! There are crowds of people. What's going on up there?

25 あなたには付き合っている人はいますか？　Are you (　　　　　　) anyone?

26 私は家にいて，小さい弟の面倒を見なければいけません。
　　I have to stay home and (　　　　　　) my little brother.

27 医者に診てもらったらどうですか？　What would you say (　　　　　　) a doctor?

28 すべらないように気をつけて。　(　　　　　　) that you don't slip.

29 私は今夜友達と会うつもりです。　I'm (　　　　　　) my friends tonight.

30 そのとき霧がかかっていたので，私達は遠くが見えませんでした。
　　It was foggy then, so we couldn't (　　　　　　) far.

31 あなたの言いたいことはわかります。　I (　　　　　　) what you mean.

32 あなたは1日にどれくらいテレビを見ますか？　How long do you (　　　　　　) TV a day?

33 私は午前中ずっとメガネを探しています。
　　I've been (　　　　　　) for my glasses the whole morning.

34 雨になりそうですね？　It (　　　　　　) like it's going to rain, doesn't it?

英文が日本文と合うように (　　　) 内の語や語句を選択しなさい。

35 気をつけて！　Look (after, out, in)!

36 私はそれがどういう意味か調べました。　I looked (on, up, down) what that means.

37 私達が留守の間，犬の面倒を見てくれませんか？
　　Would you look (over, after) our dogs while we are away?

38 車に気をつけてね。　Watch out (for, with) cars.

39 あなたは昨夜テレビでニュースを見ましたか？
　　Did you see the news (of, on) TV last night?

40 私はあなたのチームと野球の試合をすることを楽しみにしています。
　　I'm looking forward to (have, having) a baseball match with your team.

41 東京に来たときは顔を見せに来てね。
　　Look me (to, up, on) when you are around in Tokyo.

42 私達は花火を見に行くつもりです。　We plan to go (see, look at) fireworks.

43 昨夜窓の外を見たとき，フクロウが留まっているのが見えました。
　　When I looked out of the window last night, I (saw, looked at) an owl sitting.

24章 ||| 語彙と慣用表現Ⅱ

●この章で用いられる単語を覚えよう。

hear A doing　[hír A dú:iŋ / ヒァ A ドゥーイング] A が〜するのが聞こえる

rumor　[rú:mər / ルーマ(ァ)] 图 噂 (うわさ)

rumor that…　[rú:mər ðǽt / ルーマ(ァ) ザトゥ] …という噂　※that 以下は同格を表す

ring　[ríŋ / リング] 動 (ベルなどが)鳴る

break up with　[bréik ʌ́p wíð / ブレイク アプ ウィズ] 交際相手と別れる，破局する

experience　[ikspíəriəns / イクスピァリアンス] 图 経験，体験

put away　[pút əwéi / プトゥ アウェイ] (元の場所に)片づける，しまい込む

lecture　[léktʃər / レクチャ(ァ)] 图 講義，講演

karaoke　[kæ̀rəóuki / キャリオウキ] 图 カラオケ

booklet　[búklit / ブックレトゥ] 图 小冊子

come over　[kʌ́m óuvər / カム オウヴァ(ァ)] 家に来る

on one's way to　[ɑn wʌ́nz wéi tú: / オン ワンズ ウェイ トゥー] 〜に行く途中

get used to 名詞　[gét jú:st tú: / ゲトゥ ユーストゥー] 〜に慣れる

used to do　[jú:st tú: du / ユース トゥー ドゥ] よく〜したものだ

far away from　[fár əwéi frəm / ファー アウェイ フロム] 〜から遠く離れている

flat tire　[flǽt táiər / フラトゥ タイア(ァ)] パンクしたタイヤ

exercise　[éksərsàiz / エクササイズ] 图 運動，体操

hair　[hér / ヘァ] 图 髪の毛

iron　[áiərn / アイアン] 動 アイロンをかける

upset　[ʌ́pset / アップセトゥ] 形 動揺して，腹を立てて

detail　[dí:teil / ディーテイル] 图 詳細

in detail　[in dí:teil / イン ディーテイル] 詳しく

headache　[hédèik / ヘデイク] 图 頭痛

seat　[sí:t / スィートゥ] 图 席，椅子

reservation　[rèzərvéiʃən / リザヴェイション] 图 予約

mistake　[mistéik / ミステイク] 图 誤り，ミス

promise　[prámis / プラミス] 图 約束

medicine　[médəsn / メディスン] 图 薬，医薬

nap　[nǽp / ナプ] 图 うたた寝，昼寝

temperature　[témpərtʃùər / テムペラチャ(ァ)] 图 温度，体温

exam　[igzǽm / イグザム] 图 試験，検査

copy　[kápi / カピィ] 图 コピー，複写

take care of　[téik kéər əv / テイク ケア オヴ] 〜の世話をする，〜の面倒を見る

make sense　[méik séns / メイク センス] 辻褄 (つじつま) が合う，意味が通る

be afraid of　[bí: əfréid əv / ビィ アフレイドゥ オヴ] 〜を恐れる，〜が心配である

for the first time　[fər ðə fɚ́:rst táim / フォア ザ ファーストゥ タイム] 初めて

while　[hwáil / ホワイル] 图 少しの時間(期間)

for a while　[fər ə hwáil / フォァ ア ホワイル] しばらくの間

because of　[bikɔ́z əv / ビコズ オヴ] 〜が原因で

meet the deadline　[mí:t ðə dédláin / ミートゥ ザ デッドゥライン] 期日に間に合う

instead (of〜)　[instéd əv / インステドゥ オヴ] 副 (〜の)代わりに

someday　[sʌ́mdèi / サムデイ] 副 いつか

all around the world　[ɔl əráund ðə wɔ́(:r)ld / オール アラウンドゥ ザ ワールドゥ] 世界中

give a presentation　[gív ə prèzəntéiʃən / ギヴ ア プレザンテイション] プレゼンをする

the day after tomorrow　[ðə déi ǽftər tumɔ́rou / ザ デイ アフタ(ァ) トゥマロウ] 明後日 (あさって)

possible　[pásəbəl / パスィブル] 形 可能である，あり得る，起こりうる，可能性がある

on board　[ɑn bɔ́rd / オンボードゥ] 機内に，船内に

●左ページを隠して読みと意味を確認しよう。

- ☐ hear A doing
- ☐ rumor
- ☐ rumor that…
- ☐ ring
- ☐ break up with
- ☐ experience
- ☐ put away
- ☐ lecture
- ☐ karaoke
- ☐ booklet
- ☐ come over
- ☐ on one's way to
- ☐ get used to 名詞
- ☐ used to do
- ☐ far away from
- ☐ flat tire
- ☐ exercise
- ☐ hair
- ☐ iron
- ☐ upset
- ☐ detail
- ☐ in detail
- ☐ headache
- ☐ seat

- ☐ reservation
- ☐ mistake
- ☐ promise
- ☐ medicine
- ☐ nap
- ☐ temperature
- ☐ exam
- ☐ copy
- ☐ take care of
- ☐ make sense
- ☐ be afraid of
- ☐ for the first time
- ☐ while
- ☐ for a while
- ☐ because of
- ☐ meet the deadline
- ☐ instead of
- ☐ someday
- ☐ all around the world
- ☐ give a presentation
- ☐ the day after tomorrow
- ☐ possible
- ☐ on board

24章

●listen,hear の違い

●listen：注意して聴く，耳を傾ける　　●hear：～が自然と聞こえる，耳に入る

!注意　listen は自動詞としてしか用いられないので，直後に名詞を置くことはできない

●listen と hear を含む様々な熟語

listen to：～を聴く　　　　　　　　　　listen for：～が聞こえないかと耳を澄ます
I hear that～　／～だと聞いている　　　hear of　：　～のこと（うわさ）を耳にしている
hear from 人：人から連絡をもらう　　　 hear about：～について詳しく聞く

●listening と hearing の違い

listening：内容の聴き取り　　　　　　　hearing：意見聴取，聴力
listening test：内容の聴き取りテスト　　hearing test：聴力テスト

●go と come／take と bring の使い分け

日本語で「来る」と言える場合はたいてい come を用いて問題ないが，それに加え，自分が相手のいる場所や相手主催の催しに行く場合も come が用いられるので注意が必要である。

●go：相手とは別の方に行く
●come：①自分の方へ来る　　②相手の方へ行く　→日本語と使い方が逆！

例1　Can I come in?　　（部屋に）入ってもいい？

例2　Lunch is ready!　I'm coming!　昼ごはんできたよ！　今行く！

例3　We are going to karaoke.　私達はこれからカラオケに行きます。
　　　Can I come?　私も一緒に行っていいですか？

take と bring の関係も go と come の関係と同様のことが言える。

●take：相手とは別のところに持っていく（連れて行く）
●bring：①自分のところへ持ってくる（連れてくる）
　　　　　②相手のところへ持っていく（連れて行く）　→日本語と使い方が逆！

例4　Will you bring me my car key?　＝Will you bring my car key to (for) me?
　　　私の車の鍵を私のところに持ってきてくれる？

例5　Can I bring my dog to your party?
　　　私の犬をあなたのパーティーに連れて行ってもいいですか？

例6　I often take my kids to the zoo.　私は子供たちをよく動物園に連れていきます。

●take の様々な意味

take は「～を手に取る」「～の手段をとる」が基本的な意味であるが，これらの意味が派生して様々な意味で使われる。

① ～を（手に取って）持っていく，～を連れていく
② ～を利用する，～に乗る　　　③ ～を食べる，～を飲む，～を服用する，～を摂取する
④ ～を買う，（商品）を選ぶ　　　⑤ ～を解釈する，～を理解する，～と受け取る
⑥ （時間が）かかる

24
章

🎧 次の英文の読み書きの練習，及びリスニングの練習をしなさい。

1 I was listening to music,　　　　　　　私は音楽を聴いていたので,
so I couldn't hear my phone ringing.　電話が鳴るのが聞こえませんでした。

2 I heard a rumor that Sarah has broken up　私はサラがボーイフレンドと別れたという
with her boyfriend.　　　　　　　　　　　　噂を聞きました。

3 I want to hear about your experiences in detail.　私はあなたの体験談を詳しく聞きたいです。

4 The listening test will begin now,　　これから聴き取りテストを始めますので
so please put away your textbooks.　教科書はしまってください。

5 Breakfast is ready!　I'm coming!　朝食が出来たよ！　今行く！

6 You're going to be late for school!　I'm going!　学校に遅刻するよ！　今行く！

7 You can go home now.　（上司が部下に対し）あなたはもう家に帰っていいですよ。

8 I'll come home around eight.　（家に電話をして）8時ごろ家に帰ります。

9 I'm going to take my parents to his lecture.　私は両親を彼の講演会に連れて行くつもりです。

10 Can I bring my dogs to your party?　あなたのパーティーに私の犬を連れて行っても
　　　　　　　　　　　　　　　　　　　　　　　　　　　いいですか？

11 Let's go to karaoke, shall we?　カラオケに行かない？
Why not? I'll come.　　　　　　　もちろん，行きます。

12 Is it OK to take this on board?　これは機内（船内）に持ち込んでも大丈夫ですか？

13 Can I take one of these booklets?　この冊子はもらって帰ってもいいですか？

14 Can I come over next Sunday?　次の日曜にあなたの家に遊びに行ってもいいですか？

15 I listen to the radio on my way to work.　私は仕事に行く途中にラジオを聴いています。

16 Where are you taking that?　それをどこに持っていくのですか？

17 It takes time to get used to it.　それに慣れるには時間がかかります。

18 It's far away from here, so I'd say　それはここから遠いので，あなたはタクシーを
you should take a taxi.　　　　　　　　　　　　　利用したほうがいいと思いますけど。

24
章

●様々なコロケーション

様々な英単語の組み合わせてできる慣用語句を**コロケーション**という。

●do を含むコロケーション

do one's best：ベスト（最善）を尽くす　　do one's hair：髪を整える
do one's teeth：歯を磨く　　do the room：部屋を掃除する
do the cleaning：掃除をする　　do the dishes：皿洗いをする
do the laundry：洗濯する　　do exercise：運動する
do volunteer work：ボランティア活動をする　　do the calculation：計算する
do the ironing：アイロンをかける　　do shopping：買い物をする

●get を含むコロケーション

get better (at)：（〜が）上達する，体調がよくなる，状況がよくなる
get a phone call：電話がかかってくる　　get a flat tire：タイヤがパンクする
get carsick：車酔いする　　get seasick：船酔いする
get drunk：酔っぱらう　　get up late：寝坊する
get paid：お金（給料）が払われる　　get upset：怒る，取り乱す

●give を含むコロケーション

give 人 a phone call：〜に電話をする　　give a party：パーティーを開く
give a concert：コンサートを行う　　give a presentation：プレゼンを行う

●go を含むコロケーション

go red：赤くなる　　go to sleep：眠りにつく
go to hospital：入院する，通院する　　go to work：仕事に行く
go out shopping：買い物に出かける　　go abroad：外国に行く

◇go 〜ing ／ go on a 名詞 ／ go for a 名詞：〜しに行く，〜に行く

go camping：キャンプに行く　　go traveling：（長期の）旅行に行く
go golfing：ゴルフに行く　　go bowling：ボウリングに行く
go fishing：釣りに行く　　go jogging：ジョギングをしに行く
go on a trip：（短い）旅行に行く　　go on a hike：ハイキングに行く
go on a journey：旅に出る　　go on a dive：ダイビングに行く
go for a walk：散歩に行く　　go for a drink：（お酒を）飲みに行く

●have を含むコロケーション

have a headache：頭痛がする　　have a reservation：予約をしている
have a good time：楽しい時間を過ごす　　have fun：楽しむ
have a seat：（椅子に）掛ける　　have a day off：非番（休み）になっている

●make を含むコロケーション

make friends with：〜と友達になる，親しくなる　　make a speech：スピーチをする
make a mistake：間違える　　make money：お金儲けをする
make an appointment：会う約束をする　　make a bed：ベッドを整える
make a phone call：電話をする　　make a reservation：予約する
make a noise：物音をたてる，騒ぐ　　make a promise：約束する
make sure：確かめる，確実にする，必ず…する　　make sense：辻褄が合う，意味が通る
make a left [right] turn：左折[右折]する　　make a copy：コピーをとる

24章

●take を含むコロケーション

take a picture (photo)：写真を撮る

take a seat：座る

take notes：メモをとる

take a left [right] turn：左折[右折]する

take a shower：シャワーを浴びる

take a break：休憩をとる，休む

take a nap：仮眠する，うたた寝をする

take care (of)：（〜を）気をつける，世話をする

take one's temperature：体温を計る

take a walk：散歩する

take medicine：薬を飲む

take place：開催される，行われる

take a class：授業をとる，授業を受ける

take a bath：風呂に入る

take a day off：1 日休みをとる

take an exam：試験を受ける

take part (in)：（〜に）参加する

take a while：しばらく時間がかかる

●その他

grab a drink：お酒を飲みに行く

fold the laundry：洗濯物をたたむ

open(close) an umbrella：傘を差す(閉じる)

grab a coffee：コーヒーを飲む

hang out the laundry：洗濯物を干す

meet the deadline：期日に間に合う

🎧 次の英文の読み書きの練習，及びリスニングの練習をしなさい。

19 Have a seat.　（椅子に）お掛けください。

20 It takes a while.　それはしばらく時間がかかります。

21 I have a headache.　私は頭痛がします。

22 Have you done your teeth yet?　あなたはもう歯を磨きましたか？

23 Take care of yourself.　お体をお大事に。

24 It doesn't make sense to me.　それは私には理解できません。

25 Have you got better?　具合は良くなりましたか？

26 Don't be afraid of making mistakes.　失敗することを恐れないで。

27 I took part in the activity for the first time.　私はその活動に初めて参加しました。

28 Make sure you bring the ticket with you.　チケットを忘れずに持ってきてください。

29 I have a reservation for two nights.　私は 2 泊の予約をしています。

30 I'll make a phone call to Mike.　では私がマイクに電話をしてみます。

31 I used to fish there.　私はよくそこで釣りをしていました。

32 Let's take a break for a while.　しばらく休憩にしましょう。

33 She is taking a day off because of a cold.　彼女は風邪のため 1 日休みをとっています。

34 My bicycle got a flat tire on my way home.　私の自転車は家に帰る途中でパンクしました。

35 Thanks to you, I was able to meet the deadline.　あなたのおかげで，期日に間に合うことができました。

36 I took a photo with my smartphone instead of making a copy.　私はコピーをとる代わりにスマートフォンで写真を撮りました。

37 I want to go traveling all around the world someday.　私はいつか世界中を旅して回ってみたい。

38 Is it possible for you to give the presentation the day after tomorrow?　明後日プレゼンテーションをすることは可能ですか？

★ 章 末 問 題 Ⓐ ★

英文が日本文に合うように（　　）内に listen, hear, go, come のいずれかを入れなさい。ただし必要があれば適切な形に直して入れること。

1 私は音楽を聴いていたので，電話が鳴るのが聞こえませんでした。

I was (　　　　　　　) to music, so I couldn't (　　　　　　　) my phone ringing.

2 私はサラがボーイフレンドと別れたという噂を聞きました。

I (　　　　　　　) a rumor that Sarah has broken up with her boyfriend.

3 私はあなたの体験談を詳しく聞きたいです。

I want to (　　　　　　　) about your experiences in detail.

4 これから聴き取りテストを始めますので教科書はしまってください。

The (　　　　　　　) test will begin now, so please put away your textbooks.

5 朝食ができたよ！　今行く！　Breakfast is ready!　I'm (　　　　　　　)!

6 学校に遅刻するよ！　今行く！　You're going to be late for school!　I'm (　　　　　　　)!

7（上司が部下に対し）あなたはもう家に帰っていいですよ。　You can (　　　　　　　) home now.

8（家に電話をして）8時ごろ家に帰ります。　I'll (　　　　　　　) home around eight.

次の英文を訳しなさい。

9 I'm going to take my parents to his lecture.

10 Can I bring my dogs to your party?

11 Let's go to karaoke, shall we?　Why not? I'll come.

12 Is it OK to take this on board?

13 Can I take one of these booklets?

14 Can I come over next Sunday?

15 I listen to the radio on my way to work.

16 Where are you taking that?

17 It takes time to get used to it.

18 It's far away from here, so I'd say you should take a taxi.

英文が日本文に合うように（　　）内に have, make, take, get, do のいずれかを入れなさい。ただし指示があれば指示に従い，必要があれば適切な形に直して入れること。

19 （椅子に）お掛けください。　※take 以外を入れること　（　　　　　　　　）a seat.

20 それはしばらく時間がかかります。　It（　　　　　　　）a while.

21 私は頭痛がします。　I（　　　　　　　）a headache.

22 Have you（　　　　　　　）your teeth yet?　あなたはもう歯を磨きましたか？

23 お体をお大事に。　（　　　　　　　）care of yourself.

24 それは私には理解できません。　It doesn't（　　　　　　　）sense to me.

25 具合は良くなりましたか？　Have you（　　　　　　　）better?

26 失敗することを恐れないで。　Don't be afraid of（　　　　　　）mistakes.

27 私はその活動に初めて参加しました。　I（　　　　　　）part in the activity for the first time.

28 チケットを忘れずに持ってきてください。（　　　　　　　）sure you bring the ticket with you.

29 私は2泊の予約をしています。　I（　　　　　　）a reservation for two nights.

30 では私がマイクに電話をしてみます。　I'll（　　　　　　　）a phone call to Mike.

次の英文を訳しなさい。

31 I used to fish there.

32 Let's take a break for a while.

33 She is taking a day off because of a cold.

34 My bicycle got a flat tire on my way home.

35 Thanks to you, I was able to meet the deadline.

36 I took a photo with my smartphone instead of making a copy.

37 I want to go traveling all around the world someday.

38 Is it possible for you to give the presentation the day after tomorrow?

24
章

●★章末問題B★●

英文が日本文に合うように（　　）内に listen, hear, go, come のいずれかを入れなさい。ただし必要があれば適切な形に直して入れること。

1 私は音楽を聴いていたので，電話が鳴るのが聞こえませんでした。

I was (　　　　　) to music, so I couldn't (　　　　　) my phone ringing.

2 私はサラがボーイフレンドと別れたという噂を聞きました。

I (　　　　　) a rumor that Sarah has broken up with her boyfriend.

3 私はあなたの体験談を詳しく聞きたいです。

I want to (　　　　　) about your experiences in detail.

4 これから聴き取りテストを始めますので教科書はしまってください。

The (　　　　　) test will begin now, so please put away your textbooks.

5 朝食ができたよ！　今行く！　Breakfast is ready!　I'm (　　　　)!

6 学校に遅刻するよ！　今行く！　You're going to be late for school!　I'm (　　　　)!

7（上司が部下に対し）あなたはもう家に帰っていいですよ。　You can (　　　　) home now.

8（家に電話をして）8時ごろ家に帰ります。　I'll (　　　　) home around eight.

次の英文を訳しなさい。

9 I'm going to take my parents to his lecture.

10 Can I bring my dogs to your party?

11 Let's go to karaoke, shall we?　Why not? I'll come.

12 Is it OK to take this on board?

13 Can I take one of these booklets?

14 Can I come over next Sunday?

15 I listen to the radio on my way to work.

16 Where are you taking that?

17 It takes time to get used to it.

18 It's far away from here, so I'd say you should take a taxi.

英文が日本文に合うように（　　）内に have，make，take，get，do のいずれかを入れなさい。ただし指示があれば指示に従い，必要があれば適切な形に直して入れること。

19 （椅子に）お掛けください。　※take 以外を入れること　（　　　　　　　　） a seat.

20 それはしばらく時間がかかります。　It （　　　　　　　） a while.

21 私は頭痛がします。　I （　　　　　　　） a headache.

22 Have you （　　　　　　　） your teeth yet?　あなたはもう歯を磨きましたか？

23 お体をお大事に。　（　　　　　　　） care of yourself.

24 それは私には理解できません。　It doesn't （　　　　　　　） sense to me.

25 具合は良くなりましたか？　Have you （　　　　　　　） better?

26 失敗することを恐れないで。　Don't be afraid of （　　　　　　　） mistakes.

27 私はその活動に初めて参加しました。　I （　　　　　　　） part in the activity for the first time.

28 チケットを忘れずに持ってきてください。（　　　　　　　） sure you bring the ticket with you.

29 私は2泊の予約をしています。　I （　　　　　　　） a reservation for two nights.

30 では私がマイクに電話をしてみます。　I'll （　　　　　　　） a phone call to Mike.

次の英文を訳しなさい。

31 I used to fish there.

32 Let's take a break for a while.

33 She is taking a day off because of a cold.

34 My bicycle got a flat tire on my way home.

35 Thanks to you, I was able to meet the deadline.

36 I took a photo with my smartphone instead of making a copy.

37 I want to go traveling all around the world someday.

38 Is it possible for you to give the presentation the day after tomorrow?

25章 ||| 語彙と慣用表現Ⅲ

●この章で用いられる単語を覚えよう。

most ［móust / モウストゥ］名 ほとんど，大部分

both ［bóuθ / ボウス］代 形 接 両方(の)

either ［í:ðər / イーザァ］代 形 接 どちらか一方(の)

each ［í:tʃ / イーチ］代 形 それぞれ(の)

half ［hǽf / ハフ］名 形 半分(の)

piece ［pí:s / ピース］名 一切れ，1枚，1かけら

pair ［péər / ペア］名 1組，1対

slice ［slais / スライス］名 1枚，一切れ

glass ［glǽs / グラス］名 コップ，グラス

luggage ［lʌ́gidʒ / ラギジ］名 手荷物

baggage ［bǽgidʒ / バギジ］名 手荷物

hand luggage ［hǽnd lʌ́gidʒ / ハンドゥ ラゲジ］(旅行者の)持ち込み荷物，手荷物

furniture ［fə́:rnitʃər / ファーニチャ(ァ)］名 家具

scissors ［sízərz / スィザーズ］名 はさみ

shoes ［ʃú:z / シューズ］名 靴

gloves ［glʌ́vz / グラヴズ］名 手袋

glasses ［glǽsiz / グラスイズ］名 メガネ

indoor shoes ［índòr ʃú:z / インドァ シューズ］上履き

on board ［ɔn bɔ́rd / オンボードゥ］ 機内に，船内に

passenger ［pǽsəndʒər / パッセンジャ(ァ)］名 乗客，旅客

agree with ［əgrí: wið / アグリ ウィズ］〜の意見に同意する，〜に賛成である

up to ［ʌ́p tú: / アプ トゥー］〜次第である
※up to 数量：〜まで

come up ［kʌ́m ʌ́p / カム アプ］(問題などが)持ち上がる，生じる

clothing ［klóuðiŋ / クロウズィング］名 衣類

clothes ［klóu(ð)z / クロウズ］名 衣類，衣服

the other day ［ðə ʌ́ðər déi / ズィ アザァ デイ］先日

novelist ［nάvəlist / ナヴァリストゥ］名 小説家

translator ［trænsléitər / トゥランスレイタ］名 翻訳家，翻訳機

fact ［fǽkt / ファクトゥ］名 事実，実際

million ［míljən / ミリオン］名 百万

so far ［sóu fár / ソウ ファー］今までのところ

however ［hauévər / ハウエヴァ(ァ)］副 しかしながら，けれども

then ［ðén / ゼン］副 その後，それから

anyway ［éniwèi / エニウェイ］副 とにかく

be afraid of ［bí: əfréid əv / ビィ アフレイドゥ ォヴ］〜を恐れる，〜が心配である

height ［háit / ハイトゥ］名 高さ，高いところ

hot chocolate ［hát tʃάkəlit / ハトゥ チョカリトゥ］ホットココア

stay for a night ［stéi fɔr wʌ́n náit / ステイ フォー ワン ナイトゥ］一泊する

hurt ［hə́:rt / ハートゥ］動 痛む

dummy ［dʌ́mi / ダミィ］名 代用(品)，マネキン

almost ［ɔ́lmòust / オルモウストゥ］副 ほとんど

turn ［tə́rn / ターン］名 順番

treat ［trí:t / トゥリートゥ］動 おごる，御馳走する

sweat ［swét / スウェトゥ］動 汗をかく，心配する

pepper ［pépər / ペッパ(ァ)］名 コショウ

make sense ［méik séns / メイク センス］辻褄が合う，筋が通っている

●左ページを隠して読みと意味を確認しよう。

- [ ] most
- [ ] both
- [ ] either
- [ ] each
- [ ] half
- [ ] piece
- [ ] pair
- [ ] slice
- [ ] glass
- [ ] luggage
- [ ] baggage
- [ ] hand luggage
- [ ] furniture
- [ ] scissors
- [ ] shoes
- [ ] gloves
- [ ] glasses
- [ ] indoor shoes
- [ ] on board
- [ ] passenger
- [ ] agree with
- [ ] up to
- [ ] come up

- [ ] clothing
- [ ] clothes
- [ ] the other day
- [ ] novelist
- [ ] translator
- [ ] fact
- [ ] million
- [ ] so far
- [ ] however
- [ ] then
- [ ] anyway
- [ ] be afraid of
- [ ] height
- [ ] hot chocolate
- [ ] stay for a night
- [ ] hurt
- [ ] dummy
- [ ] almost
- [ ] turn
- [ ] treat
- [ ] sweat
- [ ] pepper
- [ ] make sense

25
章

●other と another

other [ʌðər] 代 形	その他（の），他方（の）	the other：（2つ・2人のうちの）他方 the others：その他の（複数の）人，もの others：（不特定の）他人，他のもの
another [ənʌðər] 代 形	別の1つ（の） 別の1人（の）	語源は an＋other なので代名詞の場合は 単数扱い。無冠詞で用いる。

●the other day：先日　　●one…the other〜：一方は…でもう一方は〜

●some…others〜：…もあれば，〜もある／…もいれば，〜もいる

例1　Can you show me the other one? （2つのうちの）もう一方を見せてくれませんか？

例2　There must be another way.　別の方法があるに違いない。

例3　Some say it's wrong, others say it's right.
 それは間違っているという人もいれば，正しいという人もいる。

●数量を表す代名詞と形容詞

some (of)	〜のいくつか（いくらか）	any (of)	〜のどれも，〜の誰も
many (of)	〜の多く	most (of)	〜のほとんど
all (of)	〜のすべて	both (of)	〜の両方（とも）※複数扱い
each (of)	〜のそれぞれ　※単数扱い	half (of)	〜の半分　※単複は後の名詞による

!注意　形容詞として用いる場合は of が省略されるが，目的格の代名詞が後に続く場合は省略できない。形容詞の all，both，half は冠詞や所有格の代名詞の前に置かれる。

例1　all of the students：学生のすべて　　　例2　all the students：すべての学生

例3　Both my parents were born in Japan.　私の両親は両方とも日本生まれです。

●様々な数え方

a cup of	（温かい飲み物）1杯	a cup of hot chocolate　ホットココア1杯 two cups of coffee　コーヒー2杯
a glass of	（冷たい飲み物）1杯	a glass of iced tea　アイスティー1杯 two glasses of water　水2杯
a piece of	一切れ，一かけら 1部，1点，1件	a piece of paper　メモ用紙1枚（小さめの紙） a piece of cake　ケーキ1切れ two pieces of clothes (clothing) 衣類2点 three pieces of hand luggage (baggage) 手荷物3点 four pieces of furniture　家具4点
a pair of	一組の，一対の ※対になっているものを 数える場合に用いる	a pairs of gloves　1組の手袋 two pairs of glasses　2つの眼鏡（レンズが対） three pairs of scissors　3つのはさみ（刃が対） four pairs of shoes　4足のくつ
a slice of	一枚，一切れ	a slice of meat　一切れの肉 two slices of pizza　二切れのピザ

!注意 商品の注文では one coffee, two coffee(s) のようにシンプルに使われることもある。

●多さ・少なさを表す語句

以下は多さ・少なさを表す形容詞（句）である。可算名詞の前に置くもの，不可算名詞の前に置くもの，どちらにも置くことができるものがあることに注意しよう。

形容詞・形容詞句		意味		可算	不可算
many		たくさんの，多くの，多数の		○	
much		たくさんの，大いに			○
a lot of／lots of		たくさんの，多くの		○	○
a few	few	少しの，2～3の	少ししか～ない	○	
a little	little	少しの，少量の	少ししか～ない		○
a bit of a little bit of		少しの，少量の，微量の，わずかな			○
hundreds of		数百もの		○	
thousands of		数千もの		○	
millions of		何百万もの		○	

!注意 few（少ししか～ない，2～3しかない）は only a few としても同じ意味になる。

🎧 次の英文の読み書きの練習，及びリスニングの練習をしなさい。

1 Would you like to have another cup of tea?　お茶をもう一杯いかがですか？

2 I'd like a glass of iced tea.　私は冷たい紅茶をいただきたいです。

3 I have two pairs of glasses. One is for study, and the other is for sports.　私は眼鏡を2つ持っています。1つは学習用で，もう1つはスポーツ用です。

4 Don't care too much about what others think.　他人がどう思うかは気にしすぎてはいけません。

5 There are ten balls in this box. Two are black and the others are white.　箱の中に10個のボールが入っています。2つは黒で，その他は白です。

6 Each passenger can carry up to one piece of baggage on board.　乗客は1人1つまで荷物を機内に持ち込むことができます。

7 I have played tennis only a few times so far.　私は今までに2，3度しかテニスをしたことがありません。

8 Some of us went there the other day.　私達の何人かは先日そこに行きました。

9 There were hundreds of people at the concert.　そのコンサートには何百人もの人が集まっていました。

10 Both my parents speak English a little.　私の両親はどちらも英語は少しなら話します。

11 Each of us has a pair of indoor shoes.　私達はそれぞれ上履きを1足持っています。

12 There are still a few slices of pizza left.　ピザはまだ少し残っています。

13 He sold most of his furniture.　彼は自分の家具をほとんど売ってしまいました。

25章

●強調の助動詞 do

確かに…，間違いなく…，本当に…，どうしても…と動詞を強調したい場合は，動詞の直前に助動詞の do を置く。

例1　They do eat a lot.　彼らは本当によく食べます。

例2　She does know the fact.　彼女は間違いなく事実を知っている。

例3　I did say that.　私は確かにそういいました。

●接続詞を含む熟語

not A but B	A ではなく B	not only A but (also) B	A だけでなく B も
both A and B	A も B も両方とも	either A or B	A と B のどちらか

●接続副詞と接続副詞句

so	それで，ところで，では	then	それから，（文頭で）それでは
however	しかしながら	anyway	とにかく
by the way	ところで	for example	例えば
in fact	実際は，実は	on the other hand	一方，他方では

●買い物，レストラン，タクシーでの表現

買い物で，「それにします」「これを下さい」という場合は buy を用いず，次のように take を用いる。ただし，レストランなどで食べ物を指定する場合は have を用いる。

例1　I'll take it.　（買い物で）それにします。／それをください。

例2　I'll have this.　（レストランなどで）私はこれにします。／これをください。

!注意　menu は献立表を意味し，個別の料理を指さないので，I'll have this menu. は NG。
I'll have this dish. なら OK。

「すみません，これを買いたいのですが」という場合は次のように Can I get…？を用いる。代わりに Can I take…？とすると，「これはもらっていいですか？」となるので注意が必要である。

例3　Excuse me, can I get this?　すみません。これを買いたいのですが。

例4　Excuse me, can I take this?　すみません。これは（ただで）もらってもいいですか？

タクシーの運転手に「〜までお願いします」は take を使って次のように言う。

例5　Can you take me to the airport?　（タクシー運転手に）空港までお願いします。

!注意　take A to B：A を B まで連れて行く（持っていく）

タクシーの運転手にかかる時間を尋ねる場合は take，かかる料金を尋ねる場合は cost を用いる。

例6　How long does it take to the airport?　空港までどれくらい時間がかかりますか？

例7　How much does it cost to the airport?　空港までいくらかかりますか？

🎧 次の英文の読み書きの練習，及びリスニングの練習をしなさい。

14 I do agree with you.　私は全くあなたと同意見です。

15 I did see him there.　私は確かにそこで彼を見ました。

16 She does talk a lot.　彼女は本当によく話しますね。

17 Then let's begin the meeting.　それでは会議を始めましょう。

18 In fact, I'm afraid of heights.　実は私は高いところが怖いです。

19 Anyway, I will do my best.　とにかく私はベストを尽くします。

20 By the way, have you ever been　ところであなたは大阪に行ったことがありますか？
to Osaka?

21 I'll take this one.　これを買います。

22 Excuse me, can I get this?　すみません。これを買いたいのですが。

23 Excuse me, can I take this?　すみません。これは（ただで）もらってもいいですか？

24 May I take your order?　ご注文をお伺いしましょうか？
I'll have this dish.　　　　　私はこの料理にします。

25 He is not a novelist but a translator.　彼は小説家ではなく翻訳家です。

26 She is not only good at singing　彼女は歌が得意なだけでなく，ダンスも同様に得意です。
but also at dancing.

27 I like both math and science.　私は数学も理科も両方好きです。

28 They are going to stay for a night　彼らは成田で一泊し，それから私達と合流します。
at Narita, then with us.

29 Can you take me to the airport?　（タクシー運転手に）空港までお願いします。

30 How long does it take to the airport?　空港までどれくらい時間がかかりますか？

31 How much does it cost to the airport?　空港までいくらかかりますか？

25章

●dummy it

it は通常「それ」と訳される代名詞であるが，"It is rainy." や "It's ten o'clock." のように，意味を持たず文の形を整えるだけの役割を果たすものもある。このような it を dummy it（ダミー）という。it が何を指しているのか判断できない場合はこの dummy it と考えてよい。

●it を含む熟語

get it：理解する，分かる，了解する，納得する

make it：うまくいく，やり遂げる，都合がつく，時間に間に合う，体調が回復する

give it a try／give it a shot／give it a fly：とりあえずやってみる

●it を含む慣用表現

I get it.／I got it.／I've got it.／Gotcha.：了解。わかりました。なるほど。やった！

You got it.：（頼み事などされたとき）いいですよ。その通り！

You get it?／You got it?：わかりましたか？

You can do it.：あなたならできる。

I made it.：間に合った。うまくいった。成功した。

You made it!／You did it!：やったじゃない！（やったね！）

You almost made it.：惜しかったね。（もう少しだったね）

Does it make sense?　私の言っていることは伝わっていますか？

Give it a try.：とりあえずやってみて。

Take it easy.：気楽にね。ゆっくりしてね。落ち着いてよ。じゃあまたね。

It's OK.：大丈夫だよ。（心配しないで）

It's your turn.：あなたの番ですよ。

It's my turn.：私の番です。

That's it.／That's all.：（注文などを伝えた後）以上です。それだけです。

Is that it?／That's it?：それで終わりですか？（たった）それだけですか？

※Is that all?／Is that everything?／That's all?　（注文などが）以上ですか？

That's it!：まさにそれです！

It doesn't matter.：どちらでもいいですよ。何でもいいですよ。

How's it going?：調子はどう？

It's my treat.／It's on me.：私がおごります。（私のおごりです）

It hurts here.：ここが痛いです。（ここが痛みます）

Don't sweat it.：焦らないで。

I doubt it.：それはどうだろう。（それは疑問です）

Go for it!：（勝ちに）行け！　負けるな！　頑張って！

I can't help it.：どうしようもないのです。（仕方ないのです）

It's my lucky day.：今日はついています。

It's up to you.：それはあなた次第です。

ヨ6 それぞれの英文の訳として適切なものを記号で選びなさい。

(1) Take it easy. （　　　）　　　　　　　(2) It's your turn. （　　　　）

(3) It doesn't matter. （　　　　）　　　　(4) I made it. （　　　　）

(5) You almost made it. （　　　　）　　　(6) It's OK. （　　　　）

(7) Give it a try. （　　　）　　　　　　　(8) I can't help it. （　　　　）

(9) That's it. （　　　）　　　　　　　　　(10) It's up to you. （　　　　）

(11) It's on me. （　　　）　　　　　　　　(12) I got it. （　　　　）

(13) Don't sweat it. （　　　　）　　　　　(14) I doubt it. （　　　　）

(15) It hurts here. （　　　　）

ア．それはどうだろう。　　　イ．あなた次第です。　　　ウ．ここが痛いです。

エ．楽にしてね。　　　　　　オ．間に合った。　　　　　カ．惜しかったね。

キ．あなたの番ですよ。　　　ク．大丈夫だよ。　　　　　ケ．何でもいいですよ。

コ．私のおごりです。　　　　サ．どうしようもないんです。シ．以上です。

ス．わかりました。　　　　　セ．とりあえずやってみて。　ソ．焦らないで。

🎧 次の英文の読み書きの練習，及びリスニングの練習をしなさい。

32 Will you pass me the pepper?　コショウをとってくれる？
　　 You got it.　　　　　　　　　　　いいですよ。

33 Does it make sense?　私の言っていることは伝わっていますか？（わかりますか？）
　　 Yes, it does.　　　　　　はい，大丈夫です。

34 Where do you want to go for dinner?　夕食はどこに行きたいですか？
　　 It doesn't matter.　　　　　　　　　　どこでもいいですよ。

35 Something came up, so I'm not　用事が入ったのでコンサートに行けなくなりました。
　　 able to make it to the concert.

36 I'll have a hamburger and an iced coffee.　ハンバーガーとアイスコーヒーにします。
　　 Is that everything?　Yes, that's it.　　　以上ですか？　はい，それだけです。

37 If you hurry, you can still make it.　急げばまだ間に合いますよ。

● ★ 章 末 問 題 Ⓐ ★

英文が日本文と合うように（　　）内の英単語を選択しなさい。

1 お茶をもう一杯いかがですか？　Would you like to have (other,　another) cup of tea?

2 私は冷たい紅茶をいただきたいです。　I'd like a (cup,　glass) of iced tea.

3 私は眼鏡を2つ持っています。1つは学習用で，もう1つはスポーツ用です。

I have two (pairs,　pieces) of glasses.

One is for study, and (the other,　another) is for sports.

4 他人がどう思うかは気にしすぎてはいけません。

Don't care too (many,　much) about what (the other,　others) think.

5 箱の中に10個のボールが入っています。2つは黒で，その他は白です。

There are ten balls in this box. Two are black and (others,　the others) are white.

6 乗客は1人1つまで荷物を機内に持ち込むことができます。

Each (passenger,　passengers) can carry up to one (pair,　piece) of baggage on board.

7 私は今までに2，3度しかテニスをしたことがありません。

I have played tennis only a (little,　few) times so far.

8 私達の何人かは先日そこに行きました。

(Some of,　Some) us went there (the other,　another) day.

9 そのコンサートには何百人もの人が集まっていました。

There were (hundred,　hundreds) of people at the concert.

10 私の両親はどちらも英語は少しなら話します。

Both my parents (speak,　speaks) English (a little,　a few).

11 私達はそれぞれ上履きを1足持っています。

Each of us (have,　has) a (pair,　piece) of indoor shoes.

12 ピザはまだ少し残っています。

There are still (a little,　a few)(pairs,　slices) of pizza left.

13 彼は自分の家具をほとんど売ってしまいました。　He sold (any,　most) of his furniture.

14 私は全くあなたと同意見です。　I (am,　do) agree with you.

15 私は確かにそこで彼を見ました。　I did (see,　saw,　seen) him there.

16 彼女は本当によく話しますね。　She does (talk,　talks) a lot.

17 それでは会議を始めましょう。　(Then,　However) let's begin the meeting.

18 実は私は高いところが怖いです。　(For example,　In fact), I'm afraid of heights.

19 とにかく私はベストを尽くします。　(Anyway,　So), I will do my best.

20 ところであなたは大阪に行ったことがありますか？

（　On the other hand,　By the way　）, have you ever been to Osaka?

21 これを買います。　I'll（　bring,　take　）this one.

22 すみません。これを買いたいのですが。　Excuse me, can I（　get,　take　）this?

23 すみません。これは（ただで）もらってもいいですか？　Excuse me, can I（　get,　take　）this?

24 ご注文をお伺いしましょうか？　私はこの料理にします。

May I take your order?　I'll have this（　menu,　dish　）.

英文が日本文と合うように（　　）内の英単語を入れなさい。

25 彼は小説家ではなく翻訳家です。

He is（　　　　　）a novelist（　　　　　　）a translator.

26 彼女は歌が得意なだけでなく，ダンスも同様に得意です。

She is（　　　　）（　　　　　）good at singing（　　　　　）（　　　　　）at dancing.

27 私は数学も理科も両方好きです。　I like（　　　　　）math（　　　　　）science.

28 彼らは成田で一泊し，それから私達と合流します。

They are going to stay for a night at Narita,（　　　　　　）with us.

29 （タクシー運転手に）空港までお願いします。　Can you（　　　　　　）me to the airport?

30 空港までどれくらい時間がかかりますか？　How（　　　　）does it（　　　　）to the airport?

31 空港までいくらかかりますか？　How（　　　　）does it（　　　　）to the airport?

32 コショウをとってくれる？　いいですよ。　Will you pass me the pepper?　（　　　　　）got it.

33 私の言っていることは伝わっていますか？（わかりますか？）　はい，大丈夫です。

Does it make（　　　　　）?　Yes, it（　　　　　）.

34 夕食はどこに行きたいですか？　どこでもいいですよ。

Where do you want to go（　　　　　）dinner?　It doesn't（　　　　　）.

35 用事が入ったのでコンサートに行けなくなりました。

Something（　　　　　）up, so I'm not able to make（　　　　　　）to the concert.

日本文に合うように英単語を並べ替えなさい。

36 ハンバーガーとアイスコーヒーにします。　　a an and I'll have iced coffee hamburger

以上ですか？　はい，それだけです。　　it is yes that that's everything

37 急げばまだ間に合いますよ。　you you it if can still make hurry

●　★ 章 末 問 題 Ⓑ ★　●

英文が日本文と合うように（　　）内の英単語を選択しなさい。

1 お茶をもう一杯いかがですか？　Would you like to have（　other,　another　）cup of tea?

2 私は冷たい紅茶をいただきたいです。　I'd like a（　cup,　glass　）of iced tea.

3 私は眼鏡を２つ持っています。１つは学習用で，もう１つはスポーツ用です。

I have two（　pairs,　pieces　）of glasses.

One is for study, and（　the other,　another　）is for sports.

4 他人がどう思うかは気にしすぎてはいけません。

Don't care too（　many,　much　）about what（　the other,　others　）think.

5 箱の中に10個のボールが入っています。２つは黒で，その他は白です。

There are ten balls in this box. Two are black and（　others,　the others　）are white.

6 乗客は１人１つまで荷物を機内に持ち込むことができます。

Each（　passenger,　passengers　）can carry up to one（　pair,　piece　）of baggage on board.

7 私は今までに２，３度しかテニスをしたことがありません。

I have played tennis only a（　little,　few　）times so far.

8 私達の何人かは先日そこに行きました。

（　Some of,　Some　）us went there（　the other,　another　）day.

9 そのコンサートには何百人もの人が集まっていました。

There were（　hundred,　hundreds　）of people at the concert.

10 私の両親はどちらも英語は少しなら話します。

Both my parents（　speak,　speaks　）English（　a little,　a few　）.

11 私達はそれぞれ上履きを１足持っています。

Each of us（　have,　has　）a（　pair,　piece　）of indoor shoes.

12 ピザはまだ少し残っています。

There are still（　a little,　a few　）（　pairs,　slices　）of pizza left.

13 彼は自分の家具をほとんど売ってしまいました。　He sold（　any,　most　）of his furniture.

14 私は全くあなたと同意見です。　I（　am,　do　）agree with you.

15 私は確かにそこで彼を見ました。　I did（　see,　saw,　seen　）him there.

16 彼女は本当によく話しますね。　She does（　talk,　talks　）a lot.

17 それでは会議を始めましょう。　（　Then,　However　）let's begin the meeting.

18 実は私は高いところが怖いです。　（　For example,　In fact　）, I'm afraid of heights.

19 とにかく私はベストを尽くします。　（　Anyway,　So　）, I will do my best.

20 ところであなたは大阪に行ったことがありますか？

（　On the other hand,　By the way　）, have you ever been to Osaka?

21 これを買います。　I'll（　bring,　take　）this one.

22 すみません。これを買いたいのですが。　Excuse me, can I（　get,　take　）this?

23 すみません。これは（ただで）もらってもいいですか？　Excuse me, can I（　get,　take　）this?

24 ご注文をお伺いしましょうか？　私はこの料理にします。

　May I take your order?　I'll have this（　menu,　dish　）.

英文が日本文と合うように（　　）内の英単語を入れなさい。

25 彼は小説家ではなく翻訳家です。

　He is（　　　　）a novelist（　　　　　）a translator.

26 彼女は歌が得意なだけでなく，ダンスも同様に得意です。

　She is（　　　）（　　　　）good at singing（　　　）（　　　　）at dancing.

27 私は数学も理科も両方好きです。　I like（　　　　）math（　　　　）science.

28 彼らは成田で一泊し，それから私達と合流します。

　They are going to stay for a night at Narita,（　　　　）with us.

29 （タクシー運転手に）空港までお願いします。　Can you（　　　　）me to the airport?

30 空港までどれくらい時間がかかりますか？　How（　　　）does it（　　　）to the airport?

31 空港までいくらかかりますか？　How（　　　）does it（　　　）to the airport?

32 コショウをとってくれる？　いいですよ。　Will you pass me the pepper?（　　　　）got it.

33 私の言っていることは伝わっていますか？（わかりますか？）　はい，大丈夫です。

　Does it make（　　　）?　Yes, it（　　　）.

34 夕食はどこに行きたいですか？　どこでもいいですよ。

　Where do you want to go（　　　）dinner?　It doesn't（　　　）.

35 用事が入ったのでコンサートに行けなくなりました。

　Something（　　　）up, so I'm not able to make（　　　）to the concert.

日本文に合うように英単語を並べ替えなさい。

36 ハンバーガーとアイスコーヒーにします。　a an and I'll have iced coffee hamburger

　以上ですか？　はい，それだけです。　it is yes that that's everything

37 急げばまだ間に合いますよ。　you you it if can still make hurry

確認テストⅤ

37 次の会話文中の空欄に入る適切な語句を下のア～キの中から選びなさい。

A：What's wrong?　You（　①　）pale.

B：I have a heavy（　②　）.

A：Did you（　③　）your temperature?

B：No,（　④　）.

A：Have you taken any（　⑤　）?

B：Yes, I have, but I don't think it's working.

A：You should（　⑥　）a doctor.

B：I've already made（　⑦　）with Dr. Smith.

A：Make sure you will（　⑧　）by the next match day.

B：Ya, I surely will.

①（　　　）
②（　　　）
③（　　　）
④（　　　）
⑤（　　　）
⑥（　　　）
⑦（　　　）
⑧（　　　）

ア. see　　　　　イ. get well　　　　ウ. look　　　　エ. not yet

オ. headache　　カ. an appointment　キ. medicine　　ク. take

38 次の会話文にある（　）内の語句のうち，適当なものを選びなさい。

A：Sorry I didn't call back sooner.

B：①（　Never,　No　）mind.　So, do you have a day ②（　on,　off　）tomorrow?

A：Yes, I do.

B：I'm planning to visit Kyoto tomorrow.　Do you want to join me?

A：I would love to. I grew ③（　over,　up　）in Kyoto.　I can ④（　make,　show　）you around.

B：Thank you. Would you like me to pick ⑤（　up you,　you up　）?

A：That would be wonderful. What time would it be?

B：How about 6 o'clock in the morning?

A：That's very early!

B：Yes, so, don't stay ⑥（　down,　up　）too late tonight.

A：I ⑦（　got,　made　）it.

39 各文の意味がだいたい同じになるように，空欄に入る語を枠内から選びなさい。ただし同じ語を重複して選択しないものとし，必要があれば適切な形に直すこと。

> make, see, have, take, go, get, turn, do, give, look

(1) I understand. ／ I got it. ／ I (　　　　　　).

(2) I must take care of my little sister. ／ I must (　　　　　　) after my little sister.

(3) Could you make a left turn? ／ Could you (　　　　　　) left?

(4) He passed the exam! He made it! ／ He passed the exam! He (　　　　　　) it!

(5) Will you make a phone call to me later? ／ Will you (　　　　　　) me a phone call later?

(6) He usually takes a walk on Sundays. ／ He usually (　　　　　　) for a walk on Sundays.

(7) Andrew and I became friends. ／ I (　　　　　　) friends with Andrew.

(8) I also joined the activity. ／ I also (　　　　　　) part in the activity.

(9) Enjoy yourself in Kyoto. ／ (　　　　　　) fun in Kyoto.

40 二つの文が同じ意味になるように空欄に適切な語句を入れなさい。

(1) How hot this soup is! ／ (　　　　　) (　　　　　) (　　　　　) soup this is!

(2) What an exciting game this is! ／ (　　　　　) (　　　　　) this game is!

(3) What a difficult problem this is! ／ (　　　　　) (　　　　　) this problem is!

41 次の会話文に対応する空欄に入る語句を下のア～キの中から選びなさい。

(1) 「私，結婚するの。」「おめでとう！」
　　"I'm getting married." "(　　　　)!"

(2) 「乾杯しましょう！」「乾杯！」
　　"Let's have a toast!" "(　　　)!" ※ toast [tóust] 祝杯，乾杯

(3) 「一緒に行ってもいい？」「もちろん！」
　　"Can I come with you?" "(　　　)!"

(4) 「映画，どうだった？」「まあまあかな」
　　"How was the movie?" "(　　　)"

(5) 「道を間違えているよ！」「おっと！」
　　"You've taken the wrong way!" "(　　　)"

(6) 「痛い！包丁で指を切った！」「ほら！気を付けてって言ったじゃない」
　　"(　　　)! I cut my finger with the kitchen knife!" "(　　　)! I told you to be careful."

(1) (　　　　)

(2) (　　　　)

(3) (　　　　)

(4) (　　　　)

(5) (　　　　)

(6) (　　　　), (　　　　)

| ア. So-so | イ. Cheers | ウ. See | エ. Oops |
| オ. Congratulations | カ. Sure | キ. Ouch | |

42 指定された条件に合うように（　）内の語を選択しなさい。

① 自宅から母親に電話して言う場合：Mom! What time will you (　go,　come　) home?

② 一緒に外出している母親に言う場合：Mom! What time will we (　go,　come　) home?

③ 母親が自宅に電話して言う場合：I'm (　going,　coming　) home at around 6.

43 次の会話文をすべて訳しなさい。

A：Are you ready to order?　① (　　　　　　　　　　　　　　　　　　　　)

B：Yes. I'll have the sandwich and a glass of orange juice.

② (　　　　　　　　　　　　　　　　　　　　　　　　　　　　　　　　)

A：Is that all?　　③ (　　　　　　　　　　　　　　　　　　　　　　　　)

B：Yes, that's it.　④ (　　　　　　　　　　　　　　　　　　　　　　　　)

44 次の2文が同様の意味になるよう空欄に入る語を記号で選択しなさい。

(1) They are happy though they are poor.　／　They are poor. (　　　), they are happy.

　ア. Anyway　　　　　イ. So　　　　　ウ. Then　　　　　エ. However

(2) "Where would you like to go eat?"　"It's up to you."

　"Where would you like to go eat?"　"It doesn't (　　　)."

　ア. work　　　　　イ. matter　　　　　ウ. make　　　　　エ. take

45 次の2つの文の違いが分かるように訳しなさい。

(1) ① I have a little money.　　　　② I have little money.

①

②

(2) ① I'm off today.　　　　② I'm off to work.

①

②

(3) ① She is not a singer but a pianist.　　② She is not only a singer but also a pianist.

①

②

46 英文が日本文と対応するように（　）内を選択しなさい。

(1) ちょっと私に見せて。

Let me (take, taking) a look.

(2) 私のパソコンは壊れているのではないかと思います。

I'm afraid my computer has broken (down, up).

(3) 私は今夜7時に2名で予約したいのですが。

I'd like to make a (promise, reservation) for two at seven tonight.

(4) 数歩後ろに下がっていただけますか？

Could you take (a few, a little) steps back please?

(5) それは残念な！　彼女はピクニックに行くのを楽しみにしていたのに。

What a (pity, coincidence)! She was looking forward to (go, going) on a picnic.

(6) あなたは机の上に傘を置きっぱなしです。　すぐに片しなさい。

You have left your umbrella on the desk. Put (it away, away it) at once.

(7) あなたのおかげで期限に間に合わせることができました。

Thanks (for, to) you, I was able to (meet, see) the deadline.

(8) 私の言っていることは伝わっていますか？　Does it (make, take) sense?

(9) コーヒーを一杯私にもらえますか？　いいですよ。

Would you (take, get) me a coffee? (I, You) got it.

(10) あなたのパーティーに私の犬を連れて行ってもいいですか？

Can I (bring, take) my dog to your party?

(11) 他人がどう考えるかは気にしすぎてはいけません。

Don't care too much about what (the other, others, another) think.

(12) もう一切れケーキはいかがですか？

Would you like (a few, another) piece of cake?

(13) あなただったらこの場合どう言いますか？

(What, How) would you say in this case?

(14) うらやましいな。　I wish I (am, was, were) you.

(15) もし車があれば私達はそこに行けるのになぁ。

If we (have, had) a car, we (can, could) go there.

(16) 仮にあなたは世界中のどこにでも自由に行けるとしましょう。そうしたら，どこに行きますか？

(There, See, Say) you're free to go anywhere in the world, then where would you go?

●不規則動詞（ABB型）

原形	過去形	過去分詞形	意味
バイ buy [bái]	ボートゥ bought [bɔ:t]	ボートゥ bought [bɔ:t]	買う
ビルドゥ build [bíld]	ビルトゥ built [bílt]	ビルトゥ built [bílt]	建てる
ブリング bring [bríŋ]	ブロートゥ brought [brɔt]	ブロートゥ brought [brɔt]	持ってくる，もたらす
キャッチ catch [kætʃ]	コートゥ caught [kɔ́:t]	コートゥ caught [kɔ́:t]	捕まえる
フィードゥ feed [fí:d]	フェドゥ fed [féd]	フェドゥ fed [féd]	食べ物を与える
ファインドゥ find [faind]	ファウンドゥ found [fáund]	ファウンドゥ found [fáund]	見つける
ファイトゥ fight [fáit]	フォートゥ fought [fɔt]	フォートゥ fought [fɔt]	対戦する
ファゲットゥ forget [fərgét]	ファゴットゥ forgot [fərgát]	ファゴットゥ forgot [fərgát] ファガトゥン forgotten fərgátən]	忘れる
フィール feel [fí:l]	フェルトゥ felt [félt]	フェルトゥ felt [félt]	感じる
ゲットゥ get [gɛt]	ガットゥ got [gɑt]	ガットゥ got [gɑt] ガトゥン gotten [gátən]	得る，達する
ヘング hang [hæŋ]	ハング hung [hʌ́ŋ]	ハング hung [hʌ́ŋ]	吊るす，掛ける
ハヴ have [həv]	ハッドゥ had [hæd]	ハッドゥ had [hæd]	持っている　食べる・飲む
ヒア hear [hir]	ハードゥ heard [hərd]	ハードゥ heard [hərd]	聞く，耳にする
ホウルドゥ hold [hóuld]	ヘルドゥ held [héld]	ヘルドゥ held [héld]	手に持つ，抑える，催す
キープ keep [kí:p]	ケプトゥ kept [képt]	ケプトゥ kept [képt]	保つ
レドゥ lead [léd]	レドゥ led [léd]	レドゥ led [léd]	導く　※発音はすべて同じ
レンドゥ lend [lénd]	レントゥ lent [lént]	レントゥ lent [lént]	貸す
リーヴ leave [lí:v]	レフトゥ left [léft]	レフトゥ left [léft]	離れる，残す
ルーズ lose [luz]	ロストゥ lost [lɔst]	ロストゥ lost [lɔst]	失う，迷う，負ける
メイク make [méik]	メイドゥ made [méid]	メイドゥ made [méid]	作る
ミーン mean [mí:n]	メントゥ meant [mént]	メントゥ meant [mént]	意味する
ミートゥ meet [mí:t]	メットゥ met [mét]	メットゥ met [mét]	会う，会合する
oversleep [òuvərslí:p]	overslept [òuvərslépt]	overslept [òuvərslépt]	寝過ごす，寝坊する
ペイ pay [péi]	ペイドゥ paid [péid]	ペイドゥ paid [péid]	支払う
セイ say [sei]	セッドゥ said [séd]	セッドゥ said [séd]	声に出して言う
スィーク seek [sí:k]	ソートゥ sought [sɔt]	ソートゥ sought [sɔt]	探し求める
センドゥ send [sénd]	セントゥ sent [sént]	セントゥ sent [sént]	送る
スィットゥ sit [sít]	サットゥ sat [sǽt]	サットゥ sat [sǽt]	座る
スリープ sleep [slí:p]	スレプトゥ slept [slépt]	スレプトゥ slept [slépt]	眠る
スペンドゥ spend [spɛnd]	スペントゥ spent [spént]	スペントゥ spent [spént]	費やす，過ごす
スタンドゥ stand [stænd]	ストゥッドゥ stood [stúd]	ストゥッドゥ stood [stúd]	立つ，建っている
スウィープ sweep [swí:p]	スウェプトゥ swept [swépt]	スウェプトゥ swept [swépt]	掃く
セル sell [sel]	ソウルドゥ sold [sóuld]	ソウルドゥ sold [sóuld]	売る
テル tell [tél]	トゥルドゥ told [tóuld]	トゥルドゥ told [tóuld]	言う，伝える
ティーチ teach [tí:tʃ]	トートゥ taught [tɔ:t]	トートゥ taught [tɔ:t]	教える，指導する
スィンク think [θíŋk]	ソートゥ thought [θɔt]	ソートゥ thought [θɔt]	思う，考える

understand [ˌʌndərstǽnd] アンダースタンドゥ	understood [ˌʌndərstúd] アンダーストゥッドゥ	understood [ˌʌndərstúd] アンダーストゥッドゥ	理解している
wake [wéik] ウェイク	woke [wóuk] ウォウク	woke [wóuk] ウォウク	目が覚める
win [wín] ウィン	won [wʌ́n] ワン	won [wʌ́n] ワン	勝つ，勝ち取る

●不規則動詞（ABC 型）

原形	過去形	過去分詞形	意味
be [bíː] ビィ	was [wəz] ワズ were [wər] ワー	been [bín] ビン	～である，いる，ある
bear [béər] ベア	bore [bɔr] ボア	born [bɔ́rn] ボーン	※be born（生まれる）の場合
		borne [bɔ́rn] ボーン	生む，耐える，運ぶ，帯びている
begin [bigín] ビギン	began [bigǽn] ビゲン	begun [bigʌ́n] ビガン	始まる，始める
break [bréik] ブレイク	broke [bróuk] ブロウク	broken [bróukn] ブロウクン	壊す，壊れる
choose [tʃuz] チュズ	chose [tʃóuz] チョウズ	chosen [tʃóuzn] チョウズン	選ぶ
do [du] ドゥ	ｄｉｄ [díd] ディッドゥ	done [dʌ́n] ダン	する
draw [drɔ] ドゥロウ	drew [drúː] ドゥルー	drawn [drɔn] ドゥロウン	描く，引き出す
drink [dríŋk] ドゥリンク	drank [drǽŋk] ドゥレンク	drunk [drʌ́ŋk] ドゥランク	飲む
drive [drɑiv] ドゥライヴ	drove [dróuv] ドゥロウヴ	driven [drívn] ドゥリヴン	運転する
ｅａｔ [íːt] イートゥ	ａｔｅ [eit] エイトゥ	eaten [íːtn] イートゥン	食べる
fall [fɔl] フォール	fell [fél] フェル	fallen [fɔ́lən] フォールン	落下する
fly [flɑi] フライ	flew [flúː] フルー	flown [flóun] フロウン	飛ぶ
forbid [fərbíd] ファビドゥ	forbade [fərbǽd] ファベドゥ	forbidden [fərbídn] ファビドゥン	禁じる
freeze [fríːz] フリーズ	froze [fróuz] フロウズ	frozen [fróuzən] フロウズン	凍る
give [gív] ギヴ	gave [géiv] ゲイヴ	given [gívn] ギヴン	与える，手渡す，行う
go [góu] ゴウ	went [wént] ウェントゥ	gone [gɔn] ゴーン	行く，前進する
grow [gróu] グロウ	grew [grúː] グルー	grown [gróun] グロウン	育つ，育てる
hide [hɑid] ハイドゥ	hid [híd] ヒドゥ	hidden [hídn] ヒドゥン	隠す，隠れる
know [nóu] ノウ	knew [núː] ヌー	known [nóun] ノウン	知っている，知り合いである
lie [lɑi] ライ	lay [léi] レイ	lain [léin] レイン	横になる，横たわる
ride [rɑíd] ライドゥ	rode [róud] ロウドゥ	ridden [rídn] リドゥン	乗る
rise [rɑíz] ライズ	rose [róuz] ロウズ	risen [rízn] リズン	立ち上がる，起床する，昇る
see [síː] スィー	saw [sɔ] ソー	seen [síːn] スィーン	見る，会う
sing [siŋ] スィング	sang [sǽŋ] セング	sung [sʌ́ŋ] サング	歌う
sink [síŋk] スィンク	sank [sǽŋk] センク	sunk [sʌ́ŋk] サンク	沈む
speak [spik] スピーク	spoke [spóuk] スポウク	spoken [spóukn] スポウクン	話す
steal [stíːl] スティール	stole [stóul] ストウル	stolen [stóulən] ストウルン	盗む
swim [swim] スウィム	swam [swǽm] スウェム	swum [swʌ́m] スワム	泳ぐ
take [téik] テイク	took [túk] トゥック	taken [téikn] テイクン	とる，持っていく
throw [θróu] スロウ	threw [θrúː] スルー	thrown [θróun] スロウン	投げる
wear [wéər] ウェア	wore [wɔr] ウォア	worn [wɔ́rn] ウォーン	身につけている，すり減る
write [rɑit] ライトゥ	wrote [róut] ロウトゥ	written [rítn] リトゥン	書く

●不規則動詞（AAA 型）

原形	過去形	過去分詞形	意味
ベットゥ bet [bét]	ベットゥ bet [bét]	ベットゥ bet [bét]	賭ける
コストゥ cost [kɔst]	コストゥ cost [kɔst]	コストゥ cost [kɔst]	費用がかかる
カットゥ cut [kʌt]	カットゥ cut [kʌt]	カットゥ cut [kʌt]	切る
ヒットゥ hit [hít]	ヒットゥ hit [hít]	ヒットゥ hit [hít]	打つ
ハートゥ hurt [hə́ːrt]	ハートゥ hurt [hə́ːrt]	ハートゥ hurt [hə́ːrt]	傷つける，痛む
インプットゥ input [ínpùt]	インプットゥ input [ínpùt]	インプットゥ input [ínpùt]	入力する
レトゥ let [lét]	レトゥ let [lét]	レトゥ let [lét]	させる，するのを許可する
アウトゥプットゥ output [áutpùt]	アウトゥプットゥ output [áutpùt]	アウトゥプットゥ output [áutpùt]	出力する
プットゥ put [pút]	プットゥ put [pút]	プットゥ put [pút]	置く
リードゥ read [ríːd]	レッドゥ read [red]	レッドゥ read [red]	読む　※発音が異なる
セットゥ set [sét]	セットゥ set [sét]	セットゥ set [sét]	設定する
シャットゥ shut [ʃʌt]	シャットゥ shut [ʃʌt]	シャットゥ shut [ʃʌt]	閉める
アプセトゥ upset [ʌ́pset]	アプセトゥ upset [ʌ́pset]	アプセトゥ upset [ʌ́pset]	動揺する（させる），腹を立てる

●不規則動詞（ABA 型）

原形	過去形	過去分詞形	意味
ビカム become [bikʌ́m]	ビケイム became [bikéim]	ビカム become [bikʌ́m]	なる
カム come [kʌ́m]	ケイム came [kéim]	カム come [kʌ́m]	来る
ラン run [rʌ́n]	レン ran [rǽn]	ラン run [rʌ́n]	走る

●不規則な複数形

意味	単数形	複数形
子供	チャイルドゥ child [tʃáild]	チルドゥレン children [tʃíldrən]
（大人の）男性	マン man [mǽn]	メン men [mén]
（大人の）女性	ウーマン woman [wúmən]	ウィミン women [wímin] ※発音注意
足	フットゥ foot [fút]	フィートゥ feet [fíːt]
歯	トゥース tooth [tuθ]	ティース teeth [tíːθ]
ねずみ	マウス mouse [máus]	マイス mice [máis]
人	パースン person [pə́rsən]	ピィポウ people [píːpəl]
魚	フィッシュ fish [fiʃ]	fish / fishes（種類を扱う場合）
フルーツ	フルートゥ fruit [frúːt]	fruits / fruits（種類を扱う場合）
羊	シープ sheep [ʃíːp]	sheep
鹿	ディア deer [díər]	deer
鮭	サモン salmon [sǽmən]	salmon

●人称代名詞と who

代名詞 (疑問詞)	主格 (〜は)	所有格 (〜の)	目的格 (〜を, 〜に)	独立所有格 (〜のもの)
私	I [ái] アイ	my [mái] マイ	me [mí:] ミー	mine [máin] マイン
あなた	you [júː] ユー	your [júər] ユア	you [júː] ユー	yours [júərz] ユアーズ
彼	he [híː] ヒー	his [híz] ヒズ	him [hím] ヒム	his [híz] ヒズ
彼女	she [ʃíː] シー	her [hə́r] ハー	her [hə́r] ハー	hers [hə́rz] ハーズ
それ	i t [ít] イットゥ	its [íts] イッツ	i t [ít] イットゥ	—
私たち	we [wíː] ウィー	our [áuər] アウアー	us [ʌ́s] アス	ours [áuərz] アウアーズ
あなたたち	you [júː] ユー	your [júər] ユア	you [júː] ユー	yours [júərz] ユアーズ
彼ら / 彼女ら / それら	they [ðéi] ゼイ	their [ðéər] ゼア	them [ðém] ゼム	theirs [ðéərz] ゼアーズ
誰	who [húː] フー	whose [húːz] フーズ	who [húː] フー	whose [húːz] フーズ

●曜日・月・季節・方位

	曜日・季節・方位			月	
月曜	Monday マンデイ	mʌ́ndei	1 月	January ジャニュアリィ	dʒǽnjuèri
火曜	Tuesday チューズデイ	t(j)úːzdei	2 月	February フェブラリィ	fébruèri
水曜	Wednesday ウェンズデイ	wénzdei	3 月	March マーチ	mɑ́ː(r)tʃ
木曜	Thursday サーズデイ	θə́rzdei	4 月	April エイプリル	éiprəl
金曜	Friday フライデイ	fráidei	5 月	May メイ	méi
土曜	Saturday サタデイ	sǽtərdèi	6 月	June ジュン	dʒúːn
日曜	Sunday サンデイ	sʌ́ndei	7 月	July ジュライ	dʒuːlái
春	spring スプリング	spríŋ	8 月	August オーガストゥ	ɔ́ːgəst
夏	summer サマー	sʌ́mər	9 月	September セプテンバー	septémbə(r)
秋	fall フォール	fɔ́ːl	10 月	October オクトーバー	ɑktóubə(r)
冬	winter ウィンター	wíntər	11 月	November ノウヴェンバー	nouvémbə(r)
東	east イーストゥ	íːst	12 月	December ディセンバー	disémbə(r)
西	west ウエストゥ	wést			
南	south サウス	sáuθ			
北	north ノース	nɔ́ːrθ			

●基数と序数

	基数			序数		
1	one	wΛn	ワン	first	fə́:rst	ファーストゥ
2	two	tú:	トゥー	second	sékənd	セカンドゥ
3	three	θrí:	スリー	third	θə́rd	サードゥ
4	four	fɔ́:r	フォー	fourth	fɔ́rθ	フォース
5	five	fáiv	ファイヴ	fifth	fífθ	フィフス
6	six	síks	シィックス	sixth	síksθ	シィックスス
7	seven	sévn	セヴン	seventh	sévənθ	セヴンス
8	eight	éit	エイトゥ	eighth	éitθ	エイツ
9	nine	náin	ナイン	ninth	náinθ	ナインス
10	ten	tén	テン	tenth	ténθ	テンス
11	eleven	ilévən	イレヴン	eleventh	ilévənθ	イレヴンス
12	twelve	twélv	トゥウェルヴ	twelfth	twélfθ	トゥウェルフス
13	thirteen	θə̀rtí:n	サーティーン	thirteenth	θə̀rtí:nθ	サーティーンス
14	fourteen	fɔ̀rtí:n	フォーティーン	fourteenth	fɔ̀rtí:nθ	フォーティーンス
15	fifteen	fìftí:n	フィフティーン	fifteenth	fìftí:nθ	フィフティーンス
16	sixteen	sìkstí:n	シィックスティーン	sixteenth	sìkstí:nθ	シィックスティーンス
17	seventeen	sèvəntí:n	セヴンティーン	seventeenth	sèvəntí:nθ	セヴンティーンス
18	eighteen	èití:n	エイティーン	eighteenth	èití:nθ	エイティーンス
19	nineteen	nàintí:n	ナインティーン	nineteenth	nàintí:nθ	ナインティーンス
20	twenty	twénti	トゥウェンティー	twentieth	twéntiə θ	トゥウェンティーエス
21	twenty-one	twénti-wΛn	トゥウェンティーワン	twenty-first	twénti-fə́:rst	トゥウェンティーファーストゥ
22	twenty-two	twénti-tú:	トゥウェンティートゥー	twenty-second	twénti-sékənd	トゥウェンティーセカンドゥ
30	thirty	θə́rti	サーティ	thirtieth	θə́rtiə θ	サーティーエス
31	thirty-one	θə́rti-wΛn	サーティーワン	thirty-first	θə́rti-fə́:rst	サーティーファーストゥ
40	forty	fɔ́rti	フォーティー	fortieth	fɔ́rtiə θ	フォーティーエス
50	fifty	fífti	フィフティー	fiftieth	fíftiə θ	フィフティーエス
60	sixty	síksti	スィックスティー	sixtieth	síkstiə θ	スィックスティーエス
70	seventy	sévənti	セヴンティー	seventieth	sévntiə θ	セヴンティーエス
80	eighty	éiti	エイティー	eightieth	éitiə θ	エイティーエス
90	ninety	náinti	ナインティー	ninetieth	náintiə θ	ナインティーエス
100	hundred	hΛndrəd	ハンドゥレッドゥ	hundredth	hΛndrəd θ	ハンドゥレッドゥス
1000	thousand	θáuzn(d)	サウザンドゥ	thousandth	θáuzn(d) θ	サウザンス

★　★　★ 微風出版の中学数学シリーズ ★　★　★

基礎を定着させる，完全書込み式教材
極限まで効率重視，学習者に負担をかけない！

中学数学必修ワーク（上）　　　　中学数学必修ワーク（下）

B5判／1900円＋税　　　　　　　B5判／1900円＋税

※内容に関するお問い合わせ，誤植のご連絡は微風出版ウェブサイトからお願い致します。

※最新情報，訂正情報も微風出版ウェブサイトでご確認下さい。

※ご注文・在庫に関するお問い合わせは（株）星雲社へお願い致します。

中学英語 必修ワーク（下）第3版　　　2023年 4月 10日　第3版発行

著者　児保祐介／田中洋平　　　　印刷所　モリモト印刷株式会社

発行所 合同会社 微風出版　　　　発売元 （株）星雲社（共同出版社・流通責任出版社）
〒283－0038 千葉県東金市関下 348　　〒112－0005 東京都文京区水道 1－3－30
 tel：050－5359－4325　　　　　　 tel：03－3868－3275
 mail：rep@soyo-kaze.biz　　　　　　 fax：03－3868－6588

微風出版

中学英語 必修ワーク

第3版

下

塾の現場がたどり着いた学習システム

●英文法をゼロから学習できる
●読む・聴く・書くが効率的に練習できる

1
(1) 彼は本を返しに図書館に行きました。
(2) またあなたに会えてうれしいです。
(3) この本は読むのが簡単です。
(4) この川は泳ぐには危険です。

2
(1) 私はサッカーを見に行くつもりです。
(2) 私はよく眠ることができました。
(3) 私は予約をしたいのですが。

3
(1) 私はそれを聞いて嬉しいです。
(2) 私は今朝朝食をとる時間がありませんでした。
(3) 英語の聴き取りは私にとっては難しいです。
(4) 私は今日料理をする気がしません。
(5) あなたはカナダでナイアガラの滝を見る機会はありましたか？
(6) シンガポールには訪れるべき場所がたくさんあります。
(7) そこは歩いて行けるくらい近いですか？
(8) この地図は観光するのによいです。
(9) お母さんが私を迎えに来ました。
(10) パリに住んでみてどうでしたか？
(11) あの川は泳ぐには危険です。
(12) あなたはエアコンを忘れずに消しましたか？

4
(1) teaching	(2) near
(3) opening	(4) on
(5) nothing	(6) in
(7) to buy	(8) something
(9) at, at	(10) playing
(11) doing	(12) to lock
(13) to post	(14) in
(15) on	(16) visiting

5
(1) for	(2) to
(3) on	(4) in
(5) to	(6) being
(7) to be (become)	(8) walking, on
(9) on	(10) to, order
(11) good, speaking	(12) on, until (till)
(13) without	(14) to
(15) for, in	

6
(1) I'm pleased to meet you.
(2) I would like to make a reservation.
(3) The child started to cry when he saw the dog.
(4) Where do you want to go in the world?
(5) What's the meaning of this sentence?
(6) She practices the piano to become a musician.
(7) I happened to see Alice at the airport.
(8) It's too far from here.
(9) I'm going to leave in twenty minutes.
(10) Andy might be able to do that.
(11) You need to transfer at Tokyo Station.

7
is, am	was	been
are	were	
do	did	done
have	had	had
make	made	made
speak	spoke	spoken
know	knew	known
teach	taught	taught
read	read	read
see	saw	seen
take	took	taken
build	built	built
sell	sold	sold
find	found	found
bear	bore	born / borne
steal	stole	stolen
clean	cleaned	cleaned
get	got	got (gotten)
eat	ate	eaten
go	went	gone
come	came	come
cut	cut	cut
run	ran	run
meet	met	met
sing	sang	sung
give	gave	given
say	said	said
finish	finished	finished
begin	began	begun
write	wrote	written
cost	cost	cost
decide	decided	decided

8
(1) is, spoken	(2) are, spoken
(3) are, read, by	(4) wasn't, sold
(5) Is, cleaned, it, is	

9
(1) このかごは竹でできています。
(2) 私は科学に興味があります。
(3) あなたは何に興味がありますか？
(4) 山の頂上はまだ雪で覆われていました。
(5) 彼は交通事故でけがをしました。
(6) 私は彼女を見て驚きました。
(7) 私は引っ越しは終わっていません。
(8) あなたは新しい仕事を気に入っていますか？

10 (1) off　(2) into　(3) including
(4) around　(5) after　(6) before
(7) within　(8) through　(9) about
(10) across　(11) along　(12) among
(13) against, for

11 (1) more, than　(2) better, than
(3) best, of　(4) more, than
(5) earlier, than　(6) more slowly
(7) less　(8) twice

12 (1) ① the, best
② better, than, any
③ No, as, as
(2) ① wrote
② was, written, by, her

13 (1) elder(older)　(2) the, fastest
(3) as, tall, as　(4) smaller
(5) little(bit), taller　(6) the, best
(7) the, most, popular　(8) is, sung
(9) is, by　(10) be
(11) was, born　(12) are, spoken
(13) will, be, known

14
(1) この辞書はあなたの(辞書)ほど便利ではありません。
(2) できるだけ早く彼を病院に連れて行ってくれますか？
(3) 彼は私より1歳若い。
(4) この数学の問題は見た目ほど難しくありません。
(5) 彼女はもう10分遅刻するかもしれません。
(6) この猫はその3匹の中で一番小さいです。
(7) カナダは世界で2番目に広い国です。
(8) 私の妹は看護師として病院で働いています。
(9) 私はその課題は終わっています。
(10) この席は誰か座っていますか？
(11) 博物館内で写真を撮ってもいいですか？
(12) これは何でできていますか？
それは木でできています。
(13) あなたは日本の漫画に興味がありますか？

15
(1) 私のことはケンと呼んで。
(2) 私にタクシーを呼んでもらえませんか？
(3) 私の父は私達に朝食を作ってくれました。
(4) その試合は私達を興奮させました。
(5) 私は彼女が怒っているとわかりました。
(6) 私は彼女によいレストランを見つけてあげました。
(7) 彼女は私に救急車を呼ぶよう求めてきました。
(8) 私の車を掃除するのを手伝ってくれませんか？
(9) 私が彼らに静かにするように言ってきます。

16
(1) Do you want to turn on the air conditioner?
(2) Do you want me to drive the car?
(3) Would you like me to carry your baggage?

17
(1) was, told, to, wait
(2) was, asked, to, join
(3) is, called
(4) is, this, bird, called

18
(1) know／もし来るのなら知らせてください。
(2) wait／長い間待たせてしまってごめんなさい。
(3) to buy／私はこれをお父さんに買ってもらいました。
(4) do／私はそれをケイトにやってもらいました。
(5) speaking／私は彼が英語を話しているところを聞いたことがありません。
(6) bump／私はさっき2台の車がぶつかるのを見ました。

19
(1) have, taken, twice
(2) has, never, taken
(3) Has, taken, he, has
(4) have, met
(5) has, never, met
(6) Have, met, I, haven't
(7) has, been, once
(8) Have, been, there
(9) have, known, since
(10) have, lived, for
(11) has, been, since
(12) takes
(13) costs
(14) call, the, dog, Noah
(15) ask, Beth, to
(16) want, to

20 (1) want　(2) me
(3) is, called　(4) has, lived (been), for
(5) too, to　(6) was, asked, to, do
(7) told, me, to,　(8) how, to

21
(1) 私はもうその映画を見ました。
(2) 私はまだその映画を見ていません。
(3) あなたはもうその映画を見ましたか？
(4) 私はちょうどここに引っ越してきたばかりです。
(5) 私はそこでイルカが何匹か泳いでいるのを見かけました。
(6) 私は本をいくつか返しに図書館に行ってきたところです。
(7) 私は私の犬を「ノア」と名付けました。
(8) そのニュースは私たちを悲しくさせました。
(9) キャシーが夕食を私達に作ってくれました。
(10) 私はその問題は簡単だとわかりました。
(11) 私は彼らによいレストランを見つけてあげました。
(12) ジムはコーヒーは砂糖なしが好みです。

(13) その数学の問題は難しくて誰も解けませんでした。

(14) 私達は課題を次の木曜までに提出するよう言われました。

(15) ブライアンにあなたの車をチェックしてくれるよう頼んでみたらどうですか？

(16) それを説明するのは私には簡単ではないです。

(17) それを期日までに終わらせるのは大変すぎます。

(18) そこに一人で行くのは危険ですか？

(19) そこに着くのにどれぐらい時間がかかりますか？

(20) どこで路線を乗り換えたらいいかわかりますか？

(21) どこの停留所で降りればいいか教えてもらえませんか？

(22) 私があなたのためにそこへの行き方を調べてあげましょう。

22

(1) know／何か質問があれば私に知らせてください。

(2) laugh／その動画は私達を大いに笑わせました。

(3) to call／後でエミリーに折り返しあなたに電話させます。

(4) gone／彼はもうバスで学校に行ってしまいました。

(5) taste／私達は彼らに私達の新しい料理を味見してもらいました。

23

(1) 私はあなたがカフェで会った女性を知っています。

(2) これは私のおじがくれたカメラです。

(3) 私は昨日買った私のチケットをなくしてしまいました。

(4) あなたが貸してくれた地図はとても役に立ちました。

24

(1) 水泳プール　　　　　　(2) 駐車場

(3) ランニング用シューズ　(4) 洗浄機（洗濯機）

(5) 会議室　　　　　　　　(6) 搭乗券

25

(1) standing　(2) made　(3) smoking

(4) taken　(5) held

26

(1) shall, we　　　　(2) will, you

(3) isn't, it　　　　(4) have, you

(5) don't, you　　　(6) will (won't), you

(7) are, they　　　(8) wasn't, it

(9) what　　　　　(10) how, much

(11) who　　　　　(12) where

(13) why　　　　　(14) how, old

(15) when　　　　(16) which

(17) Yes, can

27
(1) ア　　　(2) イ　　　(3) イ

28

(1) who she is

(2) what time it is

(3) what she wants to eat

(4) where you are from

(5) how many students there are

29

(1) whose　　　(2) which　　　(3) whom

(4) that　　　(5) that　　　(6) that

30

(1) ○　　　(2) ×　　　(3) ○

(4) ○　　　(5) ×　　　(6) ○

31

(1) ○　　　(2) ×　　　(3) ×

(4) ○

32

(1) ここが待合室です。

(2) あなたは何か好きでない食べ物はありますか？

(3) まだ残っている席がいくつかあります。（席はまだいくつか残っています。）

(4) 私は友達の結婚式に着ていけるドレスが必要です。

(5) 誰か私にイタリア料理を教えてくれる人をあなたは知りませんか？

(6) 彼女は家具屋を経営しています。

(7) 私はお父さんが有名な歌手のあの少女を知っています。

(8) オーストラリアに住む私のいとこが来月日本に帰ってきます。

33

(1) just　　　(2) Never　　　(3) Do

(4) in　　　(5) on　　　(6) up

(7) out　　　(8) off　　　(9) around

(10) back　　　(11) away　　　(12) down

(13) over

34

イ. Can you pick him up?

エ. Let's get on the bus.

35

(1) 彼がもっとゆっくり話してくれれば, 私は彼をもっとよく理解できるのですが。

(2) もし私があなたなら, 私は医者に診てもらいますけど。

(3) 私の学校がもっと家（自宅）から近ければなぁ。

(4) 雨さえ降っていなければなぁ。

(5) 私がもしもその試験に不合格ならどうなるのでしょう？

(6) 私の立場だったら, あなたはどうしますか？

36

(1) エ　(2) キ　(3) ケ　(4) オ　(5) カ

(6) ク　(7) セ　(8) サ　(9) シ　(10) イ

(11) コ　　(12) ス　　(13) ソ　　(14) ア　　(15) ウ

37

① ウ　　　　② オ　　　　③ ク　　　　④ エ
⑤ キ　　　　⑥ ア　　　　⑦ カ　　　　⑧ イ

【解説】

A：どうしたの？顔色が悪いよ。
B：頭痛がひどくて。
A：熱は計ったの？
B：いや，まだ。
A：何か薬は飲んだ？
B：飲んだ。でも効いていないと思う。
A：医者に診てもらったほうがいいよ。
B：スミス先生にはもう診てもらう約束はしてある。
A：次の試合の日までには必ず治してね。
B：うん，必ず。

38

① Never　　② off　　③ up　　④ show
⑤ you up　　⑥ up　　⑦ got

【解説】

A：すぐに折り返し電話しなくてごめんなさい，
B：気にしないで。で，明日仕事は休み？
A：ええ。
B：明日京都に行こうと思っているの。あなたも行きたい？
A：是非。私は京都で育ったの。だからいろいろ案内できるよ。
B：ありがとう。私があなたを迎えに行こうか？
A：それは助かる。何時になりそう？
B：朝の6時でどう？
A：それは早いな。
B：そう，今夜は夜更かししないでね。
A：了解。

39

(1) see　　(2) look　　(3) turn　　(4) did
(5) give　　(6) goes　　(7) made　　(8) took
(9) Have

【解説】

(1) わかりました。
(2) 私は小さい妹の面倒を見なければいけません。
(3) 左に曲がってもらえますか？
(4) 彼は試験に合格しました！　彼はやりました！
(5) 後で私に電話してくれますか？
(6) 彼はたいてい日曜日に散歩をします。
(7) アンドリューと私は友達になりました。（私はアンドリューと友達になりました。）
(8) 私もその活動に参加しました。
(9) 京都で楽しんできてください。

40

(1) What a hot　　　　(2) How exciting
(3) How difficult

【解説】

(1) このスープは何と熱いのでしょう。／これは何と熱いスープなのでしょう。
(2) これは何と興奮させる試合なんだ。／この試合は何と興奮させるのだろう。
(3) これは何と難しい問題なんだ。／この問題は何と難しいのだろう。

41

(1) オ　　　(2) イ　　　(3) カ　　　(4) ア
(5) エ　　　(6) キ, ウ

42

① come　　　② go　　　③ coming

【解説】

① ママ！何時に家に帰ってくるの？
② ママ！何時に家に帰るの？
③ 私は6時ごろ家に帰ります。

43

① 注文の準備はできていますか？
② はい，私はサンドイッチとオレンジジュースにします。
③ 以上ですか？
④ はい，以上です。

44

(1) エ　　　　　　　　(2) イ

【解説】

(1) 彼らは貧しい，だけど幸せです。
(2) どこに食べに行きたい？
　　あなたに任せるよ。／どこでもいいよ。

45

(1) ① 私はお金を少し持っています。
　　② 私はお金を少ししか持っていません。
(2) ① 私は今日休みです。
　　② 私はこれから仕事に行きます。
(3) ① 彼女は歌手ではなくピアニストです。
　　② 彼女は歌手だけでなくピアニストでもあります。

46

(1) take　　　　　　(2) down
(3) reservation　　(4) a few
(5) pity, going　　(6) it away
(7) to, meet　　　(8) make
(9) get, You　　　(10) bring
(11) others　　　(12) another
(13) How　　　　(14) were
(15) had, could　　(16) Say

● 第1章　不定詞Ⅰ

1 They visited Kyoto to see temples.

2 I came here to meet Judy.

3 I'm here to study.

4 I got up early to take the first train.

5 Click here to post a comment.

6 He went back home to pick up his wallet.

7 Why did you go there?　To see a movie.

8 To convert to katakana, press F7.

9 Which bus should I take to get to the stadium?

10 She is looking for a dictionary to study English.

11 I often take a walk to stay healthy.

12 The place is difficult to reach.

13 His handwriting is so hard to read.

14 Jack is easy to talk to.

15 Are you ready to order?

16 I'm happy to hear that.

17 They were surprised to know the truth.

18 I'm pleased to meet you.

19 Don't be afraid to speak out.

20 I'm scared to open the door.

21 It'll be easy enough for them to use.

22 I was glad to hear the news.

23 She looked upset to hear that.

24 I was so careless to make such a mistake.

25 Is it close to walk there?

● 第1章　不定詞 I

1 彼らは寺院を見るために京都を訪ねました。

2 私はジュディーに会いにここへ来ました。

3 私は勉強するためにここに来ています。

4 私は始発電車に乗るために早く起きました。

5 コメントを投稿するにはここをクリックしてください。

6 彼は自分の財布を取りに家に戻りました。

7 あなたは何故そこへ行ったのですか？　映画を見に行きました。

8 カタカナに変換するにはF7キーを押します。

9 スタジアムに行くにはどのバスに乗ったほうがよいですか？

10 彼女は英語を勉強するために辞書を探しています。

11 私は健康でいられるようによく散歩をしています。

12 その場所はたどり着くのが難しいです。

13 彼の（手書きの）字はすごく読みにくいです。

14 ジャックは話しやすい人です。

15 ご注文はお決まりですか？（注文の準備はできていますか？）

16 私はそれを聞いてうれしいです。

17 彼らは真実を知って驚きました。

18 私はあなたにお会いできてうれしいです。

19 意見を言うことを恐れてはいけません。

20 私はそのドアを開けるのが怖いです。

21 それは彼らにとって十分使いやすいでしょう。

22 私はその知らせを聞いてうれしかったです。

23 彼女はそれを聞いて動揺しているようでした。

24 私はそんな間違いをするなんて全く不注意でした。

25 そこは歩いて行けるくらい近いですか？

● 第２章　不定詞 II　

1 He likes to travel to other countries.

2 If you want to go to the zoo, you should take that bus.

3 Her dream is to be a nurse.

4 I want to work in another country.

5 Do I need to transfer?

6 I plan to stay here for seven days.

7 How much do I need to pay?

8 She learned to ride a bicycle last year.

9 He decided to become a musician.

10 I happened to see him at the hospital.

11 I got to see the lake last week.

12 It started to rain then.

13 Where do you want to go in the world?

14 What do you want to be in the future?　I want to be an engineer.

15 The child started to cry when he saw the dog.

16 I hope I can see my grandma soon.

17 I am trying to lose some weight.

18 I prefer to take a bus.

19 What would you like to drink?

20 Do I have to make a reservation?

21 Where are you planning to stay?

22 Do you want to take a little rest?

23 He helped to carry this heavy bag for me.

24 I want to be able to speak Spanish.

25 We won't be able to get there on time.

26 Are you able to set up this mailer?

● 第2章　不定詞 II　

1 彼は他国を旅することが好きです。

2 もし動物園に行きたいのなら，あなたはあのバスに乗ったほうがいいです。

3 彼女の夢は看護師になることです。

4 私は他の国で働いてみたいです。

5 私は乗り換える必要がありますか？

6 私は7日間ここに滞在する予定です。

7 私はいくら払う必要がありますか？

8 彼女は去年自転車に乗れるようになりました。

9 彼は音楽家になる決心をしました。

10 私はたまたま病院で彼に会いました。

11 私は先週その湖を観る機会がありました。

12 その時雨が降り始めた。

13 あなたは世界のどこに行ってみたいですか？

14 あなたは将来何になりたいですか？　私はエンジニアになりたいです。

15 その子は犬を見て泣きだしました。

16 私はすぐに祖母を訪ねたいと思っています。

17 私は減量しようとしています。

18 私はバスを利用するほうがいいです。

19 あなたは何を飲みたいですか？

20 私は予約をしなければいけませんか？

21 あなたはどこに滞在する予定ですか？

22 あなたは少し休憩したいですか？

23 彼は私のためにこの重いかばんを運ぶのを手伝ってくれました。

24 私はスペイン語を話せるようになりたい。

25 私達はそこに間に合いそうにありません。

26 あなたはこのメールソフトをセットアップすることができますか？

● 第3章　不定詞Ⅲ

1 I have a lot of things to do tomorrow.

2 Would you like something to eat?

3 I don't have anything to do today.

4 I have nothing to do today.

5 He still has a lot of work to do.

6 I'd like something cold to drink.

7 Do you have a moment to talk right now?

8 There are a lot of famous places to see in Paris.

9 Kyoto has many places to visit.

10 Do you have anything else to tell me?

11 I have some pictures to show you.

12 It's time to go to work now.

13 I don't have enough money to pay for it.

14 Please write with this pen.

15 Do you have something to write with?

16 Please write on this paper.

17 Do you have anything to write on?

18 We had a lot of topics to talk about.

19 I'll get you something to drink.

20 We have no chance to speak English.

21 What are good souvenirs to buy?

22 When is the deadline to hand in the paper?

23 Where can I find a place to change money?

24 Is there anything else to correct?

25 I have no one to go to the concert with.

26 Here is the room for you to wait in.

27 I didn't expect the app to be so useful.

● 第3章　不定詞III

1 私は明日することがたくさんあります。

2 何か食べものはいかがですか？

3 私は今日やることが何もありません。

4 私は今日やることが何もありません。

5 彼はまだやる仕事がたくさんあります。

6 何か冷たい飲みものをいただきたいです。

7 今ちょっとお話しする時間はありますか？

8 パリにはたくさんの有名な見所があります。

9 京都には訪れるべき場所がたくさんあります。

10 他に何か私に言っておくことはありますか？

11 私にはあなたに見せたい写真が何枚かあります。

12 もう仕事に行く時間です。

13 私はその代金を払うだけのお金を持っていません。

14 このペンを使って書いてください。

15 何か書くもの（ペンなど）を持っていますか？

16 この紙に書いてください。

17 何か書くもの（紙など）はありませんか？

18 私達には話すべき話題がたくさんありました。

19 では何か飲み物をお持ちしますね。

20 私達には英語を話す機会がありません。

21 買ったほうがいいお土産は何ですか？

22 その研究論文の提出期限はいつですか？

23 両替ができる場所はどこに行けばありますか？

24 他に修正すべきところはありませんか？

25 私にはそのコンサートに一緒に行く人がいません。

26 ここが（あなた達のための）待合室（控え室）です。

27 このアプリがそんなに便利なんて思いもしませんでした。

● 第４章　動名詞　

1 It started raining.

2 Do you like traveling?

3 No running in the hallways.

4 No swimming here.

5 English listening is difficult for me.

6 I like climbing mountains.

7 We enjoyed skiing last Sunday.

8 Did you finish reading the book?

9 I quit smoking a year ago.

10 Stop complaining and do it right now.

11 My favorite pastime is reading comics.

12 My mom is out shopping.

13 I don't feel like eating today.

14 No talking when your mouth is full.

15 My brother is good at teaching math.

16 After walking for a few hours, we had lunch on the mountain.

17 Thank you for picking me up.

18 I'm sorry for being late.

19 You must not eat without washing your hands.

20 The video is good for learning etiquette.

21 How did you like living in Singapore?

22 What about coming with us?

23 How about having dinner with me?

24 I forgot to watch the TV show.

25 I forgot getting new batteries.

26 Remember to water the flowers.

27 The map is useful for sightseeing.

28 I tried to understand their conversation, but I couldn't.

29 I tried talking to a stranger in English.

● 第4章　動名詞

1 雨が降り始めました。

2 あなたは旅行が好きですか？

3 廊下で走ってはいけません。

4 ここは遊泳禁止。

5 英語を聴き取ることは私にとって難しい。

6 私は登山をすることが好きです。

7 私達はこの前の日曜にスキーを楽しみました。

8 あなたはその本を読み終えましたか？

9 私は1年前にタバコを止めました。

10 文句を言ってないですぐにそれをやりなさい。

11 私の一番の気晴らしは漫画を読むことです。

12 母は買い物に出かけています。

13 私は今日食べる気がしません。

14 口に食べ物を入れたまま話してはいけません。

15 私の兄は数学を教えることが得意です。

16 2,3時間歩いた後，私達は山の上で昼食をとりました。

17 迎えに来てくれてありがとう。

18 遅れてすみません。

19 手を洗わずに食べてはいけません。

20 その動画はエチケットを学ぶのに良いです。

21 シンガポールに住んでみてどうでしたか？

22 私達と一緒に来るのはどうですか？

23 私と一緒に夕食を食べませんか？

24 私はそのテレビ番組を見忘れてしまいました。

25 私は新しい電池を買っておいたのを忘れていました。

26 忘れずに花に水をあげてね。

27 この地図は観光するのに役に立ちます。

28 私は彼らの会話を理解しようとしましたが，できませんでした。

29 私は見知らぬ人に英語で話しかけてみました。

● 第5章　前置詞 I

1 What do you do in your spare time?

2 Do you know the boy in blue shirt?

3 I'll leave in 30 minutes.

4 Turn right at the next traffic light.

5 We arrived at the airport at seven.

6 At what time will it start?

7 I'm here on business.

8 Please be on time.

9 Whose smartphone is that on the desk?

10 What do you do on weekends?

11 You need to get on a train for Tokyo.

12 When is the next show?　It will be on next Tuesday at 7 pm.

13 What's your opinion on this?

14 I have no reply from him.

15 Do you have any food allergies?　I'm allergic to shellfish.

16 Could you tell me the way to the library?

17 Is this the right train to Chicago?

18 I had no time for lunch today.

19 I have a request for all of you.

20 I bought a souvenir for you.

21 What's your plan for the summer holiday?

22 I came here for sightseeing.

23 I'm looking for a shirt.　Do you have this in red?

24 I have a reservation for three.

25 When did she leave Japan for Australia?

26 He is not in. May I take a message for him?

27 Turn this knob to the right for hot water.

● 第5章　前置詞 I

1 あなたは暇なときに何をしていますか？

2 その青いシャツを着た男の子を知っていますか？

3 では私は 30 分後に出かけます。

4 次の信号を右に曲がってください。

5 私達は 7 時に空港に到着しました。

6 それは何時に始まりますか？

7 私は仕事でここに来ています。

8 時間を守ってください。

9 机の上のそれは誰のスマートフォンですか？

10 あなたは週末は何をしていますか？

11 あなたは東京方面の電車に乗る必要があります。

12 次のショーはいつになりますか？　次の火曜の午後 7 時の予定です。

13 これについてあなたの意見は何ですか？

14 私は彼から返事がありません。

15 あなたは何か食べ物のアレルギーはありますか？　私は甲殻類のアレルギーがあります。

16 図書館までの道を教えていただけませんか？

17 これはシカゴ行きの電車で合っていますか？

18 私は今日昼食をとる時間がありませんでした。

19 私は君達にお願いしたいことがあります。

20 私はあなたにお土産を買ってきました。

21 夏休みのあなたの計画は何ですか？

22 私は観光でここに来ました。

23 私はシャツを探しています。　これの赤いものはありますか？

24 私は 3 名で予約をしています。

25 彼女はいつオーストラリアに向けて日本を出発しましたか？

26 彼は不在です。彼宛てに伝言をお預かりしましょうか？

27 熱いお湯を出すにはノブを右にひねってください。

28 The girl with long hair is Alice.

29 Do you have some money with you?

30 I have an appointment with my teacher.

31 You can enjoy a good view of the sea.

32 What's the meaning of this sentence?

33 The restaurant is by the beach.

34 I'd like to go there by subway.

35 She will be here by five.

36 I will pay by credit card.

37 I grew up near the ocean.

38 I'm on vacation until next Monday.

39 I must work till 10.

40 Until when are you staying here?

41 I enjoyed skiing during the winter vacation.

42 Are you still sick in bed?

43 This train is bound for Paris.

44 He is always busy with his part-time job.

45 We beat them by two goals.

46 I can't think of anything.

47 I'm thinking of buying a new computer.

48 I did not agree with him at all.

49 Pass the second traffic light, and you will find the store on your left.

50 It's too far from here.

51 What's the matter with you?

52 Please press the button beside the door to get off the train.

53 I'm really in trouble now.

54 First of all, remember the formula by heart.

55 The flower blooms in autumn.

28 その髪の長い女の子がアリスです。

29 あなたはいくらかお金を持ち合わせていますか？

30 私は先生と会う約束をとっています。

31 あなたは海のよい眺めを楽しむことができます。

32 この文はどういう意味ですか？

33 そのレストランはビーチの目の前にあります。

34 私は地下鉄でそこへ行きたいのですが。

35 彼女は5時までには必ずここに来ます。

36 では私はクレジットカードで払います。

37 私は海のそばで育ちました。

38 私は次の月曜まで休暇をとっています。

39 私は10時まで働かなければいけません。

40 いつまでここに滞在する予定ですか？

41 私は冬休みにスキーを楽しみました。

42 あなたは病気でまだ寝ていますか？

43 この電車はパリ行きです。

44 彼はいつもアルバイトで忙しいです。

45 私達は2ゴール差で彼らに勝ちました。

46 私は何も思いつきません。

47 私は新しいパソコンを買おうかと考えています。

48 私は彼とは全く意見が合いませんでした。

49 2番目の信号を過ぎるとその店が左に見えます。

50 それはここから遠すぎます。

51 どうかしましたか？

52 電車から降りるにはドアの脇のボタンを押してください。

53 私は今本当に困っています。

54 最初にこの公式を暗記して。

55 その花は秋に咲きます。

● 第６章　前置詞 II

1 They will be ready by the day after tomorrow.

2 Do you have plans after school?

3 We arrived in the village the day before yesterday.

4 We are going to get there before noon.

5 Many people around the world watch this video to learn about Japanese manners.

6 What is the magazine about?　Sightseeing in Kyoto.

7 When shall we go?　How about on the 3rd of next month?

8 It's about time.

9 What is he doing over there?

10 There is a cat under the bed.

11 Get into the car.

12 Can you put this sentence into Japanese?

13 Look out of the window.

14 I ran out of shampoo.

15 We went through the town on the way to his house.

16 The store is across the street.

17 The city hall is across from a restaurant.

18 The bank is between a station and a department store.

19 It's right along this street.

20 It is between a park and a library.

21 What's the difference between these three?

22 This shop is very popular among young women.

23 Did you get there without any problem?

24 You just look like your dad when he was young.

25 What does it taste like ?　Like chicken.

● 第6章　前置詞Ⅱ

1 それらは明後日までには準備できます。

2 放課後の予定はありますか？

3 私達はおとといその村に到着しました。

4 私達は正午前にそこに着く予定です。

5 世界中の多くの人々は日本のマナーを学ぶためにこの動画を見ています。

6 それは何についての雑誌ですか？　京都観光についてです。

7 いつ行きましょうか？　来月の3日はどうですか？

8 もうそろそろですよ。／そろそろ時間だ。

9 彼は向こうで何をやっているのですか？

10 ベッドの下に猫が一匹います。

11 車に乗って。

12 この文を日本語に訳すことができますか？

13 窓の外を見て。

14 私はシャンプーを切らしてしまいました。

15 私達は彼の家に行く途中，その町を通りました。

16 その店は道の向かい側にあります。

17 その市役所は道を挟んでレストランの向かいにあります。

18 その銀行は駅とデパートの間にあります。

19 それはちょうどこの道沿いにあります。

20 それは公園と図書館の間にあります。

21 これら3つの違いは何ですか？

22 このお店は若い女性に大変人気があります。

23 あなたは問題なくそこにたどり着きましたか？

24 あなたは若い頃のお父さんとそっくりですね。

25 それはどんな味なのですか？　鶏肉のような味です。

26 He works as a computer engineer.

27 He is wearing not as usual.

28 He lives beyond the bridge.

29 My score was a little above average.

30 The temperature is going to be below the freezing point tomorrow morning.

31 I live within walking distance of the station.

32 I am against that opinion, but she is for it.

33 If you climb up the mountain, you can get a good view of the sea.

34 Go down the stairs to get to the platform.

35 Turn off the tap.

36 Where should I get off the bus?

37 It costs 300 yen per hour.

38 There is a pool behind the house.

39 How much is it, including tax?

40 The dinner costed 30 dollars per person, excluding drinks.

26 彼はコンピューター技師として働いています。

27 彼の服装はいつもと違います。（いつもと違う服を着ている）

28 彼は橋を越えたずっと先に住んでいます。

29 私の点数は平均より少し上でした。

30 明日の朝は気温が氷点下になるでしょう。

31 私は駅から歩いて行ける距離に住んでいます。

32 私はその意見には反対だが彼女は賛成しています。

33 その山に登れば海のいい景色が見られます。

34 プラットフォームに行くには階段を下りてください。

35 その蛇口を閉めて。

36 私はどこでバスを降りたほうがいいですか？

37 それは1時間に300円かかります。

38 家の裏にはプールがあります。

39 それは税込みでいくらですか？

40 夕食は飲み物を除いて一人30ドルかかりました。

● 第7章　比較 I

1 This is my elder brother, Ken.

2 She is Bob's younger sister, Ann.

3 The wind started to blow harder.

4 You should eat more.

5 Is your room larger than this one?

6 You look a little slimmer.

7 I want to eat steak more than sushi.

8 Today is going to be much hotter than yesterday.

9 She speaks English much better than her parents.

10 She is a little taller than me.

11 Could you say that one more time?

12 Could you speak a little bit slower for me, please?

13 Which is quicker, taxi or subway?

14 Nobody runs faster than him in this school.

15 Your Japanese got better than before.

16 Would you give me one more chance?

17 I can't stand it any more.

18 Can you please get me this in a smaller size?

19 I couldn't hear you. Can you talk louder?

20 I weigh more than she does.

21 She weighs less than I do.

22 We have less snow than usual.

23 I think the bigger one is better.

24 We got here earlier than I thought.

25 The pain in my back is getting worse.

● 第7章　比較 I

1 こちらが私の兄のケンです。

2 彼女はボブの妹のアンです。

3 風が強まり始めました。

4 あなたはもっと食べたほうがいいです。

5 あなたの部屋はここより広いですか？

6 あなたは前より少し痩せて見えますね。

7 私は寿司よりもステーキが食べたいです。

8 今日は昨日よりもずっと暑くなるでしょう。

9 彼女は彼女の両親よりもずっとうまく英語を話します。

10 彼女は私より少しだけ背が高いです。

11 それをもう一度言っていただけませんか？

12 私にはもうちょっとゆっくり話してもらってもいいですか？

13 タクシーと地下鉄ではどちらが速いですか？

14 この学校で彼より速く走る人はいません。

15 あなたの日本語は以前よりもよくなりましたね。

16 私にもう一度チャンスをくれませんか？

17 私はこれ以上それに耐えられません。

18 これのもっと小さいサイズを持ってきていただけませんか？

19 あなたの声が聞こえませんでした。　もっと大きい声で話してもらえますか？

20 私は彼女より体重があります。

21 彼女は私よりも体重がありません。

22 （私達の地域では）普段より雪が少ないです。

23 私は大きい方がいいと思います。

24 （私の）思った以上に早く私達はここに到着しました。

25 私の背中の痛みはひどくなってきています。

● 第8章　比較 II

1 This dictionary is more useful.

2 She became more famous for that movie.

3 That book was more interesting than I thought.

4 Nothing is more important than time.

5 It is getting warmer and warmer these days.

6 The game got more and more exciting.

7 I am as tall as Brian.

8 This book is not as difficult as yours.

9 This racket weighs as much as that one.

10 Kindly reply as soon as possible.

11 I'll do as much as I can.

12 Australia is twenty times as large as Japan.

13 His camera is three times as expensive as mine.

14 He eats twice as much as I.

15 That was not as tasty as everyone says.

16 The bus ride takes three times as long as the train.

17 The round-trip ticket doesn't cost twice as much as the one-way ticket.

18 She is four years older than you.

19 He is two years younger than me.

20 Is it Okay if you pay 600 yen more?

21 This is 5,000 yen more expensive than that one.

22 You can get that 15 dollars cheaper online.

23 Planes can take you three times faster than trains.

24 Taxis cost ten times more than trains.

25 Do you have a less expensive one?

● 第8章　比較 II

1 この辞書はもっと便利です。

2 彼女はその映画でいっそう有名になった。

3 その本は思ったより面白かったです。

4 時間ほど大切なものはありません。

5 最近ますます暖かくなってきています。

6 その試合はますます面白くなりました。

7 私はブライアンと同じくらいの身長です。

8 この本はあなたのものほど難しくありません。

9 このラケットはそちらと同じくらいの重さです。

10 どうかできるだけ早く私に返信してください。

11 私はできる限りのことをします。

12 オーストラリアは日本の 20 倍の大きさです。

13 彼のカメラは私のより 3 倍高いです。

14 彼は私の 2 倍食べます。

15 それはみんなが言うほどおいしくありませんでした。

16 バスに乗った場合は電車よりも 3 倍時間がかかります。

17 往復切符なら片道切符の価格の 2 倍もしません。

18 彼女はあなたより 4 歳年上です。

19 彼は私より 2 歳年下です。

20 あなたはさらに 600 円払う必要がありますがよろしいですか？

21 こちらはあちらよりも 5000 円高いです。

22 それはネットなら 15 ドル安く手に入ります。

23 飛行機なら電車より 3 倍速く行くことができます。

24 タクシーだと電車より 10 倍費用がかかります。

25 もっと安価なものはありますか？

● 第9章　比較Ⅲ　　　　　　　　　　　　★★

1 I like green apples more than red ones.

2 I like fall better than spring.

3 I like math the most out of all the subjects.

4 I love cats the best of all animals.

5 Bill is the youngest of us all.

6 Who is the oldest of you all?

7 Out of all of them, I think this one is the best.

8 She is the tallest out of the three.

9 He plays the guitar the best in my class.

10 Mt. Fuji is the highest mountain in Japan.

11 This is one of the most famous art galleries in the world.

12 I am the worst at P.E.

13 Los Angeles is the second largest city in the United States.

14 What kind of food do you like the most?

15 What subject do you like the best?

16 What's the best way to get to the stadium?

17 To get there, train costs you the least.

18 Where do you want to go the most?

19 You should look up the latest information on the Internet.

20 Which month is the busiest for you?

21 When is the most convenient time for you?

22 When is the most crowded?

23 How can I get to the nearest station?

24 She is a former principal of our school.

25 No other mountains in Japan are higher than Mt. Fuji.

● 第9章　比較Ⅲ

1 私は赤いりんごより青りんごの方が好きです。

2 私は春よりも秋が好きです。

3 私はすべての教科の中で数学が一番好きです。

4 私はすべての動物の中で猫が一番好きです。

5 私達全員の中でビルが一番若いです。

6 あなた達全員の中で一番年上は誰ですか？

7 それらのすべての中で，私はこれが一番いいと思います。

8 彼女は3人の中で一番背が高いです。

9 彼は私のクラスの中でギターを一番うまく弾きます。

10 富士山は日本で一番高い山です。

11 これは世界で最も有名なアートギャラリーの1つです。

12 私は体育が一番苦手です。

13 ロサンゼルスはアメリカで2番目に大きい都市です。

14 あなたはどういった食べ物が一番好きですか？

15 あなたは何の科目が一番好きですか？

16 スタジアムに行くために一番良い手段は何ですか？

17 そこに行くには電車に乗るのが一番安く済みます。

18 あなたはどこに一番行ってみたいですか？

19 あなたはインターネットで最新情報を調べたほうがいい。

20 あなたは何月が一番忙しいですか？

21 あなたにとって何時が最も都合がよいですか？

22 いつが一番混んでいますか？

23 一番近い駅にはどう行けばいいですか？

24 彼女は私達の学校の前校長です。

25 日本で富士山より高い山は他にありません。

● 第10章　受動態

1 She is loved by everyone.

2 This magazine is read by young people.

3 It is required by law.

4 French isn't taught at our school.

5 This temple was built in the seventh century.

6 Is this car made in Japan?　No, it isn't.

7 Were you invited to the party?　Yes, I was.

8 Am I allowed to take photos in the museum?

9 What is this made of?　It is made of iron.

10 What language is spoken in this country?

11 English and French are spoken in the country.

12 They were killed in the war.

13 I am interested in Indian home cooking.

14 My wallet was stolen last night.

15 Can you go and make sure the door is locked?

16 His name is known by many people.

17 This area is known for its wonderful wines.

18 What kind of food is this area known for?

19 Alice was born on the island.

20 Where was this picture taken?

21 Is this seat taken?

22 The flight will be delayed for three hours.

23 Mt. Fuji can be seen from here.

24 That cannot be washed in water.

25 The homework must be done by tomorrow.

26 I was very surprised by the news.

27 I am almost finished with the assignment.

● 第10章　受動態

1 彼女はみんなに愛されています。

2 この雑誌は若者に読まれています。

3 それは法律で決められています。

4 私達の学校ではフランス語は教えられていません。

5 この寺は7世紀に建立されました。

6 この車は日本製ですか？　いいえ，違います。

7 あなたはパーティーに招待されましたか？　はい，されました。

8 美術館の中で写真を撮ってもいいですか？

9 これは何でできていますか？　鉄でできています。

10 この国ではどんな言語が話されていますか？

11 その国では英語とフランス語が話されます。

12 彼らはその戦争で亡くなりました。

13 私はインドの家庭料理に興味があります。

14 私の財布が昨夜盗まれました。

15 ドアの鍵がかかっているか行って確かめてくれませんか？

16 彼の名前は多くの人に知られています。

17 この地域は素晴らしいワインで有名です。

18 この地域ではどういった食べ物が有名ですか？

19 アリスはその島で生まれました。

20 この写真はどこで撮られましたか？

21 この席は誰か座っていますか？

22 フライト（飛行便）は3時間遅れる見込みです。

23 富士山がここから見えます。

24 それは水洗いできません。

25 宿題は明日までに終わらせなければいけません。

26 私はその知らせにとても驚きました。

27 私はその課題のほとんどは終わっています。

● 第11章　現在完了Ⅰ　　

1 I have lived in London for two years.

2 We haven't seen him for many years.

3 We have been waiting for an hour.

4 I'm sorry, I'm late. Have you been waiting for long?　No, I haven't.

5 We've been busy since last week.

6 She has practiced judo since she was six years old.

7 Jack hasn't come to school since last week.

8 I've wanted to meet you for a long time.

9 I've been interested in the job since I was small.

10 I've known her for twenty years.

11 He's been in Australia since he was five.

12 I have been going to college since April.

13 She has been talking on the phone for 30 minutes.

14 Ann has been working there for eight years.

15 I've been looking for a book with this title, but I can't find it.

16 Has it been snowing since yesterday?　Yes, it has.

17 How long have you been staying there?　For five days.

18 Since when has he lived here?　Since last month.

19 How long have you been learning English?　For five years.

20 Since when have you had that pain?　Since this Thursday.

21 He has been dead for three years.

22 They have been married for two months.

23 How have you been lately?　I have been doing great.

● 第11章　現在完了 I

1 私はロンドンに2年間住んでいます。

2 私達は彼に何年も会っていません。

3 私達は1時間ずっと待っています。

4 ごめんなさい，遅れてしまって。結構待ちましたか？　いいえ，そうでもないです。

5 私達は先週からずっと忙しいです。

6 彼女は6歳の頃から柔道を練習しています。

7 ジャックは先週から学校に来ていません。

8 私は長い間ずっとあなたにお会いしたいと思っていました。

9 私は小さいころからずっとその仕事に興味があります。

10 私は彼女とは20年来の知合いです。

11 彼は5歳の時からずっとオーストラリアにいます。

12 私は4月から大学に通っています。

13 彼女は30分ずっと電話で話しています。

14 アンはそこで8年間働いています。

15 私はずっとこのタイトルの本を探しているのですが，見つかりません。

16 昨日からずっと雪が降っているのですか？　はい，そうです。

17 あなたはそこにどれくらい滞在しているのですか？　5日間です。

18 彼はいつからここに住んでいるのですか？　先月からです。

19 あなたはどれくらいの期間英語を習っていますか？　5年間です。

20 あなたはいつからその痛みがありますか？　今週の木曜日からです。

21 彼が亡くなって3年になります。

22 彼らは結婚して2カ月になります。

23 最近あなたはどうしていましたか？　私は元気にしていますよ。

● **第12章　現在完了Ⅱ**

1 I have tried bungee jumping once.

2 We have climbed Mt. Fuji before.

3 She has ridden a horse many times.

4 Have you ever had Sushi in Japan?　No, I haven't.

5 Have they ever tried okonomiyaki?　Yes, they have.

6 Have we met before?

7 Have you heard of takoyaki?

8 Have you ever sung this song?　No, we haven't.

9 I have never driven a truck.

10 I have met the man twice.

11 He has been to Kyoto a few times.

12 I have never taken a flight.

13 I have drunk that once before.

14 Have you ever been to Australia?　No, I haven't.

15 Have you ever played golf?　Yes, I often play it.

16 She has never swum in the sea.

17 Has Brian ever visited the place?　Yes, he has.

18 We have eaten that many times.

19 I've seen it on TV before.

20 My sister has been to Italy to study art.

21 How many times have you visited Japan?

22 I've been there three times.

23 What kind of job have you ever had?

24 What kind of Japanese food have you eaten?

● 第12章　現在完了 II

1 私は1度バンジージャンプに挑戦したことがあります。

2 私達は以前に富士山に登ったことがあります。

3 彼女は何度も馬に乗ったことがあります。

4 あなたは日本で寿司を食べたことがありますか？　いいえ，ありません。

5 彼らはお好み焼きは食べたことがありますか？　はい，あります。

6 以前にお会いしたことがありますでしょうか？

7 たこ焼きって聞いたことがありますか？

8 あなた達はこの歌を歌ったことがありますか？　いいえ，ありません。

9 私はトラックを運転したことが1度もありません。

10 私はその男の人に2回会ったことがあります。

11 彼は数回京都に行ったことがあります。

12 私は飛行機に乗ったことが1度もありません。

13 私は以前にそれを1度だけ飲んだことがあります。

14 あなたは今までにオーストラリアに行ったことがありますか？　いいえ，ありません。

15 あなたは1度でもゴルフをしたことがありますか？　はい，私はよくゴルフをしています。

16 彼女は1度も海で泳いだことがありません。

17 ブライアンはその場所を訪ねたことはありますか？　はい，あります。

18 私達はそれを何度も食べたことがあります。

19 私は以前にそれをテレビで見たことがあります。

20 私の姉はアートを学ぶためイタリアに行ったことがあります。

21 日本には何回来たことがありますか？

22 私は3回そこに行ったことがあります。

23 あなたは今までどんな仕事に就いたことがありますか？

24 あなたはどんな日本食を食べたことがありますか？

● 第13章　現在完了III

1 We have already had lunch.

2 He has just headed out for work.

3 The train hasn't arrived yet.

4 Have you eaten dinner yet?

5 I haven't decided yet.

6 I haven't got your email.

7 She has just come back from Hawaii.

8 I have been to the post office.

9 Have you fed the cat yet?

10 I haven't got over this cold yet.

11 Have you forgotten your password?

12 You have got slimmer.

13 It's been a long time.

14 In Japan, cherry blossoms have begun to bloom.

15 I haven't got hungry yet.

16 Has it stopped raining yet?　Yes, it has.

17 Have you finished watering the flowers?

18 Sorry, I've got to go now.

19 By the way, have you heard from Fred lately?

20 I'm calling because I've lost my credit card.

21 Six months have passed since I came here.

22 Who has broken this dish?

23 What have you ordered?　I haven't yet.

24 Where have you been?　I've been to Emily's home.

25 Have you decided on your order?　No, I haven't. What do you recommend?

26 There has been a great earthquake here.

● 第13章　現在完了Ⅲ

1 私達はもう昼食をとりました。

2 彼はちょうど今仕事に行ってしまいました。

3 電車はまだ到着していません。

4 あなたはもう夕食を食べましたか？

5 私はまだ決めていません。

6 私はあなたの電子メールを受信できていません。

7 彼女はちょうどハワイから帰ってきたところです。

8 私は郵便局に行ってきたところです。

9 猫に餌はもうやりましたか？

10 私のこの風邪はまだ治っていません。

11 あなたはパスワードを忘れてしまいましたか？

12 あなたは痩せましたね。

13 久しぶりですね。

14 日本では桜が咲き始めています。

15 私はまだおなかが減っていません。

16 雨はもうやみましたか？　はい，やみました。

17 花にはもう水をやり終えましたか？

18 ごめんなさい，私はもう行かなくてはいけません。

19 ところで最近フレッドから連絡はありましたか？

20 私はクレジットカードを無くしてしまったのでお電話しています。

21 私がここへ来て6カ月が経ちました。

22 誰がこのお皿を壊したのですか？

23 何を注文したのですか？　まだ注文していません。

24 どこへ行って来たのですか？　エミリーの家に行ってきたところです。

25 ご注文はお決まりですか？　いいえまだです。おすすめは何ですか？

26 さっきここで大きい地震がありました。

● 第14章　動詞の応用

1 Make yourself at home.

2 This medicine makes me sleepy.

3 She always keeps her desk tidy.

4 Her desk is always kept tidy.

5 Can you just leave me alone?

6 Who left the TV on?

7 I found the dog injured.

8 We named our puppy Chiro.

9 What was the kitten named?

10 Could you get it ready for use?

11 I'd like my steak medium rare.

12 We call him John.

13 Subway is sometimes called "the tube" in London.

14 What do you call this flower in English?　We call it sunflower.

15 What is this animal called in English?　It is called giraffe.

16 Why don't we ask him to join our team?

17 Can you ask them to wait a little more?

18 You need an automobile technician to check your car.

19 Mr. Grey told me to order my workbooks at a bookshop.

20 We were told to turn in the paper by next Thursday.

21 Can you help me carry this table?

22 Do you want to open the shutter?

23 Do you want me to drive you home?

24 Would you like me to help you?

25 You might want to leave right away.

● 第14章　動詞の応用

1 楽にしてくださいね。（くつろいでくださいね）

2 この薬は私を眠くさせます。

3 彼女はいつも自分の机を整頓しています。

4 彼女の机はいつも整頓されています。

5 ちょっと独りにしてもらえますか？

6 誰がテレビをつけっぱなしにしたのですか？

7 私はその犬がけがをしていると気づきました。

8 私達は私達の子犬をチロと名付けました。

9 その子猫は何と名付けられましたか？

10 それを使える状態にしてくれませんか？

11 ステーキはミディアムレアにしていただきたいです。

12 私達は彼をジョンと呼んでいます。

13 ロンドンでは地下鉄は"the tube"と呼ばれることがあります。

14 あなた達はこの花を英語で何と呼びますか？　私達は sunflower（ひまわり）と呼びます。

15 この動物は英語で何と呼ばれますか？　それは giraffe（キリン）と呼ばれます。

16 彼に私達のチームに入ってくれるようお願いしてみませんか？

17 彼らにもう少し待ってくれるよう頼んでくれませんか？

18 あなたは自動車整備士に車をチェックしてもらう必要があります。

19 グレイ先生は私に問題集は本屋で注文するように言いました。

20 私達はレポートを次の木曜までに提出するよう言われました。

21 このテーブルを運ぶのを手伝ってくれませんか？

22 シャッターを開けてくれない？

23 あなたを家まで車で送ってあげようか？

24 あなたをお手伝いしましょうか？

25 あなたはすぐに出発したほうがいいんじゃないかな。

● 第15章　不定詞の応用　

1 It is difficult for me to explain it.

2 Is it able to walk there?

3 It's necessary for you to speak English every day.

4 It's not easy to finish it by the due date.

5 Is it possible to use that anytime?

6 Is it dangerous to go there alone?

7 It was nice talking with you.

8 It's my first time joining this activity.

9 Is it okay for me to try on different sizes?

10 Is it allowed to move this piece like this?

11 It doesn't hurt you to buy that.

12 It usually takes one hour to get there.

13 It costs 300 yen per hour to park there.

14 It cost 2,000 yen to repair.

15 How long will it take to get there?　It'll take just about 10 minutes.

16 How much does it cost to get to the airport?

17 This is too heavy to lift.

18 The lecture was too difficult for me to follow.

19 The lecture was so difficult that I couldn't follow it.

20 I'm wondering when to give a party for him.

21 I didn't know what to say then.

22 Can you tell me how to pronounce this word?

23 I haven't decided where to go yet.

24 Would you teach me how to cook this?

25 I can't decide which to choose.

26 I showed her which way to go.

● 第15章　不定詞の応用

1 私にとってそれを説明するのは難しいです。

2 そこまで歩いて行くことは可能ですか？

3 毎日英語を話すことがあなたにとって必要です。

4 期日までにそれを終わらせるのは簡単ではありません。

5 それはいつでも使うことが可能ですか？

6 そこに一人で行くのは危険ですか？

7 あなたとお話できてよかったです。

8 この活動に参加するのは私にとって初めてです。

9 違うサイズを試着してもいいですか？

10 このようにこの駒を動かすことは許されますか？

11 それは買って損はありません。

12 そこまで行くには通常1時間はかかります。

13 あそこに駐車するには1時間300円かかります。

14 それは修理に2,000円かかりました。

15 そこに着くのにどれくらい時間がかかりますか？　ほんの10分程度です。

16 空港まで行くのにどれくらい費用がかかりますか？

17 これは重すぎて持ち上げられません。

18 その講義は難しすぎて私にはついていけませんでした。

19 その講義は難しかったので，私はそれについていけませんでした。

20 彼のためにいつパーティーを開いたらいいかなあ。

21 私はそのとき何と言えばいいかわかりませんでした。

22 この単語はどう発音すればいいか教えてくれませんか？

23 私はどこに行くかはまだ決めていません。

24 これはどうやって料理すればいいか教えてくれませんか？

25 私はどちらを選べばいいのか決められません。

26 私は彼女にどちらの道に行くべきか教えてあげました。

27 She looked so sick, so I made her go home.

28 We might make you wait about 30 minutes, is it okay?

29 You should get someone to help you out.

30 I had my friend interpret Portuguese for me.

31 Please have your parent sign this document.

32 Let me check my schedule.

33 Let me know if you need help.

34 My dad doesn't let me stay out after 9 pm.

35 Would you get the children to sleep?

36 I used to have my grandparents to read picture books to me.

37 With any luck, you might be able to see dolphins jump up.

38 Last night, didn't you hear a car bump into something?

27 彼女はかなり体調が悪そうだったので，私は彼女を帰宅させました。

28 私達は 30 分くらいあなたをお待たせする可能性がありますが，大丈夫ですか？

29 あなたは誰かに手伝ってもらったほうがいい。

30 私は友達にポルトガル語を通訳してもらいました。

31 保護者の方にこの書類にサインをしてもらってきてください。

32 私のスケジュールを確認させてください。

33 もし助けがいるなら知らせてください。

34 父は夜 9 時以降私が外出することを許してくれません。

35 子供たちを寝かしつけてくれませんか？

36 私はよく祖父母に頼んで絵本を読んでもらっていました。

37 運が良ければあなた達はイルカが飛び跳ねるのを見ることができるかもしれません。

38 昨夜車が何かにぶつかるのが聞こえませんでしたか？

● 第16章　分詞と動名詞　　　　　　★★

1 I found your lost keys.

2 That sleeping dog is called Max.

3 The cat sleeping on the chair is called Pixie.

4 Can you prepare the tent and sleeping bags?

5 Who is that crying girl?　She is lost.

6 Are you able to say all the planets going around the sun?

7 My mom often buys dried fruits for us.

8 The boy wearing glasses is her son, Mark.

9 That girl playing the piano is his daughter.

10 These are the photos taken in Australia.

11 I have some accessories made by the craftman.

12 He has just bought a used car.

13 This is a hotel built one hundred years ago.

14 Can you help me sweep away and burn the fallen leaves?

15 He has eaten up all the bread put here.

16 This is tuna caught in the Pacific Ocean.

17 Do you know of any restaurants serving Japanese food?

18 This translation app will help communicate with people speaking other languages.

19 Have you checked the new timetable released yesterday?

20 Who is the man waiting outside?

21 I like rice balls with flaked tuna and mayo.

22 Do you have cooking tools for smoked food?

23 They charged me 300 dollars for the broken window.

24 There is only one ticket left.

25 Is this your first time visiting Japan?　Yes, this is my first visit.

● 第16章　分詞と動名詞

1 私はあなたのなくした鍵を見つけました。

2 あの眠っている犬はマックスといいます。

3 いすの上で眠っている猫はピクシーといいます。

4 テントと寝袋の準備をしてくれない？

5 あの泣いている女の子は誰ですか？　彼女は迷子です。

6 太陽の周りを回っている惑星をすべて言うことができますか？

7 母はよく私達のためにドライフルーツを買ってきます。

8 その眼鏡をかけている男の子は彼女の息子のマークです。

9 あのピアノを弾いている女の子は彼の娘です。

10 これらはオーストラリアで撮られた写真です。

11 私はその職人によって作られたアクセサリーをいくつか持っています。

12 彼は中古車を買ったばかりです。

13 これは100年前に建てられたホテルです。

14 落ち葉を掃いて燃やすのを手伝ってくれませんか？

15 彼はここに置いてあったパンをすべて食べ切ってしまいました。

16 これは太平洋で捕れたマグロです。

17 日本料理を提供するレストランを知りませんか？

18 この翻訳アプリは他の言語を話す人とコミュニケーションするのに役立ちます。

19 昨日発表された新しい時間割をもう見ましたか？

20 外で待っている男の人は誰ですか？

21 私はツナマヨのおにぎりが好きです。

22 あなたは燻製を作る道具を持っていませんか？

23 彼らは私に窓の破損に対して300ドルを請求してきました。

24 チケットは1枚だけ残っています。

25 日本訪問は今回が初めてですか？　はい，今回が初めての訪問です。

● 第17章　関係代名詞 I　　　

1 I have a sister who is three years older than me.

2 Is there anyone who speaks Japanese?

3 I have a friend who goes to your school.

4 The lady who is standing over there is our tour guide today.

5 She is the lady who lives next door.

6 I have a friend who lives in New Zealand.

7 Where is my coat which was here?

8 Have you checked the mail which was sent out to all yesterday?

9 Do you know of any stores which sell beach sandals?

10 Do you have a printer that can also make copies?

11 He is going to take the flight that leaves at 3:30.

12 I know a man who has a pickup truck.

13 Do you know of any companies that can repair rain gutters?

14 She is the only one who speaks Chinese among us.

15 This is one of the books that impressed me.

16 I chose this hotel which is very close to the sea.

17 I know a girl whose mother is a pianist.

18 He wants to get into a tutorial school that teaches computer programming.

19 I am looking for someone who knows about computer.

20 I know a person whose older brother is a computer engineer.

21 Are you the ones who want to join our club?

22 It seems like the people who live downstairs have a dog.

● 第17章　関係代名詞 I

1 私には３歳年上の姉がいます。

2 日本語を話せる人は誰かいませんか？

3 私にはあなたの学校に通っている友達がいます。

4 向こうに立っている女性が今日の私達のツアーガイドです。

5 彼女は隣に住んでいる女性です。

6 私にはニュージーランドに住んでいる友達がいます。

7 ここにあった私のコートはどこですか？

8 昨日みんなに送られたメールは確認しましたか？

9 ビーチサンダルを売っているお店をどこか知りませんか？

10 コピーもできるプリンターは置いていませんか？

11 彼は３時30分発の飛行機に乗る予定です。

12 私はピックアップトラックを持っている人を知っています。

13 雨どいを修理してくれる会社をどこか知りませんか？

14 彼女は私達の中で唯一中国語を話せる人です。

15 これは私に感銘を与えた本の１つです。

16 私は海がとても近いこのホテルを選びました。

17 私はお母さんがピアニストの女の子と知合いです。

18 彼はコンピュータープログラミングを教える塾に入りたがっています。

19 私はコンピューターに詳しい人を探しています。

20 私はお兄さんがコンピューターエンジニアをしている人を知っています。

21 あなた達が私達のクラブに入りたいという人たちですか？

22 下の階に住んでいる人たちはどうも犬を飼っているようです。

● 第18章　関係代名詞 II

1 The man whom you met a moment ago is my father.

2 Who is the woman whom you were talking with just now?

3 This is a book which I borrowed from the library.

4 What is the name of the beautiful flowers you have planted in your garden?

5 This is a shirt I bought in the US.

6 Pick any card you like.

7 I am going to introduce the town I live in.

8 This is a bike we share.

9 Is there anything you don't eat?

10 Where is the map we bought?

11 Have you found your smartphone you lost?

12 This is the watch which my wife gave me for my birthday.

13 We did all we could.

14 Is this the file you are looking for?

15 What was the biggest difference you felt?

16 I need a dress that I can wear to the wedding ceremony.

17 The Italian wine that she chose was really nice.

18 This is the very book I have been looking for.

19 It is the ride that I want to try the most.

20 This is the reference book that Ms. Kelly recommended to us.

21 She is the friend that I traveled to Singapore with.

22 What do you call the large musical instrument that musician is playing?

● 第18章　関係代名詞 Ⅱ

1 先ほどあなたが会った人は私の父です。

2 さっきあなたと話していた女性は誰ですか？

3 これは私が図書館で借りた本です。

4 あなたが庭に植えている綺麗な花は何という名前ですか？

5 これは私がアメリカで買ったシャツです。

6 どれでも好きなカードを引いてみて。

7 これから私が住んでいる町を紹介します。

8 これは私達が共有している自転車です。

9 食べられないものは何かありますか？

10 私達が買った地図はどこですか？

11 あなたがなくしたあなたのスマートフォンは見つかりましたか？

12 これは私の妻が誕生日にくれた腕時計です。

13 私達はやれることはやりました。

14 これはあなたが探しているファイルですか？

15 あなたが感じた一番の違いは何でしたか？

16 私は結婚式に着て行けるドレスが必要です。

17 彼女が選んだイタリア産ワインは本当においしかったです。

18 これこそ私が探していた本です。

19 それは私が一番乗ってみたい乗り物です。

20 これがケリー先生が私達に薦めていた参考書です。

21 彼女は私とシンガポール旅行に行った友達です。

22 あの音楽家が演奏している大きな楽器は何と呼びますか？

● 第19章　間接疑問文　

1 Please ask Mark if he has got my email.

2 I doubt whether it is true.

3 I wonder if he will really come.

4 I know what you mean.

5 What he said is true.

6 Do you know what time it is now?

7 I cannot express well enough what I want to say.

8 Is this what you are looking for?

9 You shouldn't believe what they say.

10 I know what they are.

11 Do you know what sukiyaki is?　No, but I've heard of it.

12 Go see who it is.

13 Do you know who I am?

14 May I ask who's calling?

15 Nobody knows whose bike this is.

16 Do you know when that will arrive?

17 Do you remember when he left?

18 Do you know where I can find vinegar?

19 Did you know where Lisa lives?

20 Could you tell me where the post office is?

21 Do you know which bus goes to the airport?

22 Do you know why he is absent?

23 I want to hear how he is at school.

24 Do you know how old he is?

25 Have you decided what club you are going to join?

26 Guess who I ran into today?

● 第19章　間接疑問文　

1 私のメールが届いているかマークに聞いて下さい。

2 私はそれが本当かどうか疑っています。

3 彼は本当に来るかなあ。

4 あなたの言いたいことはわかります。

5 彼の言ったことは本当です。

6 今何時かわかりますか？

7 私は言いたいことがうまく言えません。

8 これはあなたが探しているものですか？

9 彼らの言うことは信じないほうがいいです。

10 私はそれらが何かわかります。

11 すき焼きが何か知っていますか？　いいえ，でもそれは聞いたことがあります。

12 誰だか見てきて。

13 私が誰かわかりますか？

14 （電話で）どちら様でしょうか？

15 これが誰の自転車なのか誰も知りません。

16 あなたはそれがいつ届くか分かりますか？

17 彼がいつ出発したか覚えていますか？

18 お酢はどこで見つかるかわかりますか？

19 リサはどこに住んでいるか知っていましたか？

20 郵便局がどこにあるか教えていただけますか？

21 あなたはどのバスが空港に行くかわかりますか？

22 何故彼は欠席しているのか知っていますか？

23 私は彼の学校での様子を聞きたいです。

24 あなたは彼が何歳か知っていますか？

25 どのクラブに入るつもりか決まっていますか？

26 今日私は誰にばったり会ったと思う？

● 第20章　否定疑問と付加疑問

1 Isn't that Mt. Fuji?　Yes, it is.

2 Isn't this the book you're looking for?　No, it isn't.

3 Don't you have any more questions?　No, I don't.

4 Haven't you got the call from Peter?　Yes, I have.

5 Aren't you ready to go?　Not yet. Wait a little longer.

6 Didn't you go back to America?

7 Isn't it in your bag?

8 Couldn't you offer a better discount?

9 Isn't there a pharmacy near here?

10 Haven't you forgotten something else?

11 Wasn't there a traffic jam?　No, there wasn't.

12 You play chess, do you?　Yes, I do.

13 You don't play chess, do you?　No, I don't.

14 It's too hot today, isn't it?　Yes, it is.

15 It's not so cold today, is it?　No, it isn't.

16 These are not your books, are they?　Yes, they are.

17 You have a younger brother, don't you?

18 Join us, won't you?　Yes, I will.

19 Make me a cup of coffee, will you?

20 That was boring, wasn't it?

21 We will be in time, won't we?

22 Let's take a break, shall we?　Yes, let's do it.

23 You won't stay up late, will you?

24 Lisa has never seen him before, has she?　No, she hasn't.

● 第20章　否定疑問と付加疑問　

1 あれは富士山ではないですか？　いいえ，富士山ですよ。

2 これはあなたが探している本ではありませんか？　そうです，違います。

3 質問はもう他にありませんか？　はい，ありません。

4 ピーターからまだ電話はないんですか？　いいえ，ありましたよ。

5 まだ出発の準備はできていないんですか？　まだです。もう少し待って。

6 あなたはアメリカに帰ったんじゃなかったのですか？

7 それはあなたのかばんの中にあるんじゃない？

8 それはもっと安くなりませんか？

9 この辺りに薬局はないでしょうか？

10 他にもまだ何か忘れ物があるんじゃないの？

11 道路は渋滞していませんでしたか？　ええ，渋滞していませんでした。

12 あなたはチェスをしますよね？　はい，します。

13 あなたはチェスをしませんよね？　ええ，しません。

14 今日は暑すぎますよね。　ええ，そうですね。

15 今日はそんなに寒くないですよね。　ええ，そうですね。

16 これらはあなたの本ではないですよね？　いいえ，それらは私のものです。

17 あなたには弟がいますよね？

18 私達に加わりませんか？　ええ，そうします。

19 コーヒーを私に入れてくれる？

20 それは退屈でしたよね？

21 私達は間に合いますよね？

22 休憩にしましょうよ。　そうしましょう。

23 遅くまで起きていてはいけません。

24 リサは彼に会ったことがありませんよね？　ええ，ありません。

● 第21章　方位副詞と句動詞

1 Go ahead!

2 Never mind.

3 Check it out.

4 Calm down.

5 keep out

6 Stand back.

7 Get down!

8 Do hurry up.

9 Let's go back.

10 Turn the faucet on.

11 Go straight on.

12 Get out of here.

13 Just put on these clothes.

14 Put your hands up.

15 Put away your bicycle.

16 Let's put off the meeting until next Thursday.

17 Come along with me.

18 Hold on, please.

19 I'll hang up for now.

20 Let's hang out next time.

21 Let's get together tomorrow.

22 Could you take off your shoes here?

23 Will you put that in the fridge?

24 Do get up right away.

25 Can you take back the laundry?

26 Would you like me to pick him up?

27 Don't turn off the light.

28 I left my kids behind.

29 How often do you eat out?

30 I'll get you some medicine to take the pain away.

31 The battery is running out.

32 Turn left at the second signal.

33 She looked back many times and waved.

34 Go down this street for two blocks.

● 第21章　方位副詞と句動詞

1 お先にどうぞ！

2 全然気にしないで。

3 確認してみて。

4 落ち着いてよ。

5 （掲示で）立入禁止

6 後ろに下がって。

7 伏せて！

8 急いでよ，ほら。

9 戻ろう。

10 蛇口を開けて。

11 ずっとまっすぐ進んで。

12 ここから出ていきなさい。

13 ちょっとこの服を着てみて。

14 両手を上げて。

15 （元の位置に）自転車を片付けて。

16 会議は次の木曜まで延期しましょう。

17 私と一緒に来て。

18 電話を切らずにお待ち下さい。

19 では（とりあえず今は）電話を切りますね。

20 今度遊びに行こう。

21 明日集まろう。

22 ここで靴を脱いでいただけますか？

23 それは冷蔵庫に入れてくれる？

24 （なかなか起きない人に対し）今すぐ起きなさい。

25 洗濯物を取り込んでくれない？

26 私が彼を迎えに行きましょうか？

27 電気は消さないで。

28 私は子供たちを連れてきませんでした。（置いてきた）

29 どれくらいの頻度で外食しますか？

30 痛みを和らげる薬をもってきてあげます。

31 電池が切れかかっています。

32 ２番目の信号を左に曲がって。

33 彼女は何回も振り返って手を振りました。

34 この道を２区画だけ進んで。

35 Turn right at the first corner.

36 OK, everybody, listen up!

37 Could you take a few steps back, please?

38 Can you look up the phone number of the shop?

39 I look forward to meeting her.

40 I think you are wearing your hat backwards.

41 Could you clear up these plates?

42 Could you please go over the first part again?

43 The flu is going around now.

44 I will show you around.

45 Have you read the book through?

46 I'm off today.

47 I'm off to work.

48 Are you having a day off tomorrow?

49 I'll call you back later.

50 The bus broke down on the mountain path.

51 Where did you grow up?

52 I haven't signed up yet.

53 Don't stay up too late.

54 Can you turn down the volume?

55 Please turn the card over.

56 Please write down your name, address, and occupation.

57 A button came off.

58 Why don't you come over for dinner tonight?

59 I'm going to have some friends over this weekend.

60 He has his blue jacket on.

61 Do you get along with him?

62 I am getting over a cold.

63 In Tokyo, it's easy to get around by subway or by train.

64 Could you move over a little?

65 Have you come up with any good ideas?

66 Can you help me pick out the souvenirs?

35 最初の角を右に曲がって。

36 はい，みんな，よく聴いて！

37 少し後ろに下がってもらえますか？

38 その店の電話番号を調べてくれませんか？

39 私は彼女に会うことを楽しみにしています。

40 あなたは帽子を逆向きにかぶっていると思うよ。

41 これらのお皿を下げていただけませんか？

42 もう一度最初の部分を説明していただけませんか？

43 今インフルエンザが流行っています。

44 では私があちこち案内しましょう。

45 その本は全部読み終えましたか？

46 私は今日休みです。

47 私はこれから仕事に行きます。

48 あなたは明日休みですか？

49 では後で電話を掛け直します。

50 バスは山道で故障しました。

51 あなたはどこで育ったのですか？

52 私はまだ申し込んでいません。

53 あまり夜更かしはしないで。

54 音量を下げてくれませんか？

55 カードを裏返してください。

56 住所，氏名とご職業をお書きください。

57 ボタンが1つとれてしまいました。

58 今夜うちに夕食を食べに来ませんか？

59 私は今週末に友達を何人か家に招待するつもりです。

60 彼は青いジャケットを着ています。

61 あなたは彼とうまくやっていますか？

62 私の風邪は治りかけています。

63 東京では地下鉄や電車であちこち移動するのが容易です。

64 （列や席を）少し詰めてもらえませんか？

65 あなたは何かいい考えが思いつきましたか？

66 お土産を選ぶのを手伝ってくれませんか？

● 第22章　感嘆文と間投詞／仮定法

1 What a coincidence!

2 What a shame!

3 How heavy!

4 How fast he swims!

5 What a day!

6 How convenient!

7 What a pity!

8 How beautiful she is!

9 What a waste!

10 What a terrible weather we have!

11 What a smell!

12 What a surprise!

13 What a beautiful view!

14 How hot it is!

15 How clever the children are!

16 How lucky we are!

17 What an exciting game!

18 How delicious this cake looks!

19 What nice glasses you are wearing!

20 So, have you seen my motorcycle key?

21 Say, how about hanging out tomorrow?

22 See! I told you to be careful.

23 It's better than nothing, right?

24 Well, I would rather eat in than eat out.

25 There! You woke the baby up!

26 Please!

27 Sure!

28 Sorry?

29 Now.…

30 Almost!

31 Exactly!

32 Congratulations!

33 Cheers!

34 Ouch!

35 Oops!

36 Yay!

37 Jesus!

38 …,right?

39 So?

40 Aha.

41 So-so.

42 Awesome!

43 Gotcha!

● 第22章　感嘆文と間投詞／仮定法

1 偶然ですね！

2 なんと残念な！

3 なんて重いんでしょう！

4 彼はなんと速く泳ぐのでしょう！

5 なんて日だ！

6 なんて便利なのでしょう！

7 それは気の毒に！／なんと残念な！

8 彼女はなんてきれいなんでしょう！

9 なんともったいない！（なんと無駄遣いなんだ！）

10 なんてひどい天気なのでしょう！

11 なんて臭いだ！

12 びっくりしたなぁ！

13 なんてきれいな眺めなんでしょう！

14 なんて暑いのでしょう！

15 その子供たちは何と賢いのでしょう！

16 私達は何と幸運なんだ！

17 なんて興奮する試合なんだ！

18 このケーキはなんとおいしそうなんでしょう！

19 あなたはすごくすてきなメガネをかけていますね！

20 ところで，私のオートバイの鍵見なかった？

21 ねぇ，明日遊びに行かない？

22 ほら！気をつけてって言ったじゃない。

23 何も無いよりはましでしょ？

24 そうですねぇ，どちらかというと外食するよりも家で食べたいかな。

25 それ見ろ！赤ちゃんを起こしちゃったじゃない！

26 頼むから！

27 うん，いいよ！

28 何とおっしゃいました？

29 さて…

30 惜しい！

31 その通り！

32 おめでとう！

33 乾杯！

34 痛い！

35 おっと！

36 やった！

37 うわー！

38 …でしょ？

39 それで？

40 ふーん。

41 まあまあ。

42 半端ない！

43 了解！

44 If I had a swimsuit, I could swim in the sea.

45 I would do the same thing if I were in your shoes.

46 I'd appreciate it if you could leave a comment.

47 We could go there if we had a car.

48 I might take this if it was a little cheaper.

49 I wish I could stay longer.

50 I wish I had sunscreen with me.

51 What if you had 1000 dollars to spend?

52 If only I had a little more money with me.

53 If only Mike were here, we might fix the problem.

54 What should I say to him?　I would say nothing.

55 What would you like to do?　We could go see a movie.

44 水着があれば私は海で泳げるのになぁ。

45 私があなたの立場でも私は同じことをすると思います。

46 コメントを残していただけたら幸いです。

47 もし車があれば私達はそこに行けるんだけどなぁ。

48 もう少し安ければ，これを買っていってもいいんだけどなぁ。

49 もう少し長く滞在できたらいいんだけど。

50 日焼け止めを持ってきておけばよかったなぁ。

51 もしも 1000 ドルを自由に使えるとしたらどうしますか？

52 もう少しお金を持ち合わせてさえいればなぁ。

53 マイクさえここにいれば，私達は問題を解決できたかもしれないのだけど。

54 私は彼に何と声をかけたらいいでしょうか？　私だったら何も言わないかな。

55 あなたは何をしたいですか？　私達は映画を観に行くこともできますけどね。

● 第 23 章　語彙と慣用表現 I　　

1 She speaks German and Italian.

2 I will speak to him about the matter.

3 I need to talk to you about something.

4 It was fun to talk with you all.

5 What can I say in a situation like that?

6 Say thanks to Jim for me.

7 Ann told me to say "Thanks" to you.

8 Lisa told me that she wants to try to climb Mt. Fuji.

9 Who told you that?

10 May I speak to Ms. White?　Speaking.

11 Let's say you only had one day in Kyoto. What would you do?

12 I'll give you a discount. Let's say 35 dollars?

13 I'd say we are heading the wrong way.

14 What would you say to grab a bite there?

15 Come see me again.

16 Let's go have fun.

17 Go buy some cold drinks.

18 Why don't you come have dinner with us?

19 You see?

20 I think it looks good on you.

21 Let me take a look.

22 May I help you?　No, thank you. I'm just looking.

23 Watch my bag.

24 Look! There are crowds of people. What's going on up there?

25 Are you seeing anyone?

26 I have to stay home and watch my little brother.

● 第23章　語彙と慣用表現 I

1 彼女はドイツ語とイタリア語を話します。

2 では私は彼にその問題について話しておきます。

3 私はあなたに話しておきたいことがあります。

4 皆さんとお話しできて楽しかったです。

5 そのような状況では私は何と言えばいいですか？

6 私の代わりにジムにありがとうを言っておいて。

7 アンがあなたにありがとうと伝えてと言っていましたよ。

8 リサは富士山に登ってみたいと私に言っていました。

9 あなたはそれを誰から聞いたのですか？（誰がそれをあなたに言ったのですか？）

10（電話で）ホワイト先生をお願いできますか？　私ですが。

11 京都で1日だけ過ごせるとしましょう。　あなただったらどうしますか？

12 では負けてあげますよ。35ドルでどう？

13 私達は道を間違えているんじゃないかな。

14 そこで軽く食べるのはどう？

15 また遊びに来てね。

16 遊びにいこうよ。

17 冷たい飲み物を何か買いに行ってきて。

18 私達のところに夕食を食べに来ませんか？

19 わかりますか？

20 それはあなたによく似合っていると思いますよ。

21 ちょっと見せて。

22（店員の声掛けで）何かお探ししましょうか？　いいえ，結構です。見ているだけです。

23 私のかばんを見張っておいて。

24 見て！人だかりができている。向こうで何が起こっているのでしょう？

25 あなたには付き合っている人はいますか？

26 私は家にいて，小さい弟の面倒を見なければいけません。

27 What would you say to seeing a doctor?

28 Watch that you don't slip.

29 I'm seeing my friends tonight.

30 It was foggy then, so we couldn't see far.

31 I see what you mean.

32 How long do you watch TV a day?

33 I've been looking for my glasses the whole morning.

34 It looks like it's going to rain, doesn't it?

35 Look out!

36 I looked up what that means.

37 Would you look after our dogs while we are away?

38 Watch out for cars.

39 Did you see the news on TV last night?

40 I'm looking forward to having a baseball match with your team.

41 Look me up when you are around in Tokyo.

42 We plan to go see fireworks.

43 When I looked out of the window last night, I saw an owl sitting on the tree.

27 医者に診てもらったらどうですか？

28 すべらないように気をつけて。

29 私は今夜友達と会うつもりです。

30 そのとき霧がかかっていたので，私達は遠くが見えませんでした。

31 あなたの言いたいことはわかります。

32 あなたは１日にどれくらいテレビを見ますか？

33 私は午前中ずっとメガネを探しています。

34 雨になりそうですね？

35 気をつけて！

36 私はそれがどういう意味か調べました。

37 私達が留守の間，犬の面倒を見てくれませんか？

38 車に気をつけてね。

39 あなたは昨夜テレビでニュースを見ましたか？

40 私はあなたのチームと野球の試合をすることを楽しみにしています。

41 東京に来たときは顔を見せに来てね。

42 私達は花火を見に行くつもりです。

43 昨夜窓の外を見たとき，フクロウが木に留まっているのが見えました。

● 第24章　語彙と慣用表現Ⅱ

1 I was listening to music, so I couldn't hear my phone ringing.

2 I heard a rumor that Sarah has broken up with her boyfriend.

3 I want to hear about your experiences in detail.

4 The listening test will begin now, so please put away your textbooks.

5 Breakfast is ready!　I'm coming!

6 You're going to be late for school!　I'm going!

7 You can go home now.

8 I'll come home around eight.

9 I'm going to take my parents to his lecture.

10 Can I bring my dogs to your party?

11 Let's go to karaoke, shall we?　Why not? I'll come.

12 Is it OK to take this on board?

13 Can I take one of these booklets?

14 Can I come over next Sunday?

15 I listen to the radio on my way to work.

16 Where are you taking that?

17 It takes time to get used to it.

18 It's far away from here, so I'd say you should take a taxi.

19 Have a seat.

20 It takes a while.

21 I have a headache.

22 Have you done your teeth yet?

23 Take care of yourself.

24 It doesn't make sense to me.

25 Have you got better?

26 Don't be afraid of making mistakes.

27 I took part in the activity for the first time.

28 Make sure you bring the ticket with you.

29 I have a reservation for two nights.

30 I'll make a phone call to Mike.

31 I used to fish there.

32 Let's take a break for a while.

33 She is taking a day off because of a cold.

34 My bicycle got a flat tire on my way home.

35 Thanks to you, I was able to meet the deadline.

36 I took a photo with my smartphone instead of making a copy.

37 I want to go traveling all around the world someday.

38 Is it possible for you to give the presentation the day after tomorrow?

● 第24章　語彙と慣用表現Ⅱ

1 私は音楽を聴いていたので，電話が鳴るのが聞こえませんでした。

2 私はサラがボーイフレンドと別れたという噂を聞きました。

3 私はあなたの体験談を詳しく聞きたいです。

4 これから聴き取りテストを始めますので教科書はしまってください。

5 朝食が出来たよ！　今行く！

6 学校に遅刻するよ！　今行く！

7 （上司が部下に対し）あなたはもう家に帰っていいですよ。

8 （家に電話をして）8時ごろ家に帰ります。

9 私は両親を彼の講演会に連れて行くつもりです。

10 あなたのパーティーに私の犬を連れて行ってもいいですか？

11 カラオケに行かない？　もちろん，行きます。

12 これは機内（船内）に持ち込んでも大丈夫ですか？

13 この冊子はもらって帰ってもいいですか？

14 次の日曜にあなたの家に遊びに行ってもいいですか？

15 私は仕事に行く途中にラジオを聴いています。

16 それをどこに持っていくのですか？

17 それに慣れるには時間がかかります。

18 それはここから遠いので，あなたはタクシーを利用したほうがいいと思いますけど。

19 （椅子に）お掛けください。

20 それはしばらく時間がかかります。

21 私は頭痛がします。

22 あなたはもう歯を磨きましたか？

23 お体をお大事に。

24 それは私には理解できません。

25 具合は良くなりましたか？

26 失敗することを恐れないで。

27 私はその活動に初めて参加しました。

28 チケットを忘れずに持ってきてください。

29 私は2泊の予約をしています。

30 では私がマイクに電話をしてみます。

31 私はよくそこで釣りをしていました。

32 しばらく休憩にしましょう。

33 彼女は風邪のため1日休みをとっています。

34 私の自転車は家に帰る途中でパンクしました。

35 あなたのおかげで，期日に間に合うことができました。

36 私はコピーをとる代わりにスマートフォンで写真を撮りました。

37 私はいつか世界中を旅して回ってみたい。

38 明後日プレゼンテーションをすることは可能ですか？

● 第25章　語彙と慣用表現Ⅲ

1 Would you like to have another cup of tea?

2 I'd like a glass of iced tea.

3 I have two pairs of glasses.　One is for study, and the other is for sports.

4 Don't care too much about what others think.

5 There are ten balls in this box.　Two are black and the others are white.

6 Each passenger can carry up to one piece of baggage on board.

7 I have played tennis only a few times so far.

8 Some of us went there the other day.

9 There were hundreds of people at the concert.

10 Both my parents speak English a little.

11 Each of us has a pair of indoor shoes.

12 There are still a few slices of pizza left.

13 He sold most of his furniture.

14 I do agree with you.

15 I did see him there.

16 She does talk a lot.

17 Then let's begin the meeting.

18 In fact, I'm afraid of heights.

19 Anyway, I will do my best.

20 By the way, have you ever been to Osaka?

21 I'll take this one.

22 Excuse me, can I get this?

23 Excuse me, can I take this?

24 May I take your order?　I'll have this dish.

25 He is not a novelist but a translator.

26 She is not only good at singing but also at dancing.

27 I like both math and science.

28 They are going to stay for a night at Narita, then with us.

29 Can you take me to the airport?

30 How long does it take to the airport?

31 How much does it cost to the airport?

32 Will you pass me the pepper?　You got it.

33 Does it make sense?　Yes, it does.

34 Where do you want to go for dinner?　It doesn't matter.

35 Something came up, so I'm not able to make it to the concert.

36 I'll have a hamburger and an iced coffee.　Is that everything?　Yes, that's it.

37 If you hurry, you can still make it.

● 第25章　語彙と慣用表現Ⅲ

1 お茶をもう一杯いかがですか？

2 私は冷たい紅茶をいただきたいです。

3 私は眼鏡を2つ持っています。1つは学習用で，もう1つはスポーツ用です。

4 他人がどう思うかは気にしすぎてはいけません。

5 箱の中に10個のボールが入っています。2つは黒で，その他は白です。

6 乗客は1人1つまで荷物を機内に持ち込むことができます。

7 私は今までに2，3度しかテニスをしたことがありません。

8 私達の何人かは先日そこに行きました。

9 そのコンサートには何百人もの人が集まっていました。

10 私の両親はどちらも英語は少しなら話します。

11 私達はそれぞれ上履きを1足持っています。

12 ピザはまだ少し残っています。

13 彼は自分の家具をほとんど売ってしまいました。

14 私は全くあなたと同意見です。

15 私は確かにそこで彼を見ました。

16 彼女は本当によく話しますね。

17 それでは会議を始めましょう。

18 実は私は高いところが怖いです。

19 とにかく私はベストを尽くします。

20 ところであなたは大阪に行ったことがありますか？

21 これを買います。

22 すみません。これを買いたいのですが。

23 すみません。これは（ただで）もらってもいいですか？

24 ご注文をお伺いしましょうか？　私はこの料理にします。

25 彼は小説家ではなく翻訳家です。

26 彼女は歌が得意なだけでなく，ダンスも同様に得意です。

27 私は数学も理科も両方好きです。

28 彼らは成田で一泊し，それから私達と合流します。

29 （タクシー運転手に）空港までお願いします。

30 空港までどれくらい時間がかかりますか？

31 空港までいくらかかりますか？

32 コショウをとってくれる？　いいですよ。

33 私の言っていることは伝わっていますか？（わかりますか？）　はい，大丈夫です。

34 夕食はどこに行きたいですか？　どこでもいいですよ。

35 用事が入ったのでコンサートに行けなくなりました。

36 ハンバーガーとアイスコーヒーにします。以上ですか？　はい，それだけです。

37 急げばまだ間に合いますよ。